Philipp Stauff

Märchendeutungen

Verlag
der
Wissenschaften

Philipp Stauff

Märchendeutungen

ISBN/EAN: 9783957005878

Auflage: 1

Erscheinungsjahr: 2015

Erscheinungsort: Norderstedt, Deutschland

Hergestellt in Europa, USA, Kanada, Australien, Japan
Verlag der Wissenschaften in Hansebooks GmbH, Norderstedt

Märchendeutungen

Sinn und Deutung der deutschen Volksmärchen

von

Philipp Stauff

Berlin 1914

Priber & Lammers Verlag

Einführung und Weihe.

Seit langem ist eine Bewegung im Gange, die auf die Entfernung des deutschen Volksmärchens aus der Kindererziehung abzielt, und die wunderlichsten Gründe werden dafür ins Treffen geführt.

Es gibt Leute, die sehr wohl wissen, was sie mit solchen Bestrebungen erreichen wollen. Alles, was aus der geistigen und geschichtlichen Heimat unserer Art stammt, soll unterdrückt werden; denn alles das fürchten jene, die aus den Völkern eine allerweltsgleiche Herdenmenschheit unter ihrer eigenen geheimen Oberherrschaft machen möchten, und denen dabei das artbewußte Deutschtum immer als ein „Mene tekel“ im Wege steht.

Andere leisten diesen Gegnern unserer eingeborenen deutschen Wesensart Gefolgschaft, aus lauter „Intellektualismus“ Sie wissen nicht, was sie tun. Vielleicht werden einige von ihnen hellhörig, wenn sie dies Büchlein gelesen haben. Vielleicht erkennen sie, in welch unglaublicher Weise sie eine Verarmung unseres Volkstums herbeiführen wollten, und lassen jene allein, denen ein starkes Deutschtum verhaßt ist in all seinen Lebensäußerungen, weil sie ein Hemmnis ihrer Absichten darin erblicken und vielleicht sogar eine immerwährende stille Bedrohung des von ihnen schon Erreichten.

Liebes deutsches Märchen, du edles Götterkind! Tue einmal dein sonnenstrahlig Außengewand von dir! Sie wissen ja nicht, daß du dann noch schöner glänzest, noch höher und reicher erscheinst, deine Deutschen! Und daß du dann die

Kinderhand fahren läffeft, um die Großen am Arm zu nehmen und in Höhen zu führen, in die der haftende und erwerbende und genießende Eigendrang diefer Zeit nicht gelangen kann!

Liebes deutfches Märchen, hüllenlos, in deinem inneren Wefen tritt vor all die weihnachtlichen Märchendichter und Märchendichterinnen unferer Tage und fprich: „Hört doch endlich auf, mich in Einzelteile zu zerreißen und die immer wieder in anderer Reihenfolge aneinander zu nähen; ihr wißt ja alle, alle nicht, was ihr tut! Ich bin fchon da, ihr braucht mich nur zu verftehen, dann fchafft ihr mich nicht immer wieder neu, denn was ihr zuwege bringt, find Schemen! Flitterkleider hängt ihr um ein Drahtgeftell, wie der Warenhausinhaber eine Puppe ins Schaufenfter ftellt, und das foll ein Märchen fein? O ihr Lieben, lernt mich doch erft fehen wie ich bin!"

Gutes Märchen, gehe auch zu den Pädagogen und fage ihnen: Nehmt mich um Gotteswillen nicht in den Schraub= ftock, nachdem ich mich vor euch blicken ließ! Wenn ihr mein eigentliches Sein vor eurer heranwachfenden Schüler= fchar einmal erfehen laffen könnt in rafcher Spiegelung, daß die Gemüter eine heilige hohe Ahnung meines Wefens durch= zuckt, fo will ich euch dankbar fein. Aber verwandelt mich nicht in ein Lehrbuch mit Lernen und Abfragen, fonft follt ihr mir allefamt vom großen Zauberer verwünfcht werden hinter den Berg, wo weder Sonne noch Mond hinfcheint, und wenn ihr behauptet, ihr hättet mich gefehen, dann werde ich euch verleugnen! Wehe, wenn ihr den Duft meines Wefens von mir nehmt; waldgewoben bin ich, nicht ftubenerfeffen!

Und dann, liebes Märchen, gehe noch zu jemandem und grüße ihn von mir; du haft dich ihm längft in deiner ganzen Pracht enthüllt. Ich meine den

Meifter Guido von Lift in Wien,

ohne den ich viel von deiner Schönheit nicht gesehen hätte. Zupfe ihn an seinem langwallenden Wuotansbart und sage ihm, auch dieses Buch sei ihm geweiht in dankbarer Verehrung, wie meine „Runenhäuser", und er solle nicht nachlassen, vom Germanentum und seiner eingeborenen Herrlichkeit zu künden, so lange ihm der Tag nur reichen will. Und du, lieb Märchen, erwirke ihm von der dritten Norn unter dem Weltenbaume eine Verlängerung seines Tages, auf daß er nichts unausgesprochen mit von hinnen nehme, und daß er es erlebe, wie seine jetzigen Gegner unter den Leuten deutschen Blutes ihm später Dank zollen.

Endlich aber, lieb Märchen, drehe dich vor aller Welt recht schnippisch um und sprich: „So sehe ich gar nicht aus, wie der Schreiber dieses Buches mich beschrieben hat! Ich bin in Wirklichkeit viel schöner, viel reicher — kann ich dafür, daß eure Augen so blöde sind?" Wenn du nicht so sprichst, so gehen welche her und machen aus dem, was ihnen hier aufgezeigt wird, ein Dogma, und ruhen nicht eher, als bis sie einen richtigen Henkeltopp fertig haben, aus dem man die ganz allein echte patentierte und privilegierte Märchendeutungssuppe in die Lande gießt.

O, ich verlange viel von dir, lieb Märchen! Aber nun wär's am Ende. Beglücke alle, und wenn du magst, so gib mir wieder Audienz; ich will sie höher schätzen als die von Königen und Kaisern!

Berlin-Lichterfelde, Nebelungs 1913.

I.

Die Sonnenmärchen.

Unsere germanischen Altvordern kamen aus dem hohen Norden. Eigentlich finden wir sie ja in der frühesten Zeit, in die der wissenschaftliche Blick sicher zurückreicht, um die Ostseegestade sitzen. Aber sie müssen weiter im Norden ihren Ausgang genommen haben, in den Gegenden der Mitternachtssonne. Denn nur dort konnte ihre Mythologie entstehen. Guido v. List, dem wir so große und ungeahnte Aufschlüsse über unsere Vorzeit verdanken, sucht diese Urheimat in einem untergegangenen Lande Arktogäa, das am Nordpol gelegen habe, und das getrennt gewesen sei von allen Erdteilen. Dann seien aber große Verschiebungen in der Gestalt der Erdoberfläche eingetreten, und die Arier hätten wegen der Vereisung der Polgegenden weiter nach Süden ziehen müssen, in das jetzige Europa.

Wie sich diese Fragen auch noch weiter klären mögen: aus dem hohen Norden, dem Lande der Mitternachtssonne, stammten unsere Ahnen. Denn in den Ostseegegenden — auch noch in Südschweden — leuchtet die Sonne Tag um Tag das ganze Jahr. Und das paßt nicht zu unseren Überlieferungen, auch nicht zu den alten Heiltumsstätten, den Trojaburgen usw., die wir vorgefunden haben. Diese Stätten bilden alle den Sonnenlauf vom hohen Norden

nach in der Spirale, die den Alten ein heiliges Symbol ge=
wesen ist und als solches verdoppelt in der Form des
Widdergehörns und vervierfacht in der Form des altheiligen
Hakenkreuzes bis auf unsere Zeit gekommen ist. In unseren
Breiten konnten all diese Dinge nicht entstehen, sondern nur
da, wo die Sonne auf einmal emporsteigt, nachdem es
lange Monate Nacht war, und über dem Horizonte bleibt
in spiraligen Linien, und dann in eben solchen spiraligen
Linien wieder hinabsteigt unter den Horizont, sodaß der
lange, lange nordische Winter seinen Anfang nimmt.

In solchen Gegenden mußte die Sonne weit mehr als
bei uns das große, unendliche Wunder der Welt sein. Sie
schuf oder erzeugte alles Leben in wenigen Monaten, da
sie über dem Horizont kreiste, hinaufstieg und wieder herab=
sank auf ihrer Bahn. Und wenn sie verschwand, erstarb
das Leben; Finsternis legte sich über die Lande durch den
größten Teil des Jahres. Darum war es nur natürlich,
daß unsere arischen Altvordern das Leben nicht nach Jahren,
sondern nach Wintern zählten, den alten nordischen tiefen
Wintern, die nur von Mond= und Sternenschein schummerig
erhellt waren, und diesen Brauch des Zählens nach Wintern
haben sie auch in unsere Gegenden mit herabgetragen, wo
er eigentlich keinen rechten Sinn mehr hatte; denn in un=
seren Gegenden ist der Winter keine Nacht, keine ununter=
brochene Nacht gewesen, schon als es noch den großen her=
zynischen Wald gegeben hat, und der Sommer ist bei uns
immer länger gewesen als der Winter.

Bei uns beschreibt auch die Sonne keine Spirale über
dem Horizont; denn ihre Bahn wird jeden Abend unter=
brochen. Bei uns haben auch die Sonnwendfeste keine so
große Bedeutung wie im hohen Norden, und wir ersehnen
die Sonne, die bei uns alle Morgen heraufsteigt — gar
manchem Langschläfer viel zu früh im Sommer — nicht
mit solcher Gewalt, wie das da der Fall sein muß, wo man

sieben bis acht Monate des Jahres ihre helle warme Leuchte überhaupt nicht zu sehen bekommt am Himmel. Da war die Sonne die Retterin aus tiefer Not und Dunkelheit. Die Dunkelheit aber lag wie eine träge Schlange, wie ein ungeheurer, unheimlicher Drache oder Lindwurm über der Erde, wie schlafend, und wer ihr in den Rissen und Schluchten und Fjorden und an den Klippen der nordischen Felslandschaften anheimfiel, den kostete sie leicht das Leben. Da war er gefährlich und gefräßig, der Drache oder Lindwurm der Dunkelheit; er verlangte seine Opfer.

Wohin kam nun die Sonne, wenn sie vom Horizonte verschwand? Schon lange vorher sah man sie abwärts steigen. Ob auch sie selbst der Finsternisdrache verschlingt, der greuliche Lindwurm? Von den Hindu in Indien, in deren Altvätern das gleiche arische Blut kreiste, weil sie auch vom Norden nach dem fernen sonnenheißen Osten gekommen waren, wissen wir, daß sie, wenn die Sonne herabzusteigen beginnt, zusammenkommen und einen großen Lärm veranstalten; da trommeln sie und schreien und — wollen den Wolf verjagen, der nach ihrer Vorstellung eben im Begriffe ist, die Sonne zu verschlingen. Besonders machen sie das so, wenn sich die Sonne verdunkelt, weil eine Sonnenfinsternis ist. Ob sich nun die Hindu das wirklich ganz so kindlich vorstellen, ist ja eine Sache für sich. Aber wahrscheinlich haben sich eben vor vielen Jahrtausenden ihre Vorväter die Sache so gedacht, und da hat sich von denen der Brauch erhalten bis in unsere Zeiten herein, ganz wie sich auch bei uns von den alten Germanen her gar mancher Brauch im Landvolke immer noch fort erhalten hat — man denke nur z. B. an das Sonnwend- oder Johannisfeuer.

Also die Vorstellung, daß ein großes, gefährliches, finsteres Tier die Sonne verschluckt, wird wohl im hohen Norden entstanden sein, zu einer Zeit, aus der wir von den Ariern noch gar nichts weiter wissen, und von da zog sie mit den Ariern durch alle Welt, sich überall festsetzend und in den Volksbrauch übergehend. Gewiß haben die Alten damit nur eine äußere Vorstellung schaffen wollen; denn es gab im Menschheitswerden eine Zeit, in welcher man geglaubt hat, man werde der gewaltigen Erscheinungen des Weltgeschehens Herr, wenn man sie äußerlich abbilde. Rückstände von dieser Anschauungsweise gibt es heute noch. So haben wir viele Naturvölker, in denen sich niemand ab= zeichnen oder photographieren lassen will, aus lauter Be= sorgnis, wer das Bild hat, der hat auch Gewalt über den abgebildeten Menschen. Unsere Afrikareisenden wissen von diesem abergläubischen Mißtrauen mancher Negerstämme viel zu erzählen.

Und ist eigentlich diese Anschauung so ganz und gar unsinnig, wie wir heute in unserem Wissensstolze so gerne tun? Wenn wir an irgend einer Sache arbeiten, auf sie Einfluß gewinnen wollen, so ist auch heute unser erstes Be= streben, diese Sache so genau wie möglich kennen zu lernen. Sagen wir nicht von einem, der eine Sache gründlich kennt: er beherrscht die Sache? Wir stellen uns nur für ge= wöhnlich das, was die ganz Alten dachten und taten, viel zu dickbackig vor. Die Alten wußten auch schon vor unge= zählten tausend Jahren, daß es sich da nicht um Tiere han= delt. So sprachen sie von der „Midgardschlange“ und meinten damit das Meer; das stellten sie sich vor als eine Schlange, die um den Garten der Menschheit, um „Mit= gard“ herum liegt und sich ringelt. Aber wir wissen, daß die uralten Arier schon gar tüchtige Seefahrer gewesen sind; da konnten sie doch nicht wirklich an die Schlange glauben! Sie wären ja sonst immer wieder auf einer Schlange mit ihren Kähnen herumgefahren! Man darf sich also die vor= geschichtlichen Menschen nicht gar zu dumm vorstellen; sie verstanden viel mehr von Himmel und Erde, als man ge= wöhnlich annimmt. Aber: sie machten sich gerne geistige

Bilder davon, Symbole, und ein solches Symbol ist die Mitgardschlange, ist der Drache, ist der Lindwurm und ist auch der Wolf, wenn er die liebe Sonne verschlucken will. Diese Sinnbilder sind also nicht die wirklichen Vorstellungen der Alten gewesen, sondern nur dichterische Kleider ihrer Gedanken.

Also, bleiben wir bei diesen dichterischen Einkleidungen des Himmelswissens. Wenn die Sonne umkehrte auf ihrer Bahn am Himmel, sodaß sie „fiel", dann war der Gott er= schossen worden mit dem Pfeile aus dem Mistelzweig, der hinter ihr stand und ihr die Kraft verlieh: der leuchtende Gott Baldur. Und wenn die Sonne unter den Horizont verschwand, dann war sie eben von so einem symbolischen Untier gepackt worden (das immer die Dunkelheit, die Finster= nis bedeutet), und dieses Untier hatte sie davon geschleppt, hinter einen großen Berg, hinter dem man sie nicht mehr sehen konnte, oder hatte sie gar verschluckt.

Da sind wir nun eigentlich schon mitten im deutschen Volksmärchen. Die Sonne — das ist natürlich eine wun= derschöne Prinzessin — die ist in Gefangenschaft hinter einem großen Berge. Dahin hat sie eine böse Fee verwünscht, oder ein gewaltiger Zauberer, und da wird sie von wilden Tieren bewacht oder dergleichen. Vielleicht ist sie auch gar vom Wolf gefressen worden, der sie dann aber trotz seiner guten Zähne immer in einem Stück und ohne zu beißen hinunterschlucken muß. Das Märchen kümmert sich da nicht im geringsten darum, ob der Wolf so etwas überhaupt kann, ob er z. B. das Rotkäppchen (das die liebe Sonne ist) mit Haut und Haar so einfach verschlucken kann. Da könnte man ja jetzt auch meinen, die alten Germanen im Norden seien doch in der Naturgeschichte sehr unwissend gewesen, weil sie dem Wolfe solche Kunststücke zutrauten. Aber die kannten die Wölfe aus Erfahrung weit besser als wir, und sie brauchten nicht in den Zoologischen Garten zu gehen, wenn sie ein solches Raubtier sehen wollten. Die haben sogar Wölfe gezähmt und die wackeren Wolfshunde daraus gezüchtet, die dann in der mythischen Vorstellung zu Begleitern des obersten Gottes Wuotan geworden sind.

Warum darf aber der grimme Wolf das Rotkäppchen nicht beißen? Ja, das ist gar einfach. Denn so lang der Winter im hohen Norden auch immer dauert: einmal kommt die Sonne wieder. Und bei uns kommt sie noch viel früher wieder; da bleibt sie immer nur eine einzige Nacht aus. Das Rotkäppchen-Märchen ist aber offenbar in Deutschland gewachsen, nicht schon im hohen Norden, und da darf doch das Rotkäppchen als die liebe Sonne natürlich nicht zerstückelt und zerkaut im Bauche des Wolfs liegen, weil es ja wie die Sonne in seiner ganzen Pracht und in all seinem Liebreiz wieder herauskommen muß aus dem Bauche des Wolfes; denn die Sonne muß doch wieder scheinen, wenn ihre Zeit gekommen ist! Von dem Märchen selber reden wir ja noch und brauchen jetzt nicht näher auf die Rotkäppchen-Geschichte einzugehen. Aber wir wissen: wenn die Sonne von irgend so einem Untier gefressen wird, so muß sie dabei ganz bleiben. Sie liegt einfach, ohne daß sie stirbt oder dergleichen, im Bauche des Untiers, und am Ende kommt schon ein freundlicher Jägersmann oder ein tapferer Ritter St. Georg, der das Untier tötet und ihm den Bauch aufschneidet, sodaß die hübsche Prinzessin — die liebe Sonne — unversehrt und fröhlich herausspringen und alle Welt wieder beglücken kann.

Und wenn sie nun nicht verschluckt, sondern irgendwo hinter den Bergen in Gefangenschaft gehalten wird in der Gewalt eines bösen Zauberers oder eines Räubers oder dergleichen? Dann muß sie eben „erlöst" werden; der Zauber muß gebrochen, der Zauberer womöglich getötet werden, der Räuber im Zweikampfe fallen, damit die liebe

Sonne wieder frei wird und den Menschenkindern leuchten und Blüten und Früchte aus der Erde wecken kann.

Aber es ist gar nicht notwendig, daß eine ungeheuere körperliche Gewalt die Sonne verschleppt oder verschluckt. Sie kann auch „verwünscht" werden. Dann ist es die Gewalt des Zaubers, der sie entrückt, oder der ihr die Kraft nimmt. Und zwar ist's ein Zauber, der rein geistig ist, er ist mißbrauchte geistige oder seelische Kraft. Mancher Zauberer braucht ja irgend einen Apparat, einen Gegenstand, in dem seine Kraft beschlossen liegt. Er dreht einen Schlüssel in einem ganz besonderen Schloß oder hat die Wünschelrute. Aber mancher bekommt die Untat fertig ohne alle Hilfsmittel, nur durch seinen Wunsch. Und so müssen wir vom Wunsche einiges sagen.

Die uralten Leute lebten geistiger als wir; denn sie füllten ihren Geist nicht so aus. Wir Menschen von heute müssen von Jugend auf eine Unmenge von Wissen und von „Interessen" in uns hineinstopfen, wenn wir uns durch die Welt finden wollen. Der Geist, die Seele, ist da immer — durch unser ganzes Leben — stark belastet und angespannt, und da gewinnt sie zwar immer stärkere Verbindung mit den Dingen der Welt, aber nicht mit ihren Kräften. Im Grunde ist das das Gleiche; denn die Dinge entstammen den Kräften. Die Kräfte sind's, die bauen, und die Dinge sind nur die Ergebnisse, das von den Kräften geschaffene. Und weil die Alten sich nicht so eingehend mit den Dingen beschäftigt haben wie wir, haben sie mehr gewahrt und verspürt von den Kräften. Und sie haben die bewegenden Kräfte unmittelbarer gespürt als wir. Wir schließen immer erst in logischen Gedankengängen aus den Dingen auf die Kräfte zurück, und geben den Kräften, die wir finden oder sicher als vorhanden vermuten müssen, Namen. Dann erst meinen wir die Kräfte gefaßt zu haben, und wir verwenden sie, daß sie in unserem Dienste wirksam werden.

In Wirklichkeit kennen wir sie aber deswegen noch lange nicht, weil wir ihnen Namen gegeben haben. Sie sind eben schwer oder gar nicht so faßbar, daß wir ihr innerstes Wesen begreifen könnten. Jeder Gelehrte stellt uns Berechnungen auf über die Wärme und wie man sie nutzbar macht, über die Ströme im Magneten, über den Schnellauf von Schall und Licht, über die Elektrizität, und jetzt sogar über die Radioaktivität und ihre Wirkungen. Fragen wir aber den nämlichen Gelehrten, was nun Schall und Wärme und Licht und Magnetismus und Elektrizität und Radioaktivität eigentlich sind, so gibt er uns allenfalls eine Erklärung aus Worten, die sich kunstvoll runden, so wie eine Schlange, die sich in ihren eigenen Schwanz beißt, aber was die Kräfte eigentlich nach ihrem Wesen sind, das kann er uns nicht verraten. Das wissen wir trotz all unserer Gelehrsamkeit heute vielleicht weniger als es die ganz Alten gewußt hatten, die keine Namen für die Kräfte hatten, aber vieles ahnten von ihren Zusammenhängen, von dem Übergang der einen in die andere, die ihr eigenes ganzes Dasein durchzuckt fühlten von der Kraft, die ihnen Geist war. Oder auch Seele, wenn wir so sagen wollen, oder beides zusammen. Die Alten kümmerten sich nicht so viel um bestimmte Worte wie wir, und sie legten sich damit keine Steine in den Weg, und die Kräfte verwendeten sie doch — auch technisch, schon in einer Zeit, in der wir sie uns gewöhnlich noch als halbe Affen denken. Das erweisen uns die großen Wagsteine aus Granit, die sie da und dort aufgerichtet haben schon Jahrtausende vor unserer Zeitrechnung; die sind vielfach so schwer, daß wir sie nur mit Anspannung all unserer heutigen Maschinenkräfte vom Platze rücken können, und doch sind sie so bearbeitet, daß solch ein Stein schon ins Schaukeln kommt, wenn ihn ein Luftzug anweht oder wenn sich ein Vögelein darauf setzt. Es gibt noch viele solcher Wagsteine oder „heidelnde Wiegen" auf der Erde;

besonders in Deutschösterreich sind sie noch zu treffen. Früher hat man sie lange für Naturgebilde gehalten, aber daran kann im Ernste gar nicht gedacht werden. Und dann noch ein solches Beispiel. In England ist ein uralter Tempel aus großen, schweren Steinen gewesen (heute eine Trümmerstätte); das war der Sonnentempel von Stonehenge (Steingehänge; der Name ist späterer Herkunft); da sind ungeheure Steine von 7 Meter Höhe aufgerichtet. Ein solcher Stein, der umgefallen war im Laufe der Zeit, ist neuerdings wieder aufgerichtet worden; das war eine Arbeit, zu der man alle Hilfsmittel unserer neuen Technik in Anspruch nehmen mußte. Und diese Steine stammen alle aus Frankreich; in England selber gibt es solche gar nicht. Der Tempel ist errichtet worden um 1680 vor Christus; damals hatte das Meer den Ärmelkanal zwischen England und Frankreich noch nicht durchgerissen, sodaß es einen Landweg gegeben hat; aber was für eine ungeheure Leistung haben da trotz allem jene fernen Zeiten vollbracht! Wir stehen davor und können das Wunderwerk kaum begreifen!

Also die Alten müssen die Herrschaft über manche von den Kräften schon gehabt haben, die wir jetzt wieder „entdeckt" und benannt haben und in unserer Technik systematisch verwenden. Und das kam wahrscheinlich aus ihrer größeren Naturverbundenheit und aus ihrer größeren Abhängigkeit von den sie umgebenden Naturkräften; da war ihre Seele innerlich voll fühlsamen Verständnisses, und Leben und Natur war ihnen eins. Der alte Römer Tacitus, der im ersten Jahrhundert n. Chr. lebte und schrieb, erzählt allerlei von den großen Seherinnen unserer germanischen Altvordern, der Albruna und der Veleda und anderen; die konnten in die Zukunft schauen und künftige Ereignisse vorher verkünden, und sie genossen beinahe göttliche Verehrung. Diese Verehrung wäre ihnen natürlich nicht zu Teil geworden und man hätte nichts auf ihr Wort gegeben, wenn

sie nicht w a h r verkündigt hätten. Die Gabe der Weis=
sagung muß es also gegeben haben. Wie stehen wir heute
dazu? Diejenigen Leute, die sich für „aufgeklärt" halten,
spotten darüber und halten das für unmöglich, nur deshalb,
weil wir die Gesetzmäßigkeiten solchen Fernschauens noch
nicht kennen, weil die grundlegenden Natur= und Seelen=
kräfte noch nicht erforscht sind. Auch in unseren Tagen er=
eignen sich ja gar nicht selten Fälle solches zeitlichen oder
räumlichen Fernschauens; aber die Gelehrten wissen alle,
daß hier die schwache Seite unseres ganzen Weltverständ=
nisses ist (die schwächste sogar) und schauen nach den Dingen
nicht hin, damit sie nicht sagen müssen, sie verstünden diese
Sachen nicht und könnten sie nicht erklären.

Erklären konnten wohl die Alten diese Dinge auch nicht;
aber sie sahen ihre Wahrheit und Richtigkeit und lauschten
stärker auf die inneren Kräfte ihrer Seelen. Und da
meinten sie nicht, daß der Gedanke ein Nichts sei und der
Wunsch ein Nichts; sondern sie erkannten den Gedanken und
den Wunsch als Kräfte, als ganz allgemeine Kräfte der
Welt. Die Tat — von der sagen auch wir nicht, daß sie
ein Nichts wäre. Die Tat entstammt aber dem Willen,
und wenn der Wille etwas schafft, so muß er wohl auch
selber etwas sein; der Wille entsteht aber aus dem Wunsch,
und wenn er etwas Lebendiges ist, so muß auch der Wunsch
eine lebendige Kraft sein, und ebenso erhebt sich hinter dem
Wunsch wieder der Gedanke als eine eigene, selbständig
tätige Kraft, die sich loslöst aus unserem Innern und ihre
Wirksamkeit entfaltet. Wir erleben heute die hundert
Wunder der Suggestion; Suggestion besteht aber darin, daß
ein Mensch in das Innere des andern hinein seine eigenen
Gedanken oder Wünsche schickt, sodaß der andere handelt,
wie es der eine haben will. Das sind Dinge, die all un=
sere Gerichte wissen, weil sie oft genug damit beschäftigt
werden, und die Hypnose ist ja nichts anderes, als solche

Geltendmachung des eigenen Willens in einem Nebenmen=
schen, der diesem Willenszwange unterliegt.

Wir sehen selten, wie der Wunsch oder der Wille für
sich selber als lebendige Kraft arbeitet; denn was er da be=
wirkt, haben wir uns gewöhnt, als „Zufall“ zu bezeichnen
— ein Wort, das es längst nicht mehr geben sollte! — aus
Verlegenheit den Dingen gegenüber. Es ist gewiß auch
dem Leser nicht nur einmal begegnet, daß er sich abends
sagte: „Jetzt möchte ich doch wissen, wie es mit meinem
Freunde in Y steht, ich habe so lange nichts mehr von ihm
gehört!“ Und am andern Morgen liegt ein Brief von
diesem Freunde auf dem Tische! Da ist einfach der Ge=
danke des Sehnsüchtigen, des Verlangenden als eine Kraft
in die Weite gezogen, hat den Freund in Y aufgesucht und
ist in dessen Wesen hineingeschlüpft und hat ihn an den
Leser erinnert. Vielleicht hat der Freund nicht ganz genau
verstanden, was ihm der Gedanke bringen wollte; aber er
hat gespürt: „Das ging von meinem Freunde so und so
aus, ich muß an ihn denken, ob ich will oder nicht, und so
will ich ihm jetzt einmal einen Brief schreiben.“ So erklärt
sich in der Wirklichkeit der Fall, der nur uns ausgefüllten
Menschen heute so verwunderlich erscheint, und der eine
ganz natürliche Sache ist. Wenn die Mutter an ihr Kind
in der Ferne denkt, so kann das Kind nicht anders als an
die Mutter denken; das bewirkt der Gedanke, der als eine
selbständige Kraft wirksam wird, gerade so wie der elektrische
Strom im Telegraphendraht. Und jetzt haben wir ja gar
eine Telegraphie, zu der wir gar keinen Draht mehr
brauchen! Da ist die Erde selber der Leiter des Stromes,
der Kraft! Und gerade wie bei dieser Telegraphie steht es
mit der Gedankenübertragung von einem Menschen auf den
entfernten andern, die man wissenschaftlich heute „Telepathie“
nennt. Und je feiner nach dieser Richtung eine Seele or=
ganisiert ist und je weniger sie mit ihrem Tun abhängig ist

vom Stoffe des Körpers, desto mehr kann sie bewirken. Am unabhängigsten ist sie gewöhnlich im Schlafe; da kann sie geradewegs aus dem Körper heraustreten auf eigene Kraft und blitzschnell weltweite Wanderungen unternehmen; da werden uns dann Dinge bewußt, die sich gerade irgendwo in der Welt vollziehen, oder die sich später ereignen werden, oder wir lesen im Traume einen Brief, den uns der Brief=träger erst am Morgen in die Hände gibt und derartige Dinge mehr. All diese Dinge wird mancher Leser bestreiten; aber das hilft nichts, denn damit schafft man sie nicht aus der Welt.

Und wir können auch Willenszwang ausüben auf leb=lose Gegenstände. Ein Pendel, das sich bewegt, schlägt so=fort eine andere Bewegungsrichtung ein oder steht still, wenn wir den festen Willen haben, daß es das tun soll. Natürlich darf dafür das Pendel nicht zu schwer sein, und — jeder Mensch kriegt's vielleicht auch nicht fertig, und wenn er sonst noch so klug wäre. Auch in diesen Dingen sind die Fähigkeiten gar verschieden verteilt.

Für den Verkehr zum Tiere und mit dem Nebenmen=schen haben wir das Wort geschaffen. Das ist ein magisches Mittel, das Wort. An sich ist es gar nichts; man kann es nicht haschen, nicht sehen, nicht wägen. Es ist der Wille, der Wunsch, der Gedanke, dem wir eine Form gegeben haben, und nun wird beim Hören sofort der Gedanke oder der Wunsch oder der Wille, der in uns lebt, auch im an=dern lebendig. Wenn der Bauer dem Pferde „Hott" zuruft, und das Pferd hat gelernt, was dieser Laut bedeutet, so wird es alsbald rechts hin gehen. Was da wirksam ist, das ist also nicht das Wort, sondern unser Wunsch, unser Wille; das Wort ist nur Vermittler. Und wenn wir schreiben, so nehmen wir sogar zwei Vermittler in Anspruch; den Wortbegriff und das Zeichen. Aber eigentlich wirksam ist immer unser Wunsch, unser Wille.

So ist der Wunsch, ist der Wille eine Kraft, welche die Erfüllung bewirkt. Auch unsere eigenen Arme setzen sich nur dann zur Erreichung eines Zieles in Tätigkeit, wenn es ihnen unser Wille gebietet, und oft verspüren wir auch, daß schon der bloße Gedanke die Bewegung erzeugt, und da entgeht es uns ganz, wie sich der Gedanke ganz von selbst, ohne unser weiteres Zutun, in Willen umwandelt und beinahe zugleich in die Tat. Wer nun in ganz besonderem Grade Herr seiner Gedanken, seines Wunsches und Willens ist — so daß er auch den Gedanken frei von den Hemmnissen seiner Stofflichkeit, seines Körpers, hinaussenden kann, der wird besonders mächtig sein. Er wird Dinge erreichen, die so aussehen, als wäre damit ein Naturgesetz (eine Regel; denn alle Naturgesetze sind nur Regeln, Üblichkeiten des Naturgeschehens) durchbrochen, als wäre „ein Wunder“ geschehen, während in Wirklichkeit immer nur die augenblicks stärkere geistige Kraft des Menschen siegte über die schwächere geistige Kraft, die in den Dingen wohnt, oder auch über die schwächere geistige Kraft eines anderen Menschen, so daß das „Wunder“ eine ganz natürliche Sache ist. Wir bezeichnen es als ein „Wunder“, wenn der indische Fakir sich den Leib mit Nadeln spicken lassen kann, ohne dabei einen Schmerz zu verspüren, und wenn er sich auf Wochen leblos in den Sarg legen lassen kann, um dann nach genau bestimmter Zeit wieder Atemzüge zu machen und aufzuwachen. In Wirklichkeit ist das ein genau so natürliches Geschehen, wie alles andere in der Natur. Es ist also töricht, wenn wir Naturgesetze aufrichten und behaupten, die könnten nicht durchbrochen werden und „Wunder“ gebe es nicht; wir müssen vielmehr sagen: alles Geschehen vollzieht sich nach der Rangordnung der Kräfte, die jeweils walten; daß davon die jeweils stärkste ganz oder teilweise den Sieg erringt und so eine Erscheinung schafft, die mit den von uns aufgestellten Naturregeln nicht zusammenstimmt, ist kein „Wunder", sondern zeigt uns nur die Unzulänglichkeit unseres Naturerkennens. Wir erleben in jeder Versammlung von Menschen, daß derjenige, der seine Geisteskraft am stärksten frei machen und die anderen Leute unter deren Botmäßigkeit bringen kann, seinen Willen durchsetzt; das ist in Wirklichkeit nichts anderes; der Erfolg ist nur erreicht mit Vermittlerwerten, wie z. B. des Wortes.

Nun hatten gewisse Worte in alter Zeit eine andere Bedeutung als heute. So war der Wunsch ein Wunsch= wille, ein stark tätig gewordener Wunsch, eine Wunschgewalt. Und das erklärt sich daraus, daß man die Welt als eine unge= heure Einheit betrachtete, die zur Tat geworden war, sich aus dem gärenden Wunsche heraus verwirklicht hatte. Der Weltgeist (und auf anderer geistiger Ebene: der Erdgeist) Wuotan war nicht nur Allvater, sondern auch Wunschvater. Er war's, der die Welt durch seinen Wunsch geschaffen bezw. den Stoff belebt hatte. Wo sein Wunsch stockte, oder über= wunden ward, da war das Leben am Ende, da war der Tod. Da verjüngte sich nichts und es alterte nichts; denn es stak kein Lebenswille in den Dingen. Es war der Gotteswille, die Kraft des Wunsches, welche fehlte. Und wie Wuotan Wunschvater hieß, so hieß er auch Wuotvater: der Vater der Wut. Die Wut war aber ebenfalls in alter Zeit nicht etwas wie gesteigerter Zorn, sondern das Wort bezeichnete einen ungestümen, unhemmbaren Willen. Wie wir von einem wütenden Winde, von einem wütenden Sturm, von einem wütenden Heere sprechen. Der Wind und der Sturm sind nicht zornig und auch das „wilde Heer" oder „wütende Heer" hat nicht Anlaß zum Zorn; es soll lediglich die große Kraft, der unhemmbare Wille mit dem Worte Wut bezeichnet werden. Wer aber von Menschen in solcher durch seinen Willen oder Wunsch Hemmnisse über= winden und so in die Lebenssphäre anderer Leute eingreifen kann, ohne daß die sich dessen erwehren können, ja, ohne

daß sie es wissen, der muß die Gotteskraft des Wunsches
sehr stark beherrschen und den Willen Gottes sehr wohl ver=
stehen. Er ist daher zum höchsten auf Erden berufen: er
soll ein Helfer Gottes sein, der die Menschen zu ihrem Heil
führt auf Grund seines besseren Verstehens des Gottes=
willens, als Magier, als Beherrscher der „königlichen
Kunst“. Heute hat sich dieser Ausdruck von der „königlichen
Kunst“ lediglich noch auf die Freimaurerei vererbt, die
geistig aus jenen Vorzeitschichten herausgewachsen ist, aber
freilich seit langem auf die Bedeutung der alten Regeln
und Geheimnisse vergessen hat. Ein guter Magier, also ein
Mensch, der seine geheime „übermenschliche“ Macht im
Dienste des Guten nützt, dem Gotteswillen gemäß, wird im
Märchen zum „Meister“ oder noch häufiger, eben wegen
des Begriffs der „königlichen Kunst“, zum König. Die
Könige des Märchens sind zum großen Teile solche Magier
der alten Zeit in irgend einer phantastischen Überhöhung
ihrer Kraft.

Die göttliche Wunschkraft im Menschen kann aber auch
gegen den Gottheitswillen verwendet werden, zu eigen=
nützigen Zwecken. Dann treibt der betreffende Mensch
„schwarze Magie“, er wird zum „Zauberer“, und er kann
im Märchen — sagen wir in der bildlichen Volksvorstellung
— nicht im guten göttlichen Gewande des Menschen er=
scheinen. Denn schön und licht ist nur das Gute; das Böse,
Schlimme, ist dunkel und mißgestaltig. Die schöne Men=
schengestaltung drückt den, der böse ist; er verkapselt sich
lieber in die Gestalt eines wilden bösen Tieres, und kann
nur ausnahmsweise als Mensch erscheinen, dann aber immer
häßlich, abstoßend, Mißtrauen erweckend. Er kann sich in
jedes Tier verwandeln, das seinem Wesen entspricht; denn
er ist in seinem Wesen rückwärts gekommen, abwärts von
der Gottheit, wie das Tier vom Menschen aus rückwärts
ist; sein Wesen hat sich entwertet durch den Mißbrauch

seiner Kraft; er ist selber verwünscht (der Wunsch des Aufstiegs zur Gottheit, in deren reine Sphären, ist in ihm nicht mehr wirksam), und was er nun an den andern Menschen tut, kann immer nur zu deren Unheil gereichen; er will alle in gleichem Abwärts wie sich selber sehen und unterbindet den Menschen den Aufwärtstrieb, den Wunsch zum Edleren, so daß sich auch diese verwandeln in Tiere oder Pflanzen oder Steine, in Wesen, welche unter dem Menschen stehen. So verwünscht er, weil er selber sich verwünscht hat, und der Gedankengang, der hinter den Sinnbildern und Begriffen steht, ist wiederum ganz natürlich. Wir wissen aus unserer eigenen Erfahrung, wie ein schlechter Mensch so und so viele andere zur Schlechtigkeit, zum inneren Niederstreben durch Eigennutz verführt; auch das ist ein Verwünschen, nur braucht dieser Schurke die magischen Verständigungsmittel des Zeichens oder des Wortes, der Überredung, während der schwarze Magier sich unmittelbar durch seinen Willen der Seele des anderen bemächtigen kann, wenn die ungewaffnet ist und ihm nicht Widerpart leisten kann.

Aber auch die so unterworfene, geknechtete, des göttlichen Triebes beraubte Seele findet Hilfen, daß sie erlöst werden kann. Während der gute Trieb in ihr schlummert, verfällt sie wohl dem Bösen; aber der gute Trieb wird in ihr wieder geweckt durch Erinnerungen (da kommt ein Vogel geflogen und erinnert, da erinnert der Wind usw.), und er wird unterstützt durch gute Gedanken und Wünsche, die Staffeln zum Emporklimmen und zur Freiheit werden; auch die guten Kräfte anderer Menschen können helfen zur Erlösung.

Blicken wir in die Mythe vom Sonnengotte Baldur. Baldur ist tot durch den Schuß des blinden Hödur; er ist nun ohne Wunsch, ohne Leben, ohne Willen, und kommt ins unterirdische Reich der Hel, der Todesgöttin. Aber er kann da natürlich nicht bleiben; denn die Sonne muß ja wiederkommen nach der Winternacht im Norden. Da erzählt denn die Mythe, daß die Götter vor das unterirdische Schloß der Helia den Hermod, Baldurs Bruder und Odins (Wuotans) Sohn entsandten; der ritt durch finstere, tiefe Täler zur Unterwelt und bat um die Freilassung Baldurs. Helia, die Totengöttin, gab zur Antwort, daß Baldur lebend wieder auf die Erde kehren dürfe, wenn alle Wesen, die lebenden und die „toten" Dinge um ihn weinten. Das taten nun natürlich die Wesen, weil sie sich nach der lichten Sonne sehnten, und so kam Baldur wieder nach dem harten Winter. Später erfuhr diese Mythe Abänderungen, wonach Loki, der Gott des Chaos, die Tränen verweigerte und Baldur im Totenreiche bleiben mußte. Aber der Leser sieht selbst, daß diese Lesart späterem Mißverstande zuzuschreiben ist oder — — — ganz anders gedeutet werden müßte, als sie erscheint. Und das letztere wollen wir an späterer Stelle versuchen, damit wir hier nicht zu weit abgeraten.

Also die Sehnsucht der Götter und Menschen und Tiere und Pflanzen und Steine nach Baldur bringt ihn wieder und bricht den Bann seiner Verwünschung. Nicht das Mitleid; das ist ja eigentlich erst sehnsuchtgeboren. Die Sehnsucht aber: ist der Wunsch. Durch den Wunsch wird die Verwünschung Baldurs aufgehoben. Der Gedanke, der Wunsch hat solche Kraft.

Daran haben wir nun eine Art Urbild gewonnen für viele Märchen, auf die wir noch zu sprechen kommen. Hier sei noch das erwähnt: wenn die Sonne verwünscht werden soll, so daß sie verschwinden muß auf lange Zeit, dann braucht es dafür natürlich einen ungeheuren Weltenzauberer, den uns die Mythe in manchen Ausprägungen als ein ungeheures Tier zeigt, in dem aber Menschenerkenntnis lebt mit aller zum Bösen genützten magischen Kraft. Solche Wesen waren wie geschaffen dafür, daß die christliche Zeit

den Teufel an die Vorstellung hängte; wenn man sich des
Sinnes dieser Dinge bewußt geblieben wäre, so wären ge=
waltige Irrtümer langer Zeiträume und vieler Geschlechter
vermieden geblieben. Aber es war wohl Weltwunsch, daß
die Menschheit aus dem ehemaligen intuitiven, fast unbe=
wußten Schauen dieser tiefen Weltgeheimnisse, die doch im
Grunde Naturgesetze sind, herauskam und jene Fähigkeiten
mehr oder weniger einbüßte, um diese Kräfte und Fähig=
keiten später auf einer höheren Stufe durch eigene Geistes=
arbeit erhöht und mit vollem Verständnis wieder zu er=
langen. Das soll aber kein Lehrsatz sein, den jemand
glauben müßte. Doch scheint es, schon unsere frühen Alt=
vordern hätten sich das gedacht, denn das ist der eigentliche
Sinn der Mythe von der Götterdämmerung und von der
einstigen Wiederkehr der Asen auf das Idafeld.

Da finden sich die Asen auf Idafelde,
um über den Wurm Gericht zu halten,
der gewunden den Erdkreis umringelt hält.
Der weiland gewirkten großen Werke
Gedächtnis erwacht; auch gedenken sie wieder
der in sinnigen Sprüchen vom Sagengotte
in alten Zeiten erzählten Mären.

Da werden sich wieder die wundersamen
goldenen Würfel im Grase finden,
die im Zeitbeginne die Götter besaßen.

Aber mit den gewaltigen Vorgängen am Himmel be=
schäftigt sich die Mythe, nicht das Märchen. Das Märchen
kleidet die großen Weltgeschehnisse in Irdischkeiten, Mensch=
lichkeiten ein. Und wenn die liebe Sonne zur wunderschönen
Prinzessin wird, so braucht man nicht mehr ein Urwelttier,
um sie zu „verwünschen"; da tut's ein irdischer Zauberer,
der dem Leben und der Schönheit und dem Gotteswillen

feindlich ist, und die Überwindung des Unheilszaubers durch den Heilszauber, die ist die Erlösung.

Wir haben nun Klarheit über die an den Sonnenlauf anknüpfenden Märchenbilder unserer Altvordern und Klarheit über den Begriff des Wunsches und des Verwünschens und der Erlösung. Der Rest, der vom „Verwünschen" bis auf unsere Tage gekommen ist, das ist der böse Wunsch — wir nennen ihn gewöhnlich Fluch. Das Verfluchen ist auch ein Verwünschen, wenn es auch erfreulicherweise selten zu seinem Ziele trägt, und wenn wir heute in eine Lage geraten, die ganz und gar nicht unseren eigenen Wünschen entspricht, so knirschen wir wohl mit den Zähnen und stoßen dazwischen hervor: „Verwünscht"! Und da ist es denn oft gar gut, daß wir keine Magier sind im Sinne der Alten, sonst möchte mancher Unheilszauber zustande kommen, der uns selber abbiegen würde von der inneren Richtung zum Göttlichen. Diese Wirkung hat übrigens auch das Fluchen und Verfluchen, wo es dem andern kein Unheil schaffen kann. Uns selber schädigt es im Innern, und darum tut sich immer der selber den größten Schaden, der dem andern Böses anwünscht. Auch davon weiß das alte deutsche Volksmärchen zu erzählen. Und nun wollen wir die Vorerörterungen sein lassen und uns den Sonnenmärchen selber zuwenden, von denen wir natürlich nicht alle anführen und deuten können, sondern nur einige, aber doch so, daß der aufmerksame Leser sich gegenüber den anderen selber zu helfen wissen wird. Wir beginnen mit einem der Lieblingsmärchen unserer Kinderwelt, mit dem allerliebsten „Dornröschen"

Das Dornröschen.

Das Märchen vom Dornröschen brauche ich dem Leser gewiß nicht zu erzählen; denn wer das nicht so gut wie auswendig kennte, den würde ich für bettelarm halten und wenn er ein Millionär wäre. Und solchen armen Millionären ist nicht zu helfen. Aber die Hauptgeschehnisse muß ich doch kurz anführen. Also:

„Vorzeiten“ waren ein König und eine Königin, die hätten gerne ein Kind gehabt und hatten keins. Da kündigte der Frosch der Königin, als sie im Bade war, an, daß sie eine Tochter bekommen würden, und das erfüllte sich, und das Kind war überaus schön, daß der König ein großes Fest anstellte. Dazu lud er auch die weisen Frauen ein; die sollten dem Kinde wohlgesinnt werden. In seinem Reiche waren 13 solche Frauen, aber er hatte nur zwölf goldene Teller, von denen sie essen sollten, und so hat er eine bei der Einladung übergangen. Die weisen Frauen kamen und jede beglückte das Kind mit einer Gabe: Tugend, Schönheit und Reichtum, und was so das irdische Herz begehrt. Nur eine hatte ihr Sprüchlein noch nicht gesagt. Da kam die dreizehnte herein, die nicht eingeladen worden war, und wünschte: „Die Königstochter soll sich in ihrem 15. Jahr an einer Spindel stechen und tot hinfallen.“ Das war nun ein böser Spruch. Aber die zwölfte, die ihren Wunsch noch übrig hatte, konnte das Unheil mildern: „Es soll aber kein Tod sein, sondern ein hundertjähriger Schlaf.“

Der König läßt alle Spindeln in seinem Reiche sammeln und verbrennen, damit seinem Kinde nichts widerfahre. Aber als das gerade 15 Jahre alt ward, war es ganz allein im Schlosse und es geriet in einen alten Turm mit Wendeltreppe und kam in ein Stübchen, da saß eine alte Frau und spann. Die Königstochter faßte die Spindel, die so lustig tanzte, an, und stach sich. So ging der Zauberspruch in Erfüllung und alles im Schlosse fiel in einen tiefen Schlaf, auch König und Königin, die eben zurückgekommen waren, und der Braten auf dem Herde brutzelte nicht mehr, und der Koch blieb mit ausgestrecktem Arme starr stehen, weil er eben dem Küchenjungen eine Ohrfeige hatte geben wollen. Und um das Schloß wuchs eine Dornenhecke, durch die niemand dringen konnte. Erst als die hundert Jahre um waren, kam ein Königssohn, der sich nicht fürchtete, und vor dem sich die Dornenhecke in lauter schöne Blumen verwandelte, sodaß er unbeschädigt hindurchgehen konnte, und der weckte die Prinzessin mit einem Kusse und alles wachte wieder auf im Schlosse, der Braten brutzelte weiter und der Koch gab dem Jungen die Ohrfeige und die Magd rupfte das Huhn fertig, das sie im Schoß gehabt hatte, als sie eingeschlafen war. Der Prinz und Dornröschen aber feierten vergnügliche Hochzeit.

So das Märchen, in dem noch gar viel kleine spitzbübische Dinge stecken, die das Ganze schmücken, die aber hier bedeutungslos sind. Was will uns wohl das Geschichtchen sagen?

Der König ist die Sonne, und die Königin ist der Mond. Und die beiden haben ein Kind, ein Töchterchen, das ist die Erde. (Vielleicht stimmt das nicht ganz mit unserem Wissen überein, denn die Erde muß älter sein als ihr Begleiter, der Mond, aber auch das Märchen genießt soviel poetische Freiheit, daß es so eine Abweichung von den Ergebnissen der hohen Wissenschaft sich gestatten darf.) Sie haben sich lange im Weltenraume umhergeschwungen, bis sie dies liebliche Töchterchen kriegten. Nun gibt es ein Fest und es werden die „weisen Frauen" eingeladen; die Feen, zwölf an der Zahl. Das sind die Monatsgöttinnen, von denen jede schenken wird, was ihren Monat auszeichnet, und alle Monate des Jahres sollen dem Kinde, der Erde, wohlgewogen sein. Das Jahr hat zwölf Monate, wie der König zwölf goldene Teller hat. Aber es gab dreizehn Monatsgöttinnen. Denn bevor man das Sonnenjahr einführte und das Jahr in zwölf Monate einteilte, hatte man das Mondjahr, was ja vom hohen Norden her leicht zu begreifen ist, weil man da auf den Mond viel stärker angewiesen war in der langen Winternacht, als auf die Sonne, die nur ein paar Monate schien. Nun braucht der Mond zu seiner Selbstumdrehung aber nur 28 Tage, und so hat das Mondjahr 13 Monate ergeben. So erklären sich die 13 Monatsgöttinnen oder weisen Frauen des Märchens. Als nun die Germanen in unsere Gebiete zogen, wo die Sonne das ganze Jahr leuchtet und so viel wichtiger wird als der Mond, da richtete man das Sonnenjahr ein. Nun mußte eine der Monatsgöttinnen fallen, „vergessen" werden, oder keinen Teller mehr kriegen an des Königs Festtafel. Die galt als gestorben; davon kommt heute noch der Volksaberglaube her, daß einer sterben muß, wenn dreizehn am Tische sitzen!

Diese dreizehnte aber, die nun schwarz, dunkel erscheint (wie alles Tote) kommt uneingeladen und rächt sich dafür, daß man sie überging. Von ihr, die tot ist, kann natürlich nichts anderes ausgehen als der Tod, und der Tod ist es darum, den sie dem Königskinde wünscht. Auch die Art, auf welche sie sterben soll, gibt die dunkle Fee kund: sie wird sich an einer Spindel stechen. Die Spindel ist aber das kennzeichnende Geräte der Spinnerin, der Norne, der Schicksalsmutter. So bringt die dunkle Fee der kleinen Prinzessin als Wiegengabe das Allerweltsschicksal: den Tod. Aber die letzte der gütigen, der weisen und weißen Frauen (denn die weiße Farbe ist für Weisheit sinnbildlich) mildert den Spruch: Hundert Jahre Schlaf-Verwünschung soll der Königstochter beschieden sein.

Da schläft denn die Erde, und die Sonne schläft (ihr Schein ist kraftlos) und der Mond und alles Getier auf Erden, und die Blumen welken und die Bäume ziehen ihren

Saft zurück: alles schläft. Und eine Dornenhecke wächst um das Schloß her, die undurchdringlich ist. Der Dorn ist sinnbeutlich; das Wort hängt zusammen mit der Thörr=Rune, dem Zauberzeichen des Donnergottes Thörr oder Donar, welches die eingeschlossene Kraft, den harten Zwang andeutet, weshalb man auch von einem Dorn des Todes und dem Lebensdorn (männliches Organ) redete und dafür in der Symbolik auch zwei verschiedene Zeichen hatte, die wir heute noch in alten Wappen oder in der Gebälkfügung unserer alten Fachwerkhäuser sehen können. Die Dornhecke bedeutet also den harten Winter mit seinen Schnee= und Eisfesseln. Die läßt niemanden vordringen ins Dornröschenschloß; aber wenn der richtige Erlöser kommt, der Prinz Frühling, der das Dornröschen küssen will, dann stehen anstelle der Schnee= und Eisfesseln schöne Blumen um das Schloß, und der Prinz Frühling kann die schöne Königstochter erwecken, erlösen. Und die hundert Jahre des Märchens sind eben die aus der dichterischen Freiheit gebotene Übertreibung. Es sind hundert Tage gemeint, und gerade so lang ungefähr wird der Winter in unseren Gegenden dauern. Wir können also aus dem Inhalt des Märchens schließen, daß dieses nicht schon im hohen Norden entstanden ist, sondern erst als die Germanen schon in unseren Breiten waren und vom Mond=jahre zum Sonnenjahre übergegangen waren. Wenn aber ein Gelehrter meint, daß unser „Dornröschen = Märchen" eine Rokokogeschichte aus Frankreich sei, wie es in den letzten Jahren sich ereignet hat, so soll man ihn auslachen und ihm sagen, daß das Märchen selber viel klüger sei als er.

———

Rotkäppchen.

„Es war einmal eine kleine, süße Dirne, die hatte jedermann lieb." Auch die Großmutter hatte das Kind lieb und schenkte ihm ein Käppchen von rotem Sammet, und weil es nun das immer trug, wurde es das Rot=käppchen geheißen. Die Großmutter aber wohnte draußen weit hinter dem Walde, und das Rotkäppchen mußte ihr einmal ein Stück Kuchen und eine Flasche Wein bringen, weil die Großmutter krank und schwach geworden war. Und die Mutter gab dem Mädchen allerhand gute Ratschläge mit: auf dem Weg zu bleiben, daß es den Kuchen nicht verliere und die Flasche nicht zerbreche und der Großmutter solle es „Guten Morgen" sagen und solle nicht erst in allen Ecken der Stube herumgucken, wie das neugierige Kinder machten. Wie aber das Rotkäppchen in den Wald kommt, begegnet ihm der Wolf. Das Mädchen hat guten Mut, denn es weiß nicht, was für ein böses Tier der Wolf ist. Es unterhält sich mit ihm, und der Wolf fragt aus dem Rotkäppchen alles heraus, wohin es will und was für Geschenke es bringe und wem, und auch wo die Großmutter wohnt. Er verführt dann das Mädchen, daß es sich aufhält mit Blumenpflücken im Walde, um der Großmutter einen Strauß mitbringen zu können, und mittlerweile springt er zur Großmutter vor das Häuschen, gibt sich als Rotkäppchen aus, und verschluckt dann die Großmutter, als sie ihm ge=sagt hat, wie die Türe aufgeht. (Es gibt manche ähnliche Märchen, in denen der Wolf erst noch Kreide frißt, damit er eine hohe Stimme habe und die Großmutter desto leichter täuschen könne.) Dann zieht er die Kleider der Großmutter an (die er eigentlich wohl mitverschluckt haben müßte — wiederum poetische Märchenfreiheit) und setzt ihre Haube auf und legt sich in ihr Bett. Und nun kommt das Rot=käppchen auch an mit seinen Geschenken und seinen Blumen

und erschrickt, da es die Türe offen sieht, und es wird ihm
ängstlich zu Mute um die Großmutter. Da tritt es zum
Bette und zieht die Vorhänge zurück und ist ganz ver=
wundert:

„Ei, Großmutter, was hast du für große Ohren?“

„Daß ich dich besser hören kann.“

„Ei, Großmutter, was hast du für große Augen?“

„Daß ich dich besser sehen kann.“

„Ei, Großmutter, was hast du für große Hände?“

„Daß ich dich besser packen kann.“

„Aber, Großmutter, was hast du für ein entsetzlich
großes Maul?“

„Daß ich dich besser fressen kann!“

Und damit springt der Wolf aus dem Bette und verschlingt
das Rotkäppchen mit Haut und Haar. Dann legt er sich
wieder ins Bett und schläft, und dabei schnarcht er laut.
Da geht ein Jäger vorbei und vernimmt das Schnarchen.
Er denkt, der alten Frau fehle etwas, geht in die Stube
und tritt an das Bett. Da erkennt er den Sünder. Er
will die Büchse anlegen, schießt aber nicht, weil ihm einfällt,
daß der Wolf die Großmutter gefressen haben könnte. Er
nahm nun eine Schere und schnitt dem schlafenden Wolfe
den Bauch auf (daß der Wolf da nicht aufwacht, ist, wie
so vieles andere, ein Stück poetische Freiheit des Märchens)
und sieht das rote Käppchen leuchten, und bald springt das
Mädchen unversehrt heraus, und danach wird auch noch die
alte Großmutter befreit, die kaum noch atmen kann. Und
das Rotkäppchen holt rasch große Steine herbei, damit füllt
man dem Wolfe den Bauch, und wie der aufwacht und
fortspringen will, da sinkt er gleich tot zu Boden von der
schweren Last der Steine. So kann der Jäger dem Wolfe
den Pelz abziehen, und die Großmutter kann den Kuchen
essen und den Wein trinken und wird wieder gesund, und

das Mädchen beschließt, sich künftig nicht wieder vom Wege ablocken zu lassen und der Mutter gehorsam zu sein.

Allerliebst ist dieses Märchen. So kühn in seiner ganzen Schilderung; der Wolf ist, wie eine leere Haut; er kann Menschen verschlucken und macht das auch so, daß ihnen nichts dabei passiert (denn das Böse darf dem Guten zwar Ungelegenheiten machen, kann aber das Gute niemals dauernd vernichten); er redet mit dem Rotkäppchen wie ein guter Bekannter

We=ol=fa, Wehwissenszeuger: das ist nach Guido v. List die Bedeutung des Wortes Wolf, und in solcher Rolle er= scheint das Tier im Märchen. Er gehört zu den dunklen Mächten, die das Denken des Menschen vom rechten Wege abführen. Wie sicher, wie allbeliebt zieht das Rotkäppchen am Himmel seine Bahn: die leuchtende Sonne, von der man überhaupt gar nichts anderes als nur das rote Käppchen sieht! Rotkäppchen muß zur Großmutter hinter dem großen Walde. Der Wald ist aber hier nur sinnbeut= lich und meint die „Waltung“, die geschehensvolle Welt. Und hinter dieser Waltung, der Welt, ist das Ur, das Chaos, das ungeordnete Dunkel. Da lebt die Großmutter, die dieser Urzustand selber ist. Dorthin, meint das Märchen, wandere die Sonne. Zwischen diesem Urzustande aber und dem Sonnenreiche herrscht im Walde, in der Waltung, der Wolf, der Wehwissenszeuger. Denn durch die Waltung, die natürlich das Schicksal ist (im Urzustande gibt es kein Schick= sal), gelangen wir unter Weh (Erfahrungen) zum Wissen (zum Verständnis des Lebens und zum göttlichen Willen). Dieses Weh erfaßt alle Welt und führt alle Welt durch Dunkel zur Erhöhung. So muß auch die Sonne sich am Abend begraben lassen im Bauche des Wolfes, wenn sie zur Großmutter kommt, und am Morgen springt sie wieder frisch und munter daraus hervor. Wie das Märchen diese Dinge erzählt, sodaß all dieser innere tiefe Sinn gewahrt

bleibt und daß doch die rein bildhafte Wirkung der kind=
lichen Erzählung herauskommt, das ist eine Kunst der Alten,
die wir nicht genug bewundern können.

Wir werden aber nun auch noch eine andere Deutung
des Märchens vom Rotkäppchen auf der Hand haben, die
nicht mehr an die Sonne anschließt. Mit der haben wir
uns jedoch in diesem Abschnitte noch nicht zu beschäftigen,
weil dafür Vorerklärungen nötig sind.

Der Jude und das Vorlegeschloß.

Dieses Märchen wird weniger bekannt sein als Ganzes,
während einzelne Motive daraus immer wiederkehren in
anderen Märchen. Es findet sich in einer erst 1912 er=
schienenen, von Paul Zaunert herausgegebenen und von
Eugen Diederichs in Jena verlegten Sammlung „Deutsche
Märchen seit Grimm“, als eines der letzten Stücke. Es ist
also nötig, daß wir das Märchen hier wiedergeben. Es
heißt:

Es war einmal ein starker Jüngling, der ging auf
Reisen, und als er eine zeitlang umhergezogen war, kam
er in eine Wildnis. Dort begegnete ihm ein Jude, der
fragte ihn, wo er hin wolle. „Ich will in die Welt hinaus
und meinesgleichen suchen in der Stärke.“ — „Dann geh
mit mir“, sagte der Jude, „ich will dich glücklich machen.“
Der Jüngling ging mit ihm, und sie kamen vor eine alte
Burg, um die herum ein großer, alter Zaun war. Sie
blieben eine Weile davor stehen, da tat sich plötzlich ein
unterirdischer Gang vor ihnen auf. Als der Jude das sah,
schickte er den Jüngling hinein nach einem Schloß, das
drinnen im Burggebäude an einer alten Tür hing. Wie
der Starke drinnen war, sah er eine Jungfrau, die fragte
ihn, wie er hineingekommen wäre. Er antwortete, es hätte
ihn ein Mann hergeschickt, um ein Schloß zu holen. „Wenn
du mich erlösen willst“, sprach da die Jungfrau, „so sollst
du es haben.“ Das versprach er ihr sogleich und fragte

sie, was er tun müsse, um sie zu erlösen. „Drei Nächte lang darfst du nicht schlafen und mußt du an derselben Stelle sitzen bleiben, wo ich dich hinweise. In der ersten Nacht kommen Geister, in der zweiten Schlangen, in der dritten wieder Schlangen. Alle werden sich bemühen, dich vom Stuhle zu werfen; doch das darf ihnen nicht gelingen, sonst bin ich für ewig verloren. Wenn du aber ihrer Gewalt widerstehst, so bin ich erlöst."

Darauf versprach ihr der Jüngling, aus Leibeskräften allen Angriffen zu widerstehen, und die Jungfrau zeigte ihm am ersten Abend sein Zimmer, in dem nichts als der Stuhl stand. Auf den mußte er sich setzen, und dann verließ ihn die Jungfrau. Als es elf Uhr schlug, füllte sich das ganze Zimmer mit Geistern, und ein Geist wollte ihn immer noch schneller vom Stuhl werfen als der andere. Er aber wankte und wich nicht, und so verging die erste Nacht. Am folgenden Tage erschien die Jungfrau, brachte ihm Speise, lobte ihn, daß er so tapfer ausgehalten hätte, und sprach ihm Mut für die Zukunft ein. In der zweiten Nacht erschienen nun die Schlangen und wanden sich um die Stuhlbeine, als wollten sie den Stuhl umwerfen, doch der Jüngling saß fest auf seinem Platze und ließ sich nicht beirren. Um dreiviertel auf zwölf stieg plötzlich nicht weit von ihm ein Sarg auf; da krochen die Schlangen alle hinein und waren verschwunden. Als ihm am andern Tage die Jungfrau wieder Speise und Trank brachte, sprach sie ihm wieder Mut ein und fügte hinzu, er sollte in der letzten Nacht, wenn die letzte Schlange im Sarge wäre, geschwind den Deckel aufheben und das, was darin liege, umarmen und dreimal küssen. In der dritten Nacht waren die Schlangen noch viel wilder und ungestümer als in der zweiten, doch mit dem Glockenschlag zwölf verschwanden sie alle in dem Sarg. Als er nun den Deckel aufhob, erblickte er ein Ungeheuer im Sarge, das umarmte und küßte er dreimal, und nach dem dritten Kuß erscholl ein lautes Freudengeschrei; das Ungeheuer war weg und es stand statt dessen die Jungfrau vor ihm, die ihn in die Burg gewinkt hatte, und das war eine Prinzessin von Geblüt; der gehörte die ganze verwünschte Burg, und die Burg war ein Königsschloß, und die Schlangen waren ihre Dienerschaft und waren nun auch erlöst. Das schäkerte

alsbald in Küche und Speisekammer umher, und auf dem
Herde erhob sich ein lustiges Feuer, das briet einen Braten
bedächtig auf beiden Seiten braun. Auf dem Turme blies
der Türmer seine lustigsten Stücklein, denn er war nun
auch mit erlöst.

Jetzt hätte der Jüngling das Schloß von der alten Tür
nehmen und zu sich stecken sollen, allein er vergaß es in
seinem Glücke und ließ es hängen. Der Jude wartete aber
draußen nicht mehr, sondern war längst fortgegangen, denn
er glaubte, der Starke sei umgekommen, wie die andern,
die er vor ihm schon in die Burg geschickt hatte.

Am andern Tage hielten die Prinzessin und ihr Erlöser
Hochzeit, und lebten nun miteinander als König und Königin.
Und der König herrschte über die ganze Wildnis, durch die
er einst gezogen war, das war jetzt ein weites, reiches Land
mit üppigen Wiesen voll Herden und Hirten und herrlichen
Wäldern, in denen sich Hirsche und Rehe und Jäger
tummelten. Da zog er oftmals hinaus auf die Jagd, denn
das Burgtor, das früher geschlossen gewesen war, stand
jetzt weit offen, wie es dem Tor einer Königsburg geziemt.

Eines Tages, als er auch einmal wieder draußen im
Walde seine Freude am Weidwerk hatte, kam der Jude des
Wegs gegangen, blieb vor der Burg stehen und sprach zu
sich selbst: „So bin ich doch schon so oft gekommen des
Wegs und habe noch nimmer gehört, daß der Türmer auf
dem Turme hier bläst sein Lied" Neugierig ging er in die
Burg hinein und bat um Erlaubnis, sie sich ansehen zu
dürfen. Das wurde ihm gewährt, und nun ließ er seine
Augen überall herumwandern, da dauerte es nicht lange,
so gewahrte er das Schloß, das noch an der alten Tür
hing; und weil gerade niemand auf ihn achtete, so nahm
er's herab. Wie er an dem Schloß nur ein wenig krickelte
— denn er kannte seine Eigenschaften gar wohl —, kamen
sogleich eine Menge Geister an und fragten nach seinen
Befehlen. Da sprach er: „Ich will, daß diese Burg sofort
hinter dem Berge steht, wo weder Sonne noch Mond hin=
scheint, und daß ich da mit der jungen Königin allein bin.
Ihr Geister sollt uns bedienen, wenn ich euch mit dem
Schloß herbeizaubere; die ganze Dienerschaft auf der Burg
aber sollt ihr bei Wasser und Brot in den Turm sperren.

Ich werde die schöne Königin heiraten und werde mit ihr wohnen hinter dem Berge, wo weder Sonne noch Mond hinscheint. Das wird eine Lust werden."

Die Geister verneigten sich tief, und eins, zwei, drei, da stand die Burg auch schon hinter dem Berge, wo weder Sonne noch Mond hinscheint. Die Dienerschaft aber war bei Wasser und Brot ins Burgverließ gesperrt. Die Königin saß mit bangem Mute in ihrem Zimmer bei Kerzenschein, da trat der Jude zu ihr und verkündete ihr, daß sie ihren Gemahl nimmer wieder sehen werde, und daß er selbst sie heiraten wolle. Da weinte die Königin bittere Tränen und weigerte sich standhaft, dem Juden die Hand zu reichen. So verging Tag auf Tag und der Jude ließ nicht nach, sie mit seinen Anträgen zu bestürmen. Darüber weinte sie immerfort vor Scham und Zorn, und ihr Antlitz war ganz von Tränen gerötet.

Nicht lange nachdem das Schloß hinter den Berg ver= setzt war, wo weder Sonne noch Mond hinscheint, kehrte der junge König von der Jagd zurück. Als er sah, daß die Burg mit der Königin verschwunden war, warf er sich auf den Boden und klagte und weinte wie ein Kind. Endlich ermannte er sich und ging auf gut Glück in die Welt hin= aus, um nachzuforschen, wo seine Frau und seine Burg seien. Er war noch nicht weit gegangen, da sah er einen Riesen. Der fragte ihn, wohin er wolle, und der König erzählte, er habe nicht weit davon eine Prinzessin und eine Burg erlöst, und die seien jetzt beide miteinander ver= schwunden. Der Riese erwiderte: „So will ich sehen, ob ich dir nicht Bescheid geben kann, wo die Burg geblieben ist." Sprach's und pfiff auf dem Finger, da kamen alle Tiere herbei, der Hund, der Hirsch, das Reh, der Hase, und was da läuft und kriecht, und auch alle Vögel hüpften und flogen herbei, der Adler, das Rotkehlchen, der Fink und wie sie alle heißen. Der Riese fragte sie, ob sie nicht wüßten, wo die Burg geblieben sei; nein, davon wüßten sie alle nichts. Zuletzt kam noch eine wilde Katze hinterdrein, die fragte der Riese auch noch, und die war gerade in einen Baum der Burg gegenüber geklettert, als der Jude kam, und sie sagte: „Die Burg steht hinter dem Berge, wo weder Sonne noch Mond hinscheint; der Jude hat sie von Geistern dahin versetzen lassen; er ist auch dort und will die Königin heiraten; das Gesinde aber liegt gefangen im Turm." Da sprach der Riese zum jungen König: „Wir sind unser drei Riesenbrüder; ich bin der jüngste. Wenn du zu dem Berge hinwillst, wo weder Sonne noch Mond hinscheint, so kommst du zuerst zu meinem zweiten Bruder, und von da aus zu dem ältesten; der wohnt dicht vor dem Berge." An den zweiten Bruder gab der Riese dem König einen Brief mit, und dann ging er seiner Wege.

Als der König noch ein Ende von der Wohnung des zweiten Riesenbruders entfernt war, kam der schon auf ihn los und wollte ihn zerreißen. Wie er aber den Brief zu lesen bekam, wurde er ganz freundlich, zeigte ihm den Weg zu dem ältesten Bruder und gab ihm wieder einen Brief an den mit. Es war gerade Abend, als er zu der Höhle des dritten Riesen kam; auch der nahm ihn freundlich auf und beherbergte ihn und beschrieb ihm am andern Morgen, wie er über den Berg käme, hinter dem weder Sonne noch Mond scheint. Er gab ihm dazu noch Pilgerkleidung und ein Blatt und sagte ihm, wenn er das in den Mund nähme, dann wäre er unsichtbar. Nun trat der König seine Reise nach dem Berge an, und als er hinüber war, und vor der Burg stand, trat der Jude heraus und fragte ihn: „Wer bist du und was führt dich her?" Er sagte: „Ich bin ein armer Pilger und habe mich verirrt, und bitte euch um Gotteswillen, nehmt euch meiner an!" Nun hatte den Juden dort im Dunkeln hinter dem Berge und bei der Königin, die immerfort weinte, schon die Langeweile geplagt, er nahm daher den Pilger mit in die Burg, brachte ihm zu essen und zu trinken, und ließ sich von ihm etwas er= zählen aus dem Lande jenseits des Berges, und konnte nicht satt kriegen, und erkundigte sich nach dem Mann im Monde, als ob's sein bester Freund gewesen wäre, und nach der Sonne fragte er so genau, als ob sie eigentlich aus der Judengasse stammte und mit ihm in die Juden= schule gegangen wäre.

Der Pilgrim stand ihm über alles Rede und Antwort und fragte ihn schließlich, wie denn hier eine so schöne Burg hinkäme hinter den Berg, wo weder Sonne noch Mond hinschiene, und ob er denn ganz alleine darin wohne.

Da nahm der Jude sogleich wieder eine sehr ernsthafte Miene
an und sagte, ja, er sei hier allein, aber er habe eine un=
sichtbare Dienerschar, die sei sehr stark; er solle sein Mahl
verzehren, das vor ihm stehe, und machen, daß er fortkäme.
Er sei gern immer allein, und wen er zum Hause hinaus=
werfen ließe, dem täte kein Finger mehr weh. Da stellte
sich der König, als ob er jetzt weiter wandern wolle, nahm
aber das Blatt in den Mund, so daß der Jude ihn nicht
mehr sah und meinte, der Pilgrim sei wirklich fortgegangen.
Der junge König aber mußte die ganze Nacht in der Burg
herumstehen und es gelang ihm nicht, zu seiner Frau zu
kommen.

Am andern Morgen, als der Jude noch schlief, die
Frau Königin aber in ihrer Kammer laut über ihr Schick=
sal weinte, trat ihr Mann plötzlich zu ihr und sagte: „Gott
hat mich hierhergeschickt, dich abermals zu erlösen", und
nahm das Blatt aus dem Munde, so daß er ihr sichtbar
wurde. Da fiel ihm die Königin um den Hals, küßte ihn
und war voller Freude. Wie sie nun noch beratschlagten,
auf welche Weise sie sich des Juden entledigen könnten, kam
der gerade in die Kammer, denn er hatte gehört, wie sie
miteinander sprachen; und weil er so schnell kam, hatte der
König nicht gleich sein Blatt in dem Munde. Als ihn nun
der Jude sah, wurde er sehr zornig; doch ehe er nach dem
Schloß in seiner Tasche greifen konnte, um die Geister damit
herbeizurufen, hatte ihm der Starke mit seinem Schwerte
schon das Haupt gespalten. Nun nahm der König das
Schloß, drehte es, und die Geister erschienen. Sie fragten,
was er begehre, und er befahl ihnen, zuerst die Dienerschaft
aus dem Turme zu befreien und dann die Burg wieder
auf den Platz zu setzen, wo er sie erlöst habe. Dann gab
er ihnen noch auf, den Juden hinter dem Berge zu ver=
scharren, wo weder Sonne noch Mond hinscheint, was auch
geschah. Darauf fielen alle, die in der Burg waren, in
sanften Schlummer, und unterdessen brachten die Geister
die Burg in wenigen Augenblicken wieder an die alte Stelle.
Da hat der König noch lange Zeit mit Segen regiert und
in großem Ansehen gestanden.

Dem Leser wird wohl hier die große Verwandtschaft
mit einem Märchen des fernen Orients aufgefallen sein,

das sich in „Tausend und eine Nacht" mit gesammelt findet
und unter der Überschrift „Aladin und die Wunderlampe"
zu laufen pflegt, aber auch unter anderen Titeln erscheint,
z. B. „Das Schloß in der Höhle Xarxas" Solche west=
östliche Märchenverwandtschaft findet sich wiederholt vor,
und wir dürfen uns darüber nicht mehr wundern, nachdem
uns klar geworden ist, daß der arische Geist vom Norden
auch die hohen Kulturen des Ostens geschaffen hat, die wir
früher als ursprünglich und mütterlich gegenüber dem Westen
angesehen haben. Damit ist keineswegs gesagt, daß nun
die Märchen selber in unserer Fassung nach dem Osten
gebracht worden seien; schon die phantastische Glut, die den
Märchen des Ostens auch dann innewohnt, wenn sie alt=
arische Überlieferungen verarbeiten, zeigt die meist durch=
aus eigene Formgebung des Orients. Was vom Norden
stammt, ist da lediglich das „Motiv", und nicht selten sind
diese Motive im Osten ganz anders vereinigt worden als
in den europäischen Germanenländern. Im vorliegenden
Falle haben wir den gesamten Inhalt wesensgleich, obwohl
sich das Märchen anscheinend aus zwei Motiven zusammen=
setzt; denn wir haben zunächst eine Erlösung, dann eine
Verwünschung und die erneute mit ihr zusammenhängende
Erlösung. Die erste Erlösung braucht das Märchen, um
überhaupt eine Sachlage zu schaffen, in welcher der Leser
oder Hörer seine Teilnahme entfalten kann, dadurch daß er
die Beteiligten kennen lernt und Partei nimmt.

Schon das inhaltsgleiche Vorkommen des Märchens in
der ostarischen Märchenliteratur zeigt das große Alter dieser
Motive. Andererseits ist unser vorliegendes deutsches
Märchen in seiner Fassung durchaus erst mittelalterlich,
vielleicht sogar erst aus dem 16. oder 17. Jahrhundert
stammend. Denn erstens ist es gar nicht im rechten alten
volkstümlichen Märchenstil erzählt, sondern es ist ein ziem=
lich trockener Sachbericht, etwa wie wir ihn in der Tages=

zeitung über irgend ein örtliches Vorkommnis zu lesen be=
kommen. Und es ist keine Lücke darin gelassen; der Er=
zähler, von dem die Form stammt, suchte die unglaubhaften
Märchenvorgänge besonders glaubhaft zu machen, was die
echte alte Märchenerzählung niemals tut. Und dann ist
sozusagen noch ein unmittelbares Kennzeichen gegeben: die
Einordnung des Juden in die Geschichte. In den indischen
Ausformungen dieser Märchenvorgänge ist bekanntlich nur
von einem gewaltigen Zauberer die Rede, der die Burg
anderswohin versetzen läßt und die Prinzessin (bei uns:
Königin) mit seinen Heiratsanträgen bedrängt. Es ist auch
nicht zweifelhaft, daß der Jude in unseren germanischen
Ländern zu jener Zeit, als der Inhalt des Märchens ent=
standen sein mag, durchaus noch keine Rolle spielte und
wohl ganz unbekannt war. Erst nach der Durchsetzung des
Christentums in den germanischen Ländern kommen auch
die Juden mit der Magie in Berührung, und zwar, wie
wir heute mit Guido v. List ziemlich sicher vermuten dürfen,
dadurch, daß das alte Armanenwissen sich vor der Unter=
drückung durch das Christentum in — die Synagoge flüchtete,
in Burgund zuerst, und später noch einmal zu Köln am
Rhein. In der Synagoge aber wurde die Kabbala daraus
in zwei Ausformungen, die ja auf uns gekommen sind.
Selbst jüdische Gelehrte erkennen die Kabbala als etwas
durchaus Unjüdisches an, und selbst das Wort dürfte nichts
anderes sein, als „Kala" (geheime Überlieferung), noch
einmal besonders verborgen durch die Zwischenschiebung
des b, wie sich ja heute Kinder spielweise noch oft darin
gefallen, sich in einer „B=Sprache" als Geheimsprache aus=
zudrücken, indem sie z. B. statt „Ich bin zuhause" sagen:
„Ibich bibin zubuhaubausebe" Erfunden ist diese geistig
ja sehr billige Geheimsprache von Kindern sicherlich nicht;
denn es wird auf rein geistigem Gebiete überhaupt nichts
erfunden ohne einen bestimmten Zweck.

Erst die Kabbala nun, deren geistige Grundlagen dem Judentum etwas gänzlich Fremdes waren, brachte das aus= gesprochen jüdische Zaubertreiben des Mittelalters mit sich. Die armanischen Gesetzmäßigkeiten der weißen Magie, wie sie etwa die alten Truthen nützen mochten aus reinem hohem Sinne und mit vollem wurzelmäßigem Verständnis, gerieten hier in Hände, die sie nützten als Mittel zur Befriedigung der Selbstsucht, und die somit schwarze Magie trieben. Natürlich gelang da vieles nicht, schon weil es zu dickbackig aufgefaßt worden war, zu materiell, und weil der jüdische Magier nicht den Geist dahinter setzen konnte, aus dem die Dinge ursprünglich erwachsen waren; aber die unzähligen kleinen naturwissenschaftlichen Geheimnisse (von der Eigenact gewisser Steine, Flüssigkeiten, Formen usw.) wurden desto gieriger aufgegriffen und zu einem jahrhundertlangen Schwindeltreiben benützt, das eben nun begreiflicherweise den Juden ganz im Vordergrunde sah. Und aus diesen Jahrhunderten muß notwendig unser Märchen in der deutschen Fassung stammen.

Der Grundinhalt des Märchens löst sich auf verschie= denen Stufen. Leicht erklärt sich ja der Berg, hinter dem weder Sonne noch Mond scheint. Wir haben da den gleichen Gedanken wie beim Rotkäppchen=Märchen, nämlich das Ur, das Chaos, das in die Weltentstehung zurückweist, da die Stoffnebel brauten und der Lebenstrieb sich erst aus der Unform heraus zu offenbaren suchte. Und nun haben wir nun auch den rückwärtigen Weg zu diesem Urzustande aufgezeigt: drei Riesen zeigen dem Könige den Weg zu dem Berge, hinter dem weder Sonne noch Mond scheint (also in die Zeit, da es noch nicht Sonne und Mond gab), ins „Ginnungagap“ der germanischen Mythe. Bekanntlich setzt die germanische und gesamtarische Mythe vor die Zeit der Asen (Götter) und der Wanen die der Riesen, denen die Reiche des Urfeuers (Muspelheim), des Urwassers (Au=

dumbla), der Urluft (Niflheim) gehörten und unterworfen
waren; Ymir, der Riese der Urerde, war ja auch eine Ge=
stalt der Edda, aber er mußte den Wanen und Asen weichen;
ihn hat Thôrr, der gewaltige Hammerschwinger, besiegt, so
daß er für das Märchen nicht zu rechnen ist.

Die Prinzessin oder Königin ist natürlich wiederum die
Sonne selbst; wenn sie verschwindet im Norden, so ist es,
als ob sie ins Ur sänke, und mit ihr das ganze All, als
ob sich nun die Weltentwicklung rückwärts wendete durch
die Entstehungsphasen der Riesenreiche ins Chaos. Aber
dahin hat die Sonne der Gegensatz zum Entwickelungswillen,
zum Lebenswillen, gebracht, und das ist in unserem Märchen
der Jude, sinndeutlich aber ist es der rückwärts gerichtete,
ordnungsfeindliche Wille im All, das Gegenstück des Schöpfer=
wirkens und gewissermaßen dessen Spiegelwirkung, dessen
Gegenpol. Denn alle Bewegung der Welt entsteht durch
Polarität, und jeder Wille oder Wunsch weckt seinen Gegen=
pol aus sich selber, indem er sich selbst polarisiert. So ist
es also die Negativseite der Entwickelungskraft und des
Entwickelungswillens, des Willens zum Aufstieg ins Gött=
liche, den sonst im Märchen der schwarze Magier, der
Zauberer, und hier im besonderen Maße der Jude vertritt.

Als Zaubermittel erscheint ein altes Türschloß. Das
Schloß ist ein Gerät zum Öffnen und Schließen; der König
hält es offen — er begünstigt die Aufentwickelung; der
Jude verschließt es, d. h. er legt der Weltentwickelung
Hindernisse in den Weg als der gegenpolare Weltwille.
Der bestohlene König aber gelangt schließlich in das hinter
dem Berge geborgene Prachtschloß und zu seiner Gemahlin;
er ist unsichtbar. Das Edle, Aufstrebende ist — so will es
uns das Märchen lehren — leicht geborgen, immer geborgen,
weil das Entgegengesetzte nicht in der Lage ist, es zu ver=
stehen, und deshalb nicht an sein höheres Wesen und an
die ihm innewohnende Kraft glauben kann. Darum sind

alle Betrüger schließlich Betrogene, weil sie die Kraftverhält=
nisse fehlschätzen, weil sie die Kraft des positiven Entwicke=
lungswillens stark unterschätzen im Verhältnis zu seinem
negativen Pol, der nach der äußerlichen, sozusagen meßbaren
Größe zwar überragt (5 3). aber nicht die gleiche imma=
nente Kraft besitzt wie der positive Wille.

Und so ist unser Jude schließlich nicht nur für die Hoff=
nungen seiner eigenen Person betrogen (die Königin lehnt
ihn ab und wird von ihrem Gemahl befreit), sondern er ist
auch in seiner ganzen negativen Willensrichtung betrogen;
denn er ist zuerst Anlaß gewesen, daß der König die Königin
fand und das erstemal erlöste, und dieser Erfolg bleibt dann
trotz aller Widrigkeiten für den aufwärtigen, positiven Willen
bestehen. Der Jude, der das Schloß nicht mehr hat oder
es nicht mehr nützen kann, kann nicht mehr den negativen
Zustand herstellen, der am Anbeginn bestanden hat: die
Verwünschung der Königin. Und nun ist Aufstiegsleben an
einer Stätte, wo vordem keines war, wo der Stillstand der
Verzauberung herrschte. Das hat der Jude (also der ne=
gative Weltenwille) seinem eigenen Willen entgegengesetzt
herbeiführen helfen. So kam sein negativer, rückwärtiger
Wille, dem positiven, vorwärtigen zugute, wie er ja auch
ein Teil von ihm ist, eine Polarisation des letzteren.

In diesem Märchen steckt also ein gut Teil hinter=
gründigen Welt= und Lebensverstehens, angeschlossen un=
mittelbar an die alt=arische Mythe. Und es ist nicht Neben=
sache, sondern ein besonders kennzeichnender Zug, daß der
Jude sich nun nicht etwa, als er das Schloß in Händen
hat, der vorhandenen Dienerschaft bedient, sondern diese bei
Wasser und Brot ins Burgverließ werfen läßt. Er kann
diese Dienerschaft, die dem aufwärtigen Willen entspricht
und zu seinem Gegenpol gehört, nicht brauchen; sie würde
ihm in einer Weise dienstbar sein, die seinen Absichten zu=
widerläuft. Diese Dienerschaft verhehlt die positiv auf=

bauenden Kräfte der Welt, der Natur, des Geistes. Die muß er lahm legen; die sollen verkümmern bei Kummer= nahrung: Wasser und Brot. Er bedient sich der Zauber= geister, die im Dienste des negativen Willens stehen, der Willkürelemente der Natur und des Geistes. Sobald der König seine Burg wieder vor der Sonne hat und in Freude dort mit seiner Königin lebt, werden diese Willkürelemente abgedankt, und die Dienerschaft des positiven Willens fördert seine zum Guten führenden Absichten.

Die alte Kittelkittelkarre.

Das Märchen (erzählt von Zaunert, „Deutsche Märchen seit Grimm", Verlag Eugen Diederichs in Jena) lautet:

Brüderchen und Schwesterchen gingen in den Wald, Beeren zu suchen. Da kam aber ein schlimmes Wetter, es fing an zu donnern und zu blitzen, der Regen floß in Strömen und bald ward es Nacht; die Kinder verirrten sich und kamen immer weiter in den Wald hinein. Als das Wetter sich endlich gelegt hatte und es schon ganz dunkel war, stieg das Brüderchen auf einen Baum und schaute um sich, ob nicht ein Lichtlein zu erspähen wäre. Und wirklich, es fand eins, stieg schnell vom Baume her= unter und ging mit dem Schwesterchen darauf zu. Das Licht kam von einem kleinen Häuschen, das noch mitten im Walde lag. Da klopften sie leise an und eine Stimme rief von innen: „Wer ist da?" Die Kinder antworteten: „Ach, wir sind es, Brüderchen und Schwesterchen, und wir sind beide durchnaß von dem schlimmen Wetter und bitten um ein Unterkommen für die Nacht." Da kam ein altes Müt= terchen an die Türe und sprach: „Kinderchen, macht nur, daß ihr fortkommt, ich kann euch nicht behalten, denn mein Mann ist ein Menschenfresser, und wenn er nach Hause kommt und euch findet, seid ihr gleich des Todes." Aber die Kinder baten so viel, daß das Mütterchen sie doch end= lich hereinließ und ein wenig beim Feuer Platz nehmen hieß, um ihre Kleider zu trocknen; gab ihnen auch ein bißchen Brot und Salz und einen Trunk Wasser. „Aber behalten kann ich euch nicht“, sagte sie; „in einer Stunde muß mein Mann kommen, und der wird euch fressen.“ Als nun die Stunde beinahe um war und die Kinder sich erquickt und gewärmt hatten, sprach die Frau: „Nun macht, daß ihr fortkommt.“ Da fingen die Kinder an zu weinen und sprachen: „Wo sollen wir denn die Nacht bleiben? Draußen ist es dunkel, und wir können nicht mehr den Weg nach= hause finden“; und sie ließen nicht nach mit Bitten. Da sprach die Alte: „Wenn ihr’s denn wagen wollt, hierzubleiben, so will ich euch in den hohlen Baum hinter unserm Hause verstecken und euch morgen auch den rechten Weg zeigen; aber wenn er euch findet, will ich keine Schuld haben.“ Nun führte sie die beiden in den hohlen Baum, und bald darauf kam der Menschenfresser nachhause und fing gleich an zu schnubbern und zu brummen: „Norr, norr, hier ist Menschenfleisch!“ — „Ach was“, sagte die Alte, „ich habe eben ein Kalb geschlachtet, komm her und iß dich satt.“ Der Menschenfresser gab sich erst zufrieden und aß das Kalb auf, das die Frau ihm vorsetzte; aber als er damit fertig war, fing er gleich wieder an zu schnubbern und zu brummen: „Norr, norr, hier ist Menschenfleisch!“ und suchte die ganze Stube durch, unter der Bettstelle, im Uhrgehäuse, ohne etwas zu finden, aber immer rief er: „Norr, norr, hier ist Menschen= fleisch!“ Die Frau aber sprach: „Was willst du suchen, hier ist nichts, du solltest dich schlafen legen.“ Der Menschen= fresser aber hörte nicht darauf und suchte noch das ganze Haus durch, und als er das getan hatte, öffnete er auch die Hintertür und wollte in den Garten; da sagte die Frau: „Bleib doch hier, ich habe draußen nur den Kalbskopf hängen und die Kalbsfüße, und das frische Fell; da ist nichts für dich.“ Aber der Menschenfresser ging in den Garten und „norr, norr, hier ist Menschenfleisch“, rief er, da fand er Brüderchen und Schwesterchen im hohlen Baume. Nun waren sie in großer Not, und der Riese sprach: „Ich wußte wohl, daß es für mich noch einen Braten gäbe; nun will ich euch in den Keller sperren und morgen will ich euch aufhängen, ohne daß das Blut fließt, und dann will ich euch auffressen.“ Die Kinderchen weinten sehr, aber der Riese sperrte sie in den Keller, da mußten sie die Nacht sitzen und taten kein Auge zu vor lauter Angst und Trübsal.

Am Morgen kam der Riese und holte sie heraus. Da hatte er schon zwei Schlingen unter dem Hahnholz gemacht, darin sollten sie aufgehängt werden, ohne daß Blut floß. Das Schwesterchen stieg zuerst auf die Bodenleiter hinauf; wie es aber an die Schlinge kam, tat es, als wenn es den Kopf nicht hineinkriegen könnte und zog immer mit den Händen die Schlinge zu und sprach: „Ich weiß es nicht zu machen, lieber Menschenfresser; steig' doch einmal herauf und zeig' es uns." Da stieg der Menschenfresser hinauf, hielt die Schlinge auseinander und legte den Kopf hinein und sprach: „So müßt ihr's machen!" Als nun der Menschenfresser den Kopf in der Schlinge hatte, da zog das Brüderchen unten die Leiter weg und der Menschenfresser hing unter dem Hahnenbalken. „So, Menschenfresser, da kannst du hängen bleiben", sagten die Kinder und wollten fortgehen. Aber da fing er an zu bitten und zu betteln, sie sollten ihn da doch nicht hängen lassen und ihn wieder los machen, er wollte ihnen auch nichts zuleide tun und beschwor sie hoch und teuer; da sprachen die Kinder: „Und was gibst du uns denn, wenn wir dich losmachen?" Sprach der Menschenfresser:

„Min ole Kittelkittelkaer
Mit twe Bück daersaer
Und soeben Sack Geld achterhaer."

Da machten die Kinder ihn los, und der Menschenfresser gab ihnen die Kittelkittelkarre mit zwei Böcken davor und sieben Sack Geld hinterher. Die Kinder setzten sich nun darauf und fuhren davon, und die Böcke liefen so schnell, daß sie bald eine weite Strecke zurückgelegt hatten. Nun trafen sie einen Mann, der war auf seinem Lande beim Kartoffelauskriegen. Da gaben sie ihm eine große Handvoll Geld und sprachen: „Wenn daer een kummt unn di fraegt na sin ol' Kittelkittelkaer mit twe Bück daersaer unn seeben Sack Geld achterhaer, so haste niks seen." — „Nä", sagte der Mann, „ick will ju nich verraden." Nun kamen sie weiter und da trafen sie einen Mann, der war auf seinem Lande beim Wurzelaufkriegen; dem gaben sie zwei große Hände voll Geld und sprachen: „Wenn daer een kummt unn fraegt na sin ol' Kittelkittelkaer mit twe Bück daerjaer unn joeben Sack Geld achterhaer, so haste niks seen." „Nä", sagte der Mann, „ick wull ju nich verraden." Nun kamen sie weiter und da fanden sie einen Mann, der war in seinem Garten beim Apfelabkriegen; dem gaben sie drei große Hände voll Geld und sagten zu ihm: „Wenn daer een kummt unn di fraegt na sin ol' Kittelkittelkaer mit twe Bück daerjaer unn joeben Sack Geld achterhaer, so heste niks seen." Auch dieser Mann versprach ihnen, daß er nichts sagen wollte, wohin sie gefahren wären.

Nun hatte es dem Riesen aber gleich leid getan, als die Kinder fort waren, daß er ihnen seine Karre mit den Böcken und sieben Sack Geld gegeben hatte. Da kam er ihnen nachgelaufen und wollte seine Karre wieder holen. Wie er nun zu dem Manne kam, der die Kartoffeln aus= kriegte, so fragte er ihn: „Hest du oek seen mit ol' Kittel= kittelkaer mit twe Bück daerjaer und joeben Sack Geld achterher?" Antwortete ihm der Mann: „Düt Jaer staet de Kartuffeln noch billig noeg." Da ward der Riese schreck= lich böse und lief eilig weiter. Als er nun zu dem Wurzel= aufkrieger kam, so fragte er auch den: „Hest du oek seen min ol' Kittelkittelkaer mit twe Bück daerjaer unn joeben Sack Geld achterhaer?" Da antwortete ihm der Mann: „De Worteln staet düt Jaer noch billig noeg." Nun ward der Riese noch viel zorniger und stürmte fort so schnell er laufen konnte; und so kam er bei dem Manne an, der die Apfel in seinem Garten abkriegte, und fragte ihn: „Hest du oek seen min ol' Kittelkittelkaer mit twe Bück daerjaer unn joeben Sack Geld achterhaer?" Da erschrak der Mann so vor dem Riesen, daß er gestand, wo die Kinder hin= gefahren wären. Nun eilte der Riese ihnen nach, und bald hörten sie es hinter sich prusten und schnauben. Da sprach Brüderchen zu Schwesterchen: „Sieh dich mal um, gewiß ist der Riese hinter uns." Das Schwesterchen sah sich um und rief: „Ja, der Riese ist hinter uns, schon ganz nahe." Eben waren sie auf einen Berg hinauf gefahren und es war schon Abend. Da fuhren sie noch den Berg hinunter und schnell in eine Höhle hinein: „So", sagte Brüderchen, „hier wollen wir die Nacht bleiben und morgen weiterfahren, und der Riese soll uns nicht finden."

Nun kam der Riese auch auf den Berg und sah sich allerwärts noch einmal um und konnte nirgends die Kinder mit der Karre und den Böcken finden. Da stieg er noch den Berg hinunter, legte sich nieder und dachte, morgen wirst du sie schon einholen, du hast heute einen weiten Weg gemacht, und darauf schlief er ein. Aber nun hatte er sich gerade auf die Höhle gelegt, worin die Kinder mit den Böcken waren, so daß sein Leib ganz den Eingang verdeckte. Da wußten sie's nicht anders anzufangen, als daß sie den Riesen, indem er schlief, heimlich und ohne daß er's merkte, totmachten. Aber nun konnten sie den toten Riesen nicht von der Stelle wälzen und kamen in große Not und litten Hunger und Durst, und die Böcke auch, und sie wußten gar nicht, wie sie wieder aus der Höhle kommen sollten. Da aber entstand in der Nacht ein groß Geschrei und Flügel= schlagen wie von einem Raubvogel, und sie merkten, daß der Vogel von dem Riesen fresse. Nun wurden sie ruhig und warteten bis zur nächsten Nacht. Und der Vogel kam wieder, machte ein großes Geschrei und schlug mit den Flügeln und fraß von dem Riesen, daß am andern Morgen schon der Tag durchschimmerte. In der dritten Nacht kam der Vogel noch einmal wieder und hackte das Loch noch größer, und hätte er das nicht getan, so wären Brüderchen und Schwesterchen nimmer herausgekommen und wären vor Hunger in der Höhle gestorben, und die Böcke auch. Nun aber wurde das Loch so groß, daß sie hindurch konnten, und so fuhren sie denn nach Hause mit der alten Karre mit den zwei Böcken davor und den sieben Sack Geld hinterher, und ihr könnt euch denken, was Vater und Mutter sich gefreut haben, als sie endlich ihre lieben Kin= derchen wieder hatten.

Soll auch dieses Märchen mit dem Sonnenmythus zu tun haben? Alt ist es und nach echter Märchenart kürzt es nicht ab, sondern es sagt ein und dasselbe Sprüchlein immer wieder, weil es will, daß sich die Worte einprägen, und weil solche Wiederholung des Gleichen in immer etwas veränderter Sachlage eben eine echt märchenhafte Stimmung gibt. Dies Märchen kümmert sich auch gar nicht darum, ob irgendwelche Einzelheiten der Schilderung bei näherem

Zusehen unwahrscheinlich werden; ein Kritiker könnte er=
klären, das sei unmöglich, daß der Menschenfresser rede,
wenn er den Hals in der Schlinge habe, und es sei un=
glaubhaft, daß der nacheilende Riese gerade denselben Weg
treffe, den die Kinder eingeschlagen hätten, und es sei noch
unwahrscheinlicher, daß die Kinder ihn hätten töten können,
ohne daß er's gewahr wurde, und daß der Vogel ein Loch
mitten durch den Leichnam fräße. Um all solche Dinge
kümmert sich das richtige Märchen nicht; denn der seelische
Faden, an dem es sich abwickelt, ist viel zu stark gespannt,
als daß uns Unwahrscheinlichkeiten als solche bewußt würden.

Der Menschenfresser, der zuerst nur ein paarmal mit
dieser Bezeichnung genannt wird, ist ein Riese, und später
wird er fast immer so bezeichnet. Wohin die Riesen in der
Mythe gehören, wissen wir aber nun schon: auf dem Ent=
wicklungswege rückwärts, gegen das Chaos, den Urzustand,
Ginnungagap hin. Der Menschenfresser hier ist der Urriese,
der Drache, der Lindwurm, kurz: das negative Prinzip des
Werdens, die dämonische Seite alles Geschehens. Und
Brüderchen und Schwesterchen sind Sonne und Mond, die
untergehen und so in die Hände des Riesen fallen. Da ist
klar, daß der Urriese die nicht fressen darf, so gern er's
möchte. Denn beide müssen wieder aufgehen und leuchten am
Himmelsgewölbe. Es ist reizend, wie das Märchen die
Sache so zustande bringt, und es ist auch in hohem Grade
sinndeutlich. Der Riese darf nicht das Blut der Kinder
vergießen· Denn das Blut ist in der arischen Symbolik
der Lebenssaft, und wenn davon ein Tropfen auf die Erde
fließt, so sprießt da wiederum Leben, wie uns das ver=
schiedene Märchen und Sagen zeigen. So muß er eine
Todesart für die Kinder ausfindig machen, bei der sie nicht
bluten. Und da kommt er auf das Erhängen am Hahnen=
holz. Das Hahnholz ist der Galgen, das werden wir un=
mittelbar gewahr. Wie sich aber der Ausdruck ergibt (der

sonst kaum überliefert sein dürfte), können wir uns vielleicht zusammenreimen. Der Richter war in altgermanischer Zeit der „Hun“, und als Jahresgabe erhielt er von den Einwohnern seines Bezirks das „Huhn“, auch „Rauchhuhn“ genannt. Der Rauch ist die Versinnbeutlichung des Rechts, weshalb auch der Germane erst dann am Thinge (Rechtsprechung) teilnehmen konnte, wenn er den „eigenen Rauch“ hatte; in England ist heute noch die Ausübung des Wahlrechts an den „eigenen Rauch“ geknüpft. Das Huhn muß also als Gabe an den Hun ein Rechtsopfer bedeutet haben. So könnte auch der Hahn eine Rolle in dieser Symbolik gespielt haben. Eine andere mögliche Erklärung legt der Ortsname Hannover nahe: Han bedeutet da Hohen (Hohenufer). Dann wäre das Hahnholz das Hohe, das hochaufgerichtete Holz. Wie dem immer sein möge: die Kinder sollen an den Galgen.

Der Urriese aber ist bei all seiner anscheinenden Klugheit dumm, wie es das dämonische Prinzip immer ist. Es glaubt für sich zu schaffen und schafft in Wirklichkeit damit doch immer nur für die Weltentwicklung, wie Goethe seinen Mephistopheles ganz richtig bezeichnen läßt als „einen Teil der Kraft, die stets das Böse will und stets das Gute schafft“. Bei dieser Klugheit faßt ihn das positive Prinzip, in diesem Falle das Geschwisterpaar: er muß das vormachen, wie man sich die Schlinge um den Hals legt, und in seiner Gier, die so unüberlegt ist, begibt er sich in die Falle. Da zieht das Brüderchen die Leiter weg, und wenn der Riese nun nicht klein begibt und sogar noch Gaben verspricht, so muß er elendiglich erhängen. Wir haben einen Gleichfall im Märchen von Hänsel und Gretel, von dem auch noch die Rede sein soll: da muß die Hexe es vormachen, wie man in den Backofen kriecht. Wohl müssen die Vertreter des guten Prinzip in solchem Falle trügen; aber das rechtfertigt das Märchen ohne besondere Worte, einfach dadurch, daß es seine Teilnahme den Kindern zuwendet. Und der Menschenfresser ist auch so dumm, daß er sich gerade über den Eingang zu der Höhle legt, in der sich die Kinder befinden. Damit macht er freilich den Kindern, ohne es zu wissen, das Entkommen unmöglich. Aber es kostet ihn das Leben. Und weil das den Kindern die Freiheit noch nicht gibt, da sie seinen Leichnam nicht vom Eingang fortwälzen können, kommt auch noch ein Raubvogel, der ihnen hilft, anscheinend auch nur aus Eigennutz, nämlich weil er Hunger hat und fressen will. Aber um die Sache besser zu verstehen, brauchen wir uns nur klar zu werden, daß der Raubvogel, der so gewaltig schreien und mit den Flügeln schlagen kann, kein anderer ist als der Adler, der Aar, der im Märchen eine so große Rolle spielt. Der Aar aber ist das Symbol für „das hohe Ar“, nämlich für den lichten Gottesgeist, nach dem sich die Führer der alten Germanen „Armanen“ nannten, um dessen willen auch der Adler zum hohen Wappentiere geworden ist, und nach dem wir unsere Felder heute noch in „Ar“ einteilen, nämlich in „Gottes=lehens=Teile“. Und Brüderchen und Schwesterchen kommen be r e i c h e r t wieder nachhaus; Sonne und Mond steigen mit verstärktem Glanze wieder empor und siegen mit desto größerer Macht über alle Dunkelheiten.

Das Kennzeichen des Urriesen, der natürlich, da Sonne und Mond in Kinder vermenschlicht worden sind, nun ein „Menschenfresser“ ist, bildet die Kittelkittelkarre, und die zwei Böcke davor. Das mag eine verhältnismäßig spätere Einmischung ins Märchen sein. Die Böcke sind die Zugtiere des Gottes Donar, und Bock bedeutet in vielen Fällen überhaupt Gott. So hat der Menschenfresser Göttliches in seinem Dienst — die Böcke vermögen ja rasch zu laufen vor seiner Kittelkittelkarre. Auch das ist wohl verständlich; denn als reine Gegenwirkung zieht das Negative seine Kraft natürlich aus dem Positiven. Die Bezeichnung Kittelkittelkar

ist wohl undeutbar; vielleicht besteht sie nur aus volkstüm=
licher Lautmalerei, wie offenbar auch der Laut „Norr", den
der Menschenfresser immer wieder ausstößt, und der ja wohl
einem Grunzen ziemlich nahe kommt.

Der Menschenfresser (Urriese) aber ist verheiratet; er
hat eine alte Frau, und die ist offenbar gar nicht für seine
Menschenfresserei eingenommen; sie ist gut gegen die Kinder
und will nicht, daß ihr Mann sie findet, und sie wird im
Märchen vertrauenden Tones Mütterchen genannt. Das
ist wiederum nicht nebensächlich. Denn in der Mythologie
unserer Altvordern standen an Alter weit über den sterb=
lichen Göttern die „Mütter", die Urmütter, zu denen auch
Goethe seinen Faust sendet im zweiten Teile seiner großen
Dichtung. Diese Mütter waren die Urelemente der Stoff=
lichkeit nach der Auffassung der Alten: Feuer, Wasser, Luft
und Erde. Hier tritt eine einzige alte Frau in dieser ur=
mütterlichen Rolle auf und lehrt: die Stofflichkeit ist an
sich nicht schlecht. Nur durch die Polarisation der Bewegung,
des Gotteswillens in ihr, entsteht auch ihr Negativwille.
Und von da aus gesehen erhebt sich natürlich noch eine
andere Deutung unseres Märchens als die mythenhafte.
Doch sei davon hier nicht weiter die Rede.

Aber noch bleiben uns zu erwähnen: die sieben Sack
Geld. Die Sieben ist eine gar heilige Zahl des Märchens,
und sie verweist immer auf die Sonne, mittelbar oder un=
mittelbar. Denn das Sonnenlicht ergibt in seiner Spaltung
(Regenbogen) sieben Farben, und diese sieben sind eine,
nämlich das lautere weiße Licht. Da hätten wir also wieder
ein sonnenhaftes Aufstiegselement im Besitz, bezw. im Wesen
des Urriesen (des Menschenfressers) selber, wie es auch ganz
der natürlichen Gesetzmäßigkeit entspricht. Denn wenn sich
Kraft polarisiert in 3 positive und 5 negative Teile, so ist
da immer nur ein positiver Teil von der Negativseite mit=
gerissen worden; der wirkt nun wohl im ganzen mit negativ,

aber innerhalb der Negativseite wirkt er positiv und ist ein bewegendes Moment. Das Märchen hat nicht Naturwissen=schaft in unserem heutigen Sinne studiert; aber es kennt diese Verhältnisse. Und um den Gewinn, den das positive Element des negativen Teiles darstellt, bereichert sich immer wieder der Aufstiegswille nach Not und Gefahr. Und des=halb müssen die Kittelkittelkarre wie die sieben Sack Geld achterhaer in unserem Märchen den Kindern verbleiben. Übrigens ist es wahrscheinlich, daß in diesem Zusammen=hange die sieben Säcke Geldes auch auf die sieben den Alten bekannten „Planeten“ verweisen, die im Gefolge von Sonne und Mond am Himmel kreisen.

Hänsel und Gretel.

Dieses liebe alte Volksmärchen ist so bekannt, daß es hier sicher keiner Wiedergabe bedarf. Es ist durchaus ein Parallelmärchen zum eben behandelten, nur daß da die beiden Kinder wegen der Armut der Eltern in den Wald geführt und dort von den Eltern verlassen werden, und daß sie es nicht mit dem Riesen, sondern mit einer Hexe zu tun bekommen. Außerdem ist das Märchen noch reicher als das vorstehende mit märchenhaftem Beiwerk ausgestattet.

Das Märchen deutet die Aussetzung der Kinder — also wohl den Untergang der Sonne und des Mondes — auf die Armut der Eltern; da ist der Vater, der sich weigert, der Geist der Weltentwickelung, das gute Prinzip, und die Mutter ist das dazu gehörige Dämonium, die Umkehrung jenes Prinzips ins Negative. Darum macht sie den Vor=schlag, daß man die Kinder in den Wald führe und da ver=lasse; sie macht den Vorschlag immer wieder, so sehr sich der Vater dagegen sträubt, und verspottet ihn sogar, weil er nicht will, und schilt ihn einen Narren. Hier ist also

auch das positive Prinzip als das männliche und das nega=
tive als das weibliche erfaßt, und wenn es uns scheinen
will, als hätte der urzeitliche Dichter des Märchens die
meist auffälligere Mutterliebe gegenüber der weniger offen=
sichtlichen Vaterliebe unterschätzt, so kann er sich darauf be=
rufen, daß er in diese eng=irdischen Verhältnisse nur seine
weiter reichenden und anderen Verhältnissen geltenden Er=
kenntnisse hineingekleidet hat.

Das erstemal helfen den beiden Kleinen die vom Hänsel
gesammelten Kieselsteine nach Haus. Aber die Not greift
wieder Platz, und wieder siegt das dämonische, von der
Mutter vertretene Prinzip über den größeren sittlichen Weit=
blick des Vaters. Hänsel streut wohl Brot auf den Weg,
aber das picken die Vögel auf, und der Mundvorrat der
beiden Kleinen wird nur um so kürzer. Sie finden nun
nicht mehr nach Hause, und müde und hungrig kommen sie
an das Trughäuschen der Hexe, das diese nur aufgerichtet
hat, um die Kinder zu fangen, und sie an sich zu locken.
Die Hexe vertritt wiederum das Chaos, die Rückkehr des
Lebenswillens in das Nichts, wie im vorigen Märchen der
Riese. Hänsel wird von ihr gemästet, und da haben wir
wiederum die Dummheit alles Dämonischen. Sie will sich
den Bissen aufsparen und fett machen, indes das kleine
Mädchen arbeiten muß. Die Gretel bleibt also am Tage
frei — das beste Kennzeichen dafür, daß hier sie die Sonne
vertritt, der unsere Sprache ja auch eigentümlicherweise das
weibliche Geschlecht gegeben hat; Hänsel kommt in den
dunklen Käfig, in den Stall — der Nacht; er ist der Mond,
den unsere Sprache als männlich bezeichnet. Und Hänsel
muß oft seinen Finger herausstrecken durch die Gitterstäbe,
damit die Alte sieht, ob er fett genug ist. Hänsel aber
streckt dafür immer ein Knöchlein heraus, das er in dem
Käfig gefunden hat, und dieser Knochen umkleidet sich na=
türlich nicht mit Fleisch. So wird der Hänsel ewig nicht

reif zum Schlachten, bis die Alte eben eines Tages nicht
mehr mag. Da hat sie es gleichzeitig auf das Leben beider
Kinder abgesehen, aber es naht ihr selber das Verhängnis
in ihrem Backofen, in den sie die Grete stoßen will und in
den sie selber hineingestoßen wird, weil sie in ihrer gierigen
Erwartung die Dummheit begeht, der Gretel das Einkriechen
vorzumachen.

So werden die beiden Kinder frei und wollen nach
Hause gehen, aus dem Walde (der Waltung) herauskommen,
dorthin wo Ruhe für sie ist. Aber sie kommen an ein
großes Wasser und können nicht hinüber. Es ist kein Steg
und keine Brücke da, und kein Schiffchen ist zu erblicken.
Nichts hilft aus dem Chaos in die Lichtzeit der Welt —
da schwimmt aber eine weiße Ente. Sollen wir den Namen
dieses Tieres recht alt sagen? „Wit Ant" würde er lauten.
Und „wit" bedeutete den alten Germanen nicht nur die
weiße Farbe, sondern auch das Weistum, und wir finden
sie als Schildfarbe und anders verwendet noch heute oft in
solchem Sinne. „Ant" aber ist das Gewesene, das Vergan=
gene; man denkt an „Ahne" und „ahnen" dabei, und das
ist sicherlich auch in dem Märchenworte verborgen. Die
Ente trägt die Kinder über den Strom in ihre Gegenwart.
Was ist es, das sie hinüberbringt, daß sie ihre Aufgabe
erfüllen und der Welt wieder leuchten können? Das
„Weistum der Ahnen", das ganz alte Wissen und Denken,
das erhalten geblieben ist, als die Alten starben, Geschlecht
um Geschlecht. Und so spricht das Märchen für sich selber,
zeugt für seinen eigenen hohen Wert, auch wenn niemand
es verstehen will und wenn die Alten der Zeit meinen, es
sei lediglich eine Sache für die ganz Jungen, so wartet das
Märchen ruhig auf die Zeit, welche die Prinzessin im Ge=
wande der Aschenputtel erkennt.

———

Die zwölf Brüder.

(Von Grimm erzählt.)

Es war einmal ein König und eine Königin, die lebten in Frieden miteinander und hatten zwölf Kinder, das waren aber lauter Buben. Nun sprach der König zu seiner Frau: „Wenn das dreizehnte Kind, das du zur Welt bringst, ein Mädchen ist, so sollen die zwölf Buben sterben, damit sein Reichtum groß wird und das Königreich ihm allein zufällt." Er ließ auch zwölf Särge machen, die waren schon mit Hobelspänen gefüllt, und in jedem lag das Totenkißchen, und ließ sie in eine verschlossene Stube bringen, dann gab er der Königin den Schlüssel und gebot ihr, niemand etwas davon zu sagen.

Die Mutter aber saß nun den ganzen Tag und trauerte, so daß der kleinste Sohn, der immer bei ihr war und den sie nach der Bibel Benjamin nannte, zu ihr sprach: „Liebe Mutter, warum bist du so traurig?" — „Liebstes Kind", antwortete sie, „ich darf dir's nicht sagen." Er ließ ihr aber keine Ruhe, bis sie ging und die Stube aufschloß und ihm die zwölf mit Hobelspänen schon gefüllten Totenladen zeigte. Darauf sprach sie: „Mein liebster Benjamin, diese Särge hat dein Vater für dich und deine elf Brüder machen lassen, denn wenn ich ein Mädchen zur Welt bringe, so sollt ihr allesamt getötet und darin begraben werden." Und als sie weinte, während sie das sprach, so tröstete sie der Sohn und sagte: „Weine nicht, liebe Mutter, wir wollen uns schon helfen und wollen fortgehen." — Sie aber sprach: „Geh mit deinen elf Brüdern hinaus in den Wald, und einer setze sich immer auf den höchsten Baum, der zu finden ist, und halte Wacht und schaue nach dem Turm hier im Schloß. Gebär ich ein Söhnlein, so will ich eine weiße Fahne aufstecken, und dann dürft ihr wiederkommen; gebär ich ein Töchterlein, so will ich eine rote Fahne aufstecken, und dann flieht fort, so schnell ihr könnt, und der liebe Gott behüte euch. Alle Nacht will ich aufstehen und für euch beten, im Winter, daß ihr an einem Feuer euch wärmen könnt, im Sommer, daß ihr nicht in der Hitze schmachtet."

Nachdem sie also ihre Söhne gesegnet hatte, gingen sie hinaus in den Wald. Einer hielt um den andern Wacht, saß auf der höchsten Eiche und schaute nach dem Turm.

Als elf Tage herum waren und die Reihe an Benjamin kam, da sah er, wie eine Fahne aufgesteckt wurde: es war aber nicht die weiße, sondern die rote Blutfahne, die verkündigte, daß sie alle sterben sollten. Wie die Brüder das hörten, wurden sie zornig und sprachen: „Sollten wir um eines Mädchens willen den Tod leiden! Wir schwören, daß wir uns rächen wollen: wo wir ein Mädchen finden, soll sein rotes Blut fließen."

Darauf gingen sie tiefer in den Wald hinein, und mitten drein, wo er am dunkelsten war, fanden sie ein kleines verwünschtes Häuschen, das leer stand. Da sprachen sie: „Hier wollen wir wohnen, und du, Benjamin, du bist der jüngste und schwächste, du sollst daheim bleiben und haushalten, wir andern wollen ausgehen und Essen holen." Nun zogen sie in den Wald und schossen Hasen, wilde Rehe, Vögel und Täuberchen und was zu essen stand; das brachten sie dem Benjamin, der mußte es ihnen zurechtmachen, damit sie ihren Hunger stillen konnten. In dem Häuschen lebten sie zehn Jahre zusammen, und die Zeit ward ihnen nicht lang.

Das Töchterchen, das ihre Mutter, die Königin, geboren hatte, war nun herangewachsen, war gut von Herzen und schön von Angesicht und hatte einen goldenen Stern auf der Stirne. Einmal, als große Wäsche war, sah es darunter zwölf Mannshemden und fragte seine Mutter: „Wem gehören diese zwölf Hemden, für den Vater sind sie doch viel zu klein?" Da antwortete sie mit schwerem Herzen: „Liebes Kind, die gehören deinen zwölf Brüdern." Sprach das Mädchen: „Wo sind meine zwölf Brüder, ich habe noch niemals von ihnen gehört." Sie antwortete: „Das weiß Gott, wo sie sind: sie irren in der Welt herum." Da nahm sie das Mädchen und schloß ihm das Zimmer auf und zeigte ihm die zwölf Särge mit den Hobelspänen und den Totenkißchen. „Diese Särge", sprach sie, „waren für deine Brüder bestimmt, aber sie sind heimlich fortgegangen, eh' du geboren warst," und erzählte ihm, wie sich alles zugetragen hatte. Da sagte das Mädchen: „Liebe Mutter, weine nicht, ich will gehen und meine Brüder suchen."

Nun nahm es die zwölf Hemden und ging fort und geradezu in den großen Wald hinein. Es ging den ganzen

Tag und am Abend kam es zu dem verwünschten Häuschen. Da trat es hinein und fand einen jungen Knaben, der fragte: „Wo kommst du her, und wo willst du hin?" und erstaunte, daß sie so schön war, königliche Kleider trug und einen Stern auf der Stirn hatte. Da antwortete sie: „Ich bin eine Königstochter und suche meine zwölf Brüder und will gehen, soweit der Himmel blau ist, bis ich sie finde." Sie zeigte ihm auch die zwölf Hemden, die ihnen gehörten. Da sah Benjamin, daß es seine Schwester war, und sprach: „Ich bin Benjamin, dein jüngster Bruder." Und sie fing an zu weinen vor Freude, und Benjamin auch, und sie küßten und herzten einander vor großer Liebe. Hernach sprach er: „Liebe Schwester, es ist noch ein Vorbehalt da: wir hatten verabredet, daß ein jedes Mädchen, das uns begegnete, sterben sollte, weil wir um ein Mädchen unser Königreich verlassen mußten." Da sagte sie: „Ich will gerne sterben, wenn ich damit meine zwölf Brüder erlösen kann." — „Nein", antwortete er, „du sollst nicht sterben, setze dich unter diese Bütte, bis die elf Brüder kommen, dann will ich schon einig mit ihnen werden." Also tat sie; und wie es Nacht ward, kamen die andern von der Jagd, und die Mahlzeit war bereit. Und als sie am Tische saßen und aßen, fragten sie: „Was gibt's Neues?" Sprach Benjamin: „Wißt ihr nichts?" — „Nein", antworteten sie. Sprach er weiter: „Ihr seid im Walde gewesen, und ich bin daheim geblieben, und weiß doch mehr als ihr." — „So erzähle uns", riefen sie. Antwortete er: „Versprecht ihr mir auch, daß das erste Mädchen, das uns begegnet, nicht soll getötet werden?" — „Ja", riefen sie alle, „das soll Gnade haben, erzähl uns nur!" Da sprach er: „Unsere Schwester ist da," und hub die Bütte auf, und die Königstochter kam hervor in ihren königlichen Kleidern und mit dem goldenen Stern auf der Stirne und war so schön, zart und fein. Da freuten sie sich alle, fielen ihr um den Hals und küßten sie und hatten sie vom Herzen lieb.

Nun blieb sie bei Benjamin zu Haus und half ihm in der Arbeit. Die elfe zogen in den Wald, fingen Gewild, Rehe, Vögel und Täuberchen, damit sie zu essen hatten, und die Schwester und Benjamin sorgten, daß es zubereitet wurde. Sie suchte das Holz zum Kochen und die Kräuter zum Gemüs' und stellte die Töpfe aus Feuer, also daß die Mahlzeit immer fertig war, wenn die elfe kamen. Sie hielt auch sonst Ordnung im Häuschen und deckte die Bettlein hübsch weiß und rein, und die Brüder waren immer zu= frieden und lebten in großer Einigkeit mit ihr.

Auf eine Zeit hatten die beiden daheim eine schöne Kost zurechtgemacht, und wie sie nun alle beisammen waren, setzten sich sich, aßen und tranken und waren voller Freude. Es war aber ein kleines Gärtchen an dem verwünschten Häuschen, darin standen zwölf Lilienblumen, die man auch Studenten heißt. Nun wollte sie ihren Brüdern ein Ver= gnügen machen, brach die zwölf Blumen ab und dachte jedem aufs Essen eine zu schenken. Wie sie aber die Blumen abgebrochen hatte, in demselben Augenblick waren die zwölf Brüder in zwölf Raben verwandelt und flogen über den Wald hin fort, und das Haus mit dem Garten war auch verschwunden. Da war nun das arme Mädchen allein in dem wilden Wald, und wie es sich umsah, so stand eine alte Frau neben ihm, die sprach: „Mein Kind, was hast du angefangen? Warum hast du die zwölf weißen Blumen nicht stehen lassen? Das waren deine Brüder, die sind nun auf immer in Raben verwandelt.“ Das Mädchen sprach weinend: „Ist denn kein Mittel, sie zu erlösen?“ — „Nein“, sagte die Alte, „es ist keins auf der ganzen Welt als eins, das ist aber so schwer, daß du sie damit nicht be= freien wirst, denn du mußt sieben Jahre stumm sein, darfst nicht sprechen und nicht lachen, und sprichst du ein einziges Wort, und es fehlt nur eine Stunde an den sieben Jahren, so ist alles umsonst, und deine Brüder werden von dem einen Wort getötet.“

Da sprach das Mädchen in seinem Herzen: „Ich weiß gewiß, daß ich meine Brüder erlöse,“ und ging und suchte einen hohen Baum, setzte sich darauf und spann, und sprach nicht und lachte nicht. Nun trug's sich zu, daß ein König in dem Walde jagte, der hatte einen großen Windhund, der lief zu dem Baum, wo das Mädchen darauf saß, sprang herum, schrie und bellte hinauf. Da kam der König herbei und sah die schöne Königstochter mit dem goldenen Stern auf der Stirne und war so entzückt über ihre Schönheit, daß er ihr zurief, ob sie seine Gemahlin werden wollte.

Sie gab keine Antwort, nickte aber ein wenig mit dem Kopf. Da stieg er selbst auf den Baum, trug sie herab, setzte sie auf sein Pferd und führte sie heim. Da ward die Hochzeit mit großer Pracht und Freude gefeiert, aber die Braut sprach nicht und lachte nicht. Als sie ein paar Jahre miteinander vergnügt gelebt hatten, fing die Mutter des Königs, die eine böse Frau war, an, die junge Königin zu verleumden, und sprach zum König: „Es ist ein gemeines Bettelmädchen, das du dir mitgebracht hast; wer weiß, was für gottlose Streiche sie heimlich treibt. Wenn sie stumm ist und nicht sprechen kann, so könnte sie doch einmal lachen, aber wer nicht lacht, der hat ein böses Gewissen." Der König wollte zuerst nicht daran glauben, aber die Alte trieb es so lange und beschuldigte sie so viel böser Dinge, daß der König sich endlich überreden ließ und sie zum Tode ver= urteilte.

Nun ward im Hof ein großes Feuer angezündet, darin sollte sie verbrannt werden. Und der König stand oben am Fenster und sah mit weinenden Augen zu, weil er sie noch immer so lieb hatte. Und als sie schon an den Pfahl fest= gebunden war und das Feuer schon an ihren Kleidern mit roten Zungen leckte, da war eben der letzte Augenblick von den sieben Jahren verflossen. Da ließ sich in der Luft ein Geschwirr hören, und zwölf Raben kamen hergezogen und senkten sich nieder, und wie sie die Erde berührt hatten, waren es ihre zwölf Brüder, die sie erlöst hatte. Sie rissen das Feuer auseinander, löschten die Flammen, machten ihre liebe Schwester frei und küßten und herzten sie. Nun aber, da sie ihren Mund auftun und reden durfte, erzählte sie dem Könige, warum sie stumm gewesen wäre und niemals gelacht hätte. Der König freute sich, als er hörte, daß sie unschuldig war, und sie lebten nun alle zusammen in Einig= keit bis an ihren Tod. Die böse Stiefmutter ward vor Gericht gestellt und in ein Faß gesteckt, das mit siedendem Öl und giftigen Schlangen angefüllt war, und starb eines bösen Todes.

Auch dieses Märchen gibt zu erkennen, daß es alt ist: es geht keiner Unwahrscheinlichkeit aus dem Wege. Die vorgemachten Särge, der Stern auf der Stirne des Mädchens, dies Sitzen auf dem Baume, der Umstand, daß der König ein Mädchen

heiratet, das er eben sah, und daß er ihr schon von weitem
die Frage zuruft, ob sie seine Gemahlin werden will: das
alles ist echt märchenhaft unbekümmert. Was aber will
dieses Märchen sagen? Zwölf Söhne haben König und
Königin; das könnten die zwölf Monate sein, aber ebenso
gut auch die zwölf Sternbilder des Tierkreises, und beides
ist im Grunde das gleiche, denn die Sonne wandelt ja von
Monat zu Monat für unser Auge von einem Sternbild ins
andere, und noch unsere Großväter (wenigstens auf dem
Lande) wußten jederzeit auswendig zu sagen, in welchem
Sternbilde die Sonne gerade stand. Heute freilich weiß
das kaum mehr jemand im Kalender zu finden, und in
manchem würde man es überhaupt vergebens suchen, denn
die Geschäftskalender sind jetzt längst Mode, und die küm=
mern sich nicht um den Himmel

Nun will der König ein Mädchen haben, und das will
er unbeschränkt reich machen. Die Brüder sollen sterben,
wenn die Schwester ankommt. Und tatsächlich verschwinden
die Sternbilder des Himmels jeden Morgen, wenn die
leuchtende Sonne heraufsteigt: ob das die Schwester ist?
Und das elterliche Königspaar am Ende in naiver Um=
kehrung von Ursache und Wirkung: Tag und Nacht? Noch
bevor die Tochter geboren ist, ziehen die Söhne fort aus
dem elterlichen Schlosse; im Walde, in der Dunkelheit,
finden sie eine Hütte, wo sie hausen, und da gehen sie auf
die Jagd. Aber das Schwesterchen wird groß und erfährt
von ihnen und geht aus, sie zu suchen, und findet sie. Da
bleibt es bei ihnen. Einmal aber bricht es die Lilien vor
dem Hüttchen ab, und das sind die Brüder selber. Die
Lilie selber aber war bei den Alten das Sinnbild des Ur=
lichtes, so versteht man gut, warum sich die Sternbilder am
Tage in Lilien verwandeln. Eine alte Frau, die Norn,
naht und sagt dem Mädchen Bescheid, wie es die Brüder
wieder erlösen kann. Sieben Jahre lang darf es nicht

sprechen, nicht lachen. Und das Mädchen weiß sofort: das bringt es fertig. Denn die Aufgabe entspricht seinem Wesen: siebenfach ist der Strahl der Sonne, und „si=bi=un" (sieben) heißt: Beim Sonnengericht! Aus dem Sonnenkreise, dem symbolischen, bildet sich aber auch das 7. Planeten= zeichen, das der „Venus", und das alte magische Quadrat dieses Planeten ist 7 mal 7. Demgegenüber sind die Brüder zu Raben geworden. Der Rabe erklärt sich als „rabo", hraban, d. i. der hochragende Bann, der Bann Wuotans. Die zwölf Sternbilder des Tierkreises sind also durch Wuotan im Banne gehalten (man denke an Wuotans Raben), bis die entsagende, aufopfernde Liebe durch ihr sonniges, siebenfach hohes Wesen sie befreit. Sollen wir nun in der Schwester den Stern Venus sehen, den Morgen= und Abendstern? Die Einzelheiten dieser Märchen lassen sich nicht immer mit voller Sicherheit lösen, und das ist wohl begreiflich. Denn sie sind durch ungezählte menschliche Gedächtnisse gegangen, bis sie endlich für uns aufgezeichnet wurden. Und die wichtigste Bedeutung unseres Märchens liegt auch nicht auf dieser Ebene. Natürlich bringt die Durchführung ihres Erlösungswillens der Schwester schwere Bedrängnis und Gefahr; denn das böse Prinzip will der Erlösung der Brüder aus dem Banne entgegenwirken. Aber es kann immer nur zu hindern suchen; das böse Prinzip ist nicht Herr über Leben und Tod. Darum wird auch die Prinzessin noch auf dem Flammenstoß errettet von ihren befreiten Brüdern, und alles geht gut hinaus. Als Abend= stern taucht sie heraus aus der Flamme des Abendrots, nachdem sie als Morgenstern auf den Scheiterhaufen des Morgenrots gesetzt worden ist.

Wir haben noch sehr viele Sonnenmärchen oder Astral= märchen in den uns von den Brüdern Grimm aufgezeich= neten Schätzen. Andere Märchenforscher wie insbesondere Bernstein und Andersen haben von dieser Art Märchen fast nichts oder gar nichts beigebracht; sie bevorzugten ganz andere Gesichtsfelder. Die Provinzialforschung hat uns dafür noch einzelnes Schöne dieser Art zugetragen. Für den jetzigen Zweck genügt aber das Aufgezeigte; nur noch eines der bekannten Grimmschen Märchen sei im Wortlaut angeführt und kurz gedeutet.

Die Sterntaler.

Es war einmal ein kleines Mädchen, dem war Vater und Mutter gestorben, und es war so arm, daß es kein Kämmerchen mehr hatte, darin zu wohnen, und kein Bettchen mehr, darin zu schlafen, und endlich gar nichts mehr als die Kleider auf dem Leib und ein Stückchen Brot in der Hand, das ihm ein mitleidiges Herz geschenkt hatte. Es war aber gut und fromm. Und weil es so von aller Welt verlassen war, ging es im Vertrauen auf den lieben Gott hinaus ins Feld. Da begegnete ihm ein armer Mann, der sprach: „Ach gib mir etwas zu essen, ich bin so hungrig." Es reichte ihm das ganze Stückchen Brot und sagte: „Gott segne dir's", und ging weiter. Da kam ein Kind, das jammerte und sprach: „Es friert mich so an meinem Kopfe, schenk mir etwas, womit ich ihn bedecken kann." Da tat es seine Mütze ab und gab sie ihm. Und als es noch eine Weile gegangen war, kam wieder ein Kind und hatte kein Leibchen an und fror, da gab es ihm seins; und noch weiter, da bat eins um ein Röcklein, das gab es auch von sich hin. Endlich gelangte es in einen Wald, und es war schon dunkel geworden, da kam noch eins und bat um ein Hemdlein, und das fromme Mädchen dachte: „Es ist dunkle Nacht, da sieht dich niemand, du kannst wohl dein Hemd weggeben," und zog das Hemd ab und gab es auch noch hin. Und wie es so stand und gar nichts mehr hatte, fielen auf einmal die Sterne vom Himmel und waren lauter harte, blanke Taler; und ob es gleich sein Hemdlein weggegeben, so hatte es ein neues an, und das war vom allerfeinsten Linnen. Da sammelte es sich die Taler hinein und war reich für sein Lebtag.

So findet sich das Märchen bei Grimm erzählt. Ich kenne es auch mit diesem Ausklang: „Und ein neues Kleid hat es auch wieder erhalten." Auch diese Lesart ist unzweifelhaft alt und wohlberechtigt. Mit wem haben wir's wohl in diesem gebefreudigen Mädchen zu tun? Für gewöhnlich wird ja unser Märchen moralisch genommen, als ob es in dem hilfsbereiten Mädchen eben ein Muster der Hilfsbereitschaft und Selbstentäußerung im Leben geben wollte. Aber solche Sittenauffassung hat man in Wirklichkeit niemals gelehrt, und wenn sie heute irgend jemand betätigen wollte, so würde man ihn für geisteskrank halten.

Aber denken wir uns unter dem Mädchen einmal die liebe Erde. Vater und Mutter sind gestorben — nun ja, Baldur ist ja auch gestorben als Sonnengott, weil es gegen den Winter geht und die Sonne nur mehr matt und kraftlos scheint. Und der Mond wärmt auch nicht — die Nächte werden kalt, obwohl er am Himmel spazieren geht. Da haben wir den Tod von Vater und Mutter. Und nun gibt das Mädchen alles von sich, was es hat; denn alle die vielen Bittsteller kommen, all die Wesen, die auf der Erde leben, und vor allem die Menschen, die das Getreide einsammeln und das Obst, und das Vieh, das die Matten abweidet. Zum Schlusse hat die Erde nichts mehr an als das grüne Hemdchen, den Grasboden. Aber weil sie nun im Walde ist (in der Dunkelheit des Winters), gibt sie auch das noch von sich. Da fallen dann die Sternlein vom Himmel in Form der schön gesternten Schneeflocken, die unser Märchen als lauter harte, blanke Taler anspricht, und da bekommt die Erde ein neues Hemd, das ist gewiß vom allerfeinsten Linnen. Und gewiß, ein neues Prachtkleid wird sie auch wieder erhalten, wenn nur erst der Frühling wieder kommt.

Das wäre also kein Sonnenmärchen im eigentlichen Sinne, sondern eines von der Erde. Aber ebenso haben

wir's ja im Grunde auch beim Dornröschen gefunden, und
wir wollen also unter Sonnenmärchen solche verstehen, die
auf der Betrachtung der Erde und der Gestirne und ihrer
Bahnen beruhen. Freilich werden wir dem Sterntaler=
Märchen noch einmal begegnen in einer anderen Deutung,
die vielleicht noch einleuchtender ist und uns das Märchen
noch lieber als die vorstehende macht.

II.

Seelen= und Erkenntnismärchen.

Das Menschenleben, sein Ziel und sein Weg, sein Ur=
sprung und seine Mündung ist von je das höchste Mensch=
heitsrätsel gewesen. Die gesamte ernste Kunst der Mensch=
heit müht sich irgendwie um die Lösung dieses Rätsels, die
ganze Philosophie. Aber Rätsel bleiben, und wenn wir
uns mühselig in langen Zeitspannen näher hingegraben
haben an den Wall, der das große Geheimnis birgt, so
belehrt uns plötzlich irgendeine außer Acht gelassene Tat=
sache, daß unsere Anstrengungen vergeblich waren. Es
scheint, daß es bei den Alten anders gewesen ist, bis sich
auch ihnen das Weltbild mannigfach verdüsterte, und dies
letztere war wohl zum Teil erst wenig Jahrhunderte vor
unserer Zeitrechnung der Fall. Es scheint, als hätte die
arische Menschheit zuvor eine lang laufende Überlieferungs=
kette besessen, die in ihrer Art ein so völliges und in sich
geschlossenes und widerspruchsfreies Weltbild bot, wie die
vedische Religion der alten arischen Inder. Es ist da ja
auch nicht verwunderlich, da ja auch die Inder nordischen
Ursprung haben und ihre Überlieferung offenbar von der
gemeinarischen abgezweigt ist.

Wie dieses uralte Glaubenstum beschaffen war, kann
hier nicht dargelegt werden. Am zweckmäßigsten unterrichtet

man sich darüber aus den Werken des Wiener Gelehrten
Guido v. List (Guido v. List = Gesellschaft, Wien XVIII/1,
Schulgasse 30. 2. 14). Hier sei nur einiges Wichtigstes an=
geführt, was notwendig ist, um alteingelebte Irrtümer aus
dem Wege zu räumen und so viel vorzubereiten, als das
Märchen fordert.

Wir halten in der Regel, in der Schule ganz fehl un=
terrichtet, unsere germanischen Vorfahren für „Barbaren"
von ganz geringer Höhe des Denkens. Es gibt keine irri=
gere Anschauung als diese. Es ist uns heute bekannt, daß
alle Kultur der Welt von der arischen Rasse ausgegangen
ist, also von den Germanen und ihren Urverwandten, daß
sie sozusagen die Landwirtschaft erfunden und in alle Lande
der alten Welt getragen haben, und wir wissen von den
Tempeln, die sie sinnvoll bauten vor vielen Jahrtausenden,
von ihren Sonnenkult = Tanzstätten, den alten Walburgen
und von ihren Walfahrten, von ihren Kunstleistungen aus
der Stein= und Bronzezeit. Wir wissen aber auch, daß ihr
hohes Gottesdenken sogar die alten Römer beeinflußt und
mit Bewunderung erfüllt hat, und daß der gelehrte edle
Tacitus, der ein Buch über die Germanen schrieb, sie als
das tugendhafteste und sittlichste Volk der Erde pries.
Tacitus hat auch — trotz gar mancherlei Irrtümern, die sich
in seinem Werke finden — ausdrücklich erwähnt, daß die
Germanen ihren Gottesdienst in den heiligen Hainen nicht
äußerlich verrichteten, wie andere ihm bekannte Völker, son=
dern daß sie die Himmlischen in Ehrfurcht schauten, und
der Römer berichtet auch von den gefeierten germanischen
Seherinnen seiner Zeit, einer Aurinia und Veleda.

Nach unserem bisherigen Wissen hatten die Germanen
nun freilich einen ganzen Himmel voll Götter; wir kennen
Wuotan oder Odhin und Ziu oder Tyr, Donar oder Thörr
und Freya, Saga und Baldur und Hnikudr und Heimdall
und Hödur und Froh und Loki und viele andere. Aber

den Wissenden unserer Alten sind das niemals Sondergötter
gewesen, sondern nur verschiedene Wesensbezeichnungen des
einen göttlichen Prinzips, dichterische Ausprägungen ihrer
hohen Erkenntnisse. Die Menge schloß sich dann gerne an
diese ihr mehr oder weniger vorstellbaren Ausprägungen
an und konnte so leichter zum göttlichen Wesen dringen
mit ihrer Seele, als ohne solche Hilfe.

Das Wesen des Lebens aber erschien den Alten gött=
lich, und in seiner Seele trug jeder Mensch einen Urfunken
der Gottheit mit sich. Dieser Funke konnte sich trüben, aber
er konnte nicht erlöschen; er ist der Führer des Menschen
auf dem Wege zu seiner vollen Vergöttlichung. Dieser Weg
führt über zahlreiche Wiedergeburten (Einzelleben) zu immer
reinerer Höhe des Daseins, bis in die reine Geistigkeit der
Gottheit. Der Mensch aber hatte sich diesen Weg trotz der
Schicksalsführung durch die Nornen innerlich selber zu
bahnen; er konnte auch abwärts führende Wege einschlagen,
die führten zur Vergröberung, zur Gottentfremdung, zur
Qual, aus der sich der Mensch auf gar umwegigen Pfaden
emporarbeiten muß zu seinem reinen Ziel, und in viel mehr
Verkörperungen, als der Gutgehende nötig hat. Die Wie=
dergeburt vollzog sich nach der offenbar aus Beobachtung
entstandenen Anschauungsweise unserer Altvordern meist im
Rahmen des gleichen Geschlechts, wo ja auch körperlich der
geeignetste Rahmen gegeben erscheint; denn man spricht
nicht umsonst vom Familiencharakter. Die Gottheit selbst
hat sich in endlos langen Zeiträumen herausentwickelt aus
einem rein geistigen Dasein in die Verstofflichung, in Zeit
und Raum, und ihr Weg führt im Kreise zur Rückkehr in
den rein geistigen, stoffbefreiten Zustand. Das Ganze heißt
dann ein Gottestag und wurde in der Mythologie ausge=
drückt durch die Bezeichnung „Surtur", d. h. 's Ur t' Ur,
also: Aus dem Ur zum Ur. Man gewahrt schon, daß in
dieser Anschauungsweise für eine grobe Auffassung der Götter=

gestalten kein Raum sein kann; da wird alles symbolisch und trägt in tiefreichende Erkenntnisse, von denen einzelne, freilich stark eingehüllt in Sitte und Sage und Brauchtum, noch heute in unserer Landbevölkerung leben.

Die Alten aber, die nicht ein so ausgespanntes Leben führten wie wir, der Natur vertrauter waren und auch mehr dem Werden zulauschten, das sich in ihnen selbst vollzog, kannten da noch verschiedene Gesetzmäßigkeiten, die nur verzerrt und als Aberglauben auf uns gekommen sind, sodaß es die Leute für unwürdig halten, darüber nachzudenken. Das liegt aber nur daran, daß eben nun seit vielen Jahrhunderten der Verbindungsfaden mit unserer eigenen Vorzeit abgerissen ist, und jetzt erst gelingt es uns, ihn wieder zu knüpfen.

Wir wissen es heute nicht mehr, daß das Dasein der Menschenseele kein Ende finden kann; für wissenschaftlich aufgeklärt hält sich, wer überhaupt die Seele als gesonderte Kraft und eigenes Dauerwesen leugnet. Das wollte ja die Menschheit: dahin gelangen, daß in ihrem Leben nicht mehr Richtpunkte maßgebend sein müssen, die nicht im persönlichen Behagen ihre alleinige Stütze finden. Freilich: nicht die ganze Menschheit wollte es, aber die wollen es, die ihr heute mit lautesten Stimmen raten, die da herrschen auf den Kathedern, in den Zeitungen, in den Künsten, in der Wirtschaft. Und diesen Stimmen ist die Zeit verfallen, weil solche Lehren gar so bequem sind. Andere freilich verfallen ganz gegenteiligen Strömungen; sie haben Erlebnisse aus Tiefen her, in die sie niemand geführt hat, wo sie niemand auf die Irrtumsmöglichkeiten und auf die schlüpfrigen Trittstellen aufmerksam gemacht hat; sie geraten allzuleicht in Aberglauben mancher Art und verzehren sich in der Sehnsucht nach den Erkenntnissen, die das Leben lebenswert machen, und die man ihnen nicht bietet, zu denen man sie nicht leitet.

übertragen wir unseren alten Märchen die Führung in dieses seelische Reich, in das Reich der Tieferkenntnisse unserer Altvordern.

Die Sterntaler.

Wir wollen gleich wieder mit dem Märchen beginnen, das zuletzt erzählt worden ist. Wie wär's, wenn wir in dem Mädchen, dem gebefreudigen, in dem wir die herbstlich-winterliche Erde erkannten, nun einmal die menschliche Seele erblicken wollten? Die Seele hatte nach der Anschauungsweise unserer Altvordern sieben Hüllen, die vom äußeren stofflichen Körper ab immer dünner werden. In Begleitung der einen oder anderen Hülle kann die Seele aus dem Körper heraustreten und tut das z. B. im Traum oder im Zustande des Hellsehens, des Verzücktseins usw. Die Theosophen haben manches von diesen Lehren wieder aufgegriffen, wenn auch manche andere Dinge sich bei ihnen da herumgerankt haben. Jedermann hat auch die Erfahrung, daß wir das Wesen eines anderen Körpers schon fühlen, bevor wir mit ihm zusammenstoßen; solche Erfahrungen sind namentlich in Dunkelheit sehr leicht zu sammeln. Es ist uns dann, als rage das Wesen unseres Nebenmenschen um schier einen halben Meter (je gesünder der Mensch ist, desto kräftiger) über seine körperliche Hülle heraus, und wir fühlen ein unseren Körper in gleicher Weise Umgebendes: diese beiden Ausflußkreise berühren sich, und so stoßen die Körper selbst, die nun gewarnt sind, auch im Dunkeln nicht zusammen, wenn sie nicht in zu großer Erregung sind, um solche Dinge gewahren zu können. Auch die Wissenschaft weiß davon und spricht von Strahlungen. Es kann hier dahingestellt bleiben, inwieweit der Ausdruck zutreffend ist; erklären kann er an sich nichts. Es genügt hier, zu wissen, daß derartige Beobachtungen auch die Alten schon gemacht hatten, und daß sie der Seele eine siebenfache Hülle zuschrieben, von der das Märchen oft verhehlend spricht. Auch das von den Sterntalern. Bedenken wir doch, was das Kind nach einander von sich gibt: Brot, Mütze, Leibchen, Röcklein, Hemd. Da hat wahrscheinlich in der ursprünglichsten Fassung das Märchen sieben Gegen= stände aufgezählt. Das Mädchen aber ist gestorben, und seine Seele wird nun von den sieben Hüllen verlassen. Das vollzieht sich nicht auf einmal, sondern nach und nach auf der Wanderung der Seele. Die abgeschiedene Seele weilt ja noch lange Zeit auf Erden und kann sich ihren Ange= hörigen, wenn die Sinn dafür haben, bemerklich machen, nach dem alten Glauben, der noch keineswegs ausgestorben ist. Dann erst dringt sie in reinere Schichten empor, in denen sie ihre Vervollkommnung fortsetzt, und dabei streift sie nach und nach die feinstofflichen, strahligen Hüllen ab, die ihr nicht folgen können in die höheren, reingeistigen Sphären. Darum ist auch die Bemerkung bei Hingabe des Hemdchens sinndeutlich, daß ja niemand sieht in der Dunkel= heit des Waldes. Der Wald ist wieder die Waltung, dies= mal aber auf der Geistesebene, welche die Seele frei von allen irdischen Erwägungen betritt. Nun sinken der Seele die Sterne zu. Der Stern aber war unseren Altvordern das Sinnbild der Wiedergeburt, die der Seele winkt, und wenn sie hinreichend frei ist in ihrem Ziele, so durfte sie sich sogar nach dem alten Glauben die Umstände ihrer Wiederverkörperung selbst wählen, wie sie eben ihren Ab= sichten am günstigsten schienen. Und ein Hemdchen hat die Seele auch wieder erhalten, d. h. einen Empfindungskreis um sich, und der war nun natürlich feiner als der aus ihrem früheren Leben.

Kann man solche Gedanken besser auf die Erde setzen als es in unserem Märchen geschehen ist?

Goldmarie und Pechmarie.

Dieses prächtige, erfreulicherweise sehr bekannte Märchen erzählt Grimm unter der Überschrift „Frau Holle“ Es lautet wie folgt:

Eine Witwe hatte zwei Töchter, davon war die eine schön und fleißig, die andere häßlich und faul. Sie hatte aber die häßliche und faule, weil sie ihre rechte Tochter war, viel lieber, und die andere mußte alle Arbeit tun und der Aschenputtel im Hause sein. Das arme Mädchen mußte sich täglich auf die große Straße bei einem Brunnen setzen und mußte so viel spinnen, daß ihm das Blut aus den Fingern sprang. Nun trug es sich zu, daß die Spule einmal ganz blutig war, da bückte es sich damit in den Brunnen und wollte sie abwaschen; sie sprang ihm aber aus der Hand und fiel hinab. Es weinte, lief zur Stiefmutter und erzählte ihr das Unglück. Die schalt es aber so heftig und war so unbarmherzig, daß sie sprach: „Hast du die Spule hinunterfallen lassen, so hol sie auch wieder herauf.“ Da ging das Mädchen zu dem Brunnen zurück und wußte nicht, was es anfangen sollte, und in seiner Herzensangst sprang es in den Brunnen hinein, um die Spule zu holen. Es verlor die Besinnung, und als es erwachte und zu sich selber kam, war es auf einer schönen Wiese, wo die Sonne schien und viel tausend Blumen standen. Auf dieser Wiese ging es fort und kam zu einem Backofen, der war voller Brot; das Brot aber rief: „Ach, zieh mich raus, sonst verbrenn ich, ich bin schon längst ausgebacken.“ Da trat es herzu und holte mit dem Brotschieber alles nacheinander heraus. Danach ging es weiter und kam zu einem Baum, der hing voll Äpfel und rief ihm zu: „Ach, schüttel mich, schüttel mich, wir Äpfel sind alle miteinander reif.“ Da schüttelte es den Baum, daß die Äpfel fielen, als regneten sie, und schüttelte, bis keiner mehr oben war; und als es alle in einen Haufen zusammengelegt hatte, ging es wieder weiter. Endlich kam es zu einem kleinen Haus, daraus guckte eine alte Frau, weil sie aber so große Zähne hatte, ward ihm angst und es wollte fortlaufen. Die alte Frau aber rief ihm nach: „Was fürchtest du dich, liebes Kind? Bleib bei mir, wenn du alle Arbeit im Hause ordentlich tun willst, so soll dir's gut gehen. Du mußt nur achtgeben, daß du mein Bett gut machst und es fleißig aufschüttelst, daß die Federn fliegen, dann schneit es in der Welt; ich bin die Frau Holle." Weil die Alte ihm so gut zuredete, so faßte sich das Mädchen ein Herz, willigte ein und begab sich in ihren Dienst. Es besorgte auch alles nach ihrer Zufriedenheit und schüttelte ihr das Bett immer gewaltig auf, daß die Federn wie Schneeflocken umherflogen; dafür hatte es auch ein gutes Leben bei ihr, kein böses Wort, und alle Tage Gesottenes und Gebratenes. Nun war es eine Zeitlang bei Frau Holle, da ward es traurig und wußte anfangs selbst nicht, was ihm fehlte, endlich merkte es, daß es Heimweh war; ob es ihm hier gleich viel tausendmal besser ging als zu Haus, so hatte es doch ein Verlangen dahin. Endlich sagte es zu ihr: „Ich habe den Jammer nach Haus kriegt, und wenn es mir auch noch so gut hier unten geht, so kann ich doch nicht länger bleiben, ich muß wieder hinauf zu den Meinigen." Die Frau Holle sagte: „Es gefällt mir, daß du wieder nach Haus verlangst, und weil du mir so treu gedient hast, so will ich dich selbst wieder hinaufbringen." Sie nahm es darauf bei der Hand und führte es vor ein großes Tor. Das Tor ward aufgetan, und wie das Mädchen gerade darunter stand, fiel ein gewaltiger Goldregen, und alles Gold blieb an ihm hängen, so daß es über und über davon bedeckt war. „Das sollst du haben, weil du so fleißig gewesen bist," sprach die Frau Holle und gab ihm auch die Spule wieder, die ihm in den Brunnen gefallen war. Darauf ward das Tor verschlossen, und das Mädchen befand sich oben auf der Welt, nicht weit von seiner Mutter Haus; und als es in den Hof kam, saß der Hahn auf dem Brunnen und rief:

> „Kikeriki,
>
> unsere goldene Jungfrau ist wieder hie."

Da ging es hinein zu seiner Mutter, und weil es so mit Gold bedeckt ankam, ward es von ihr und der Schwester gut aufgenommen.

Das Mädchen erzählte alles, was ihm begegnet war, und als die Mutter hörte, wie es zu dem großen Reichtum gekommen war, wollte sie der anderen häßlichen und faulen Tochter gerne dasselbe Glück verschaffen. Sie mußte sich an den Brunnen setzen und spinnen; und damit ihre Spule blutig ward, stach sie sich in die Finger und stieß sich die Hand in die Dornhecke. Dann warf sie die Spule in den Brunnen und sprang selber hinein. Sie kam, wie die andere, auf die schöne Wiese und ging auf demselben Pfade weiter. Als sie zu dem Backofen gelangte, schrie das Brot wieder: „Ach, zieh mich raus, zieh mich raus, sonst verbrenn ich, ich bin schon längst ausgebacken.“ Die Faule aber antwortete: „Das hätt' ich Lust mich schmutzig zu machen,“ und ging fort. Bald kam sie zu dem Apfelbaum, der rief: „Ach, schüttel mich, schüttel mich, wir Äpfel sind alle miteinander reif.“ Sie antwortete aber: „Du kommst mir recht, es könnte mir einer auf den Kopf fallen,“ — und ging damit weiter. Als sie vor der Frau Holle Haus kam, fürchtete sie sich nicht, weil sie von ihren großen Zähnen schon gehört hatte, und verdingte sich gleich zu ihr. Am ersten Tag tat sie sich Gewalt an, war fleißig und folgte der Frau Holle, wenn sie ihr etwas sagte, denn sie dachte an das viele Gold, das sie ihr schenken würde; am zweiten Tag aber fing sie schon an zu faulenzen, am dritten noch mehr, da wollte sie morgens gar nicht aufstehen. Sie machte auch der Frau Holle das Bett nicht, wie sich's gehörte, und schüttelte es nicht, daß die Federn aufflogen. Das ward die Frau Holle bald müde und sagte ihr den Dienst auf. Die Faule war das wohl zufrieden und meinte, nun würde der Goldregen kommen; die Frau Holle führte sie auch zum Tor, als sie aber darunter stand, ward statt des Goldes ein großer Kessel voll Pech ausgeschüttet. „Das ist zur Belohnung deiner Dienste,“ sagte die Frau Holle und schloß das Tor zu. Da kam die Faule heim, aber sie war ganz mit Pech bedeckt, und der Hahn auf dem Brunnen, als er sie sah, rief:

> „Kikeriki,
> unsere schmutzige Jungfrau ist wieder hie.“

Das Pech aber blieb fest an ihr hängen und wollte, solange sie lebte, nicht wieder abgehen.

Dies Märchen ist eines der schönsten, die uns überhaupt überliefert sind, und es ist auch ein Ganzes, ohne Mischung von Bestandteilen, die vielleicht ursprünglich nichts

miteinander zu tun hatten, und es lehrt uns aufs schönste
den Begriff der Seelenwanderung in der germanischen An=
schauungsweise verstehen. Zunächst müssen wir wissen, wer
die alte Frau Holle ist, und da kann kein Zweifel aufkommen,
daß das die Todesgöttin der Germanen, die Hel oder Helia
oder Holla gewesen ist. Ihr ist heute noch im deutschen
Bauernhause die „Hel=Ecke" (mißverständlich heißt es heute
oft: die Hölle) geweiht, und auch der Hollunderbaum, der
zum Hause gehört. Sie nimmt als Freya in der germa=
nischen Mythologie die Leiber der Abgeschiedenen in Emp=
fang, die sie in „Volkwang" vereinigt, während Wuotan
die entkörperten Seelen in Walhall sammelt. Zu ihr als
Todesgöttin und winterliche Erdgöttin geht aber alles ein,
was das Leben verliert; alles muß durch die Pforte der
Hel. Und darum gehört zu ihren Aufgaben auch die, die
winterliche Leichendecke über die Erde zu breiten; wenn ihr
Bett ordentlich geschüttelt wird, so stieben auf der Erde
die Flocken.

Im übrigen schafft sich das Märchen seine Vorbedin=
gungen. Die Witwe, welche die Stieftochter mit Arbeitslast
peinigt und das eigene Kind faulenzen läßt, ist die leicht=
verkleidete Norn, das Schicksal. Die Stieftochter muß des=
halb auch spinnen, damit diese Beziehung recht deutlich
wird. Wir stellen uns für gewöhnlich das Spinnen gar
nicht als eine so schwere Arbeit vor, und das Märchen
könnte uns ein viel schlimmeres Bild entwerfen von der
Plage des Märchens. Aber wo die Norne auftritt, wird
eben gesponnen; denn sie ist es, die den Schicksalsfaden
spinnt, und deren kennzeichnende Beigabe deshalb die Spindel
ist, an der sich ja auch das Dornröschen stach. Die Stief=
tochter spinnt so eifrig, daß ihr das Blut von den Fingern
rinnt. Das Blut ist aber in der alten Symbolik der Lebens=
saft, und so will uns das Märchen künden, daß das Mädchen
stirbt. Aber das Märchen kann den Tod hier nicht brauchen;

es braucht Sinndeutlichkeit. So wird uns die Härte des Schicksals recht vor Augen geführt: die Witwe befiehlt dem Mädchen, die Spindel, die ihm in den Brunnen gefallen ist, heraufzuholen. Es ist recht bezeichnend, daß die Stieftochter a m B r u n n e n spinnen muß; für gewöhnlich macht man das doch im Hause. Aber auch der Brunnen, der Born, ist ein Nornensinnbild; die Mythologie spricht von Urdas Born, und Urda ist die erste der Nornen, die der Vergangenheit. Aus deren Born kommen auch die kleinen Kinder nach der poetischen Volksüberlieferung, und wenn in alter Zeit irgendwo eine besondere Stätte des Nornenkults gewesen ist, so befand sich dort auch ein Brunnen, aus dem die Kinder für die weite Umgebung kommen. So sagt man den Kleinen des ganzen Frankenlandes, daß der Storch die Wickelkinder aus dem „schönen Brunnen" in Nürnberg holt (mundartlich: Nörrnberg); daß Nürnberg eine alte Nornenkultstätte gewesen ist, steht außer Frage; das beweist der Stadtname selber und auch das Stadtwappen, das den Weibaar darstellt (wipare ist auch wibare, die Weberin, also die Norn).

Also die Spindel des armen Mädchens fällt in Urdas Bronnen, d. h. das Mädchen kehrt ins Nichtsein zurück, und um das deutlicher auszudrücken, muß das Kind der Spindel nachspringen in den Brunnen hinein. Da ist es nun besinnungslos, wie die Alten auf Grund ihrer Beobachtung glaubten, daß der Verstorbene eine ganze Weile brauche, um sich wieder auf sich selber zu besinnen. Die ledige Seele ist es nicht alsbald gewohnt, die körperliche Hülle zu missen, und im Gebrauch der ihr selbst innewohnenden Fähigkeiten ist sie nicht alsbald gewandt. Dann aber — erwacht das Mädchen wieder. Es findet sich auf einer wunderschönen Wiese, auf der es immer fort geht. Da erwarten es Arbeiten. Arbeiten, die eigentlich schier zwecklos erscheinen; denn wenn sich um das Brot in dem heißen Backofen und um die ausgereiften Äpfel auf dem Baume niemand kümmert, der näher wohnt: was gehen diese Dinge das Mädchen an, dessen Hände doch gewiß nicht geschont worden sind im Leben? Aber das Mädchen greift zu: es ist gewohnt, alles, was ihm entgegentritt, in sich zu verarbeiten, und so nützt es auch alle die Gelegenheiten zu seiner Vervollkommnung, die sich der freien Seele im Reiche der Hel, des Todes, bieten, ohne sich lange zu besinnen, ob es dazu verpflichtet sei, und ohne auf Vorteile zu trachten. Denn das Mädchen ißt nicht einmal von dem Brote und von den Äpfeln, und es nimmt auch nichts mit. Es verrichtet einfach Arbeit, eine Arbeit, die seiner Seele zugute kommt. Und nun gerät es zur Frau Holle und in deren Dienst. Auch da bewährt sich das Kind, und dafür wird es belohnt; es bekommt keine bösen Worte, hat sich keine Selbstvorwürfe zu machen), und da es erneut ins irdische Leben tritt, langt es mit Gold übergossen im Leben an. Gold war unseren Altvordern das Sinnbild der Leuchtkraft, der Edelheit, des inneren Wertes. Also: mit gesteigertem innerem Werte tritt das Mädchen ins neue Leben; es wird nun ein angenehmeres Schicksal haben und wird den Adel seiner Seele weiter erhöhen; es hat Weg gewonnen in der Richtung zu Gott, zum seligen Glücke des vollkommenen Eigenseins.

Nun soll die faule Tochter auch das Glück machen. Sie stürzt sich in Urdas Bronnen, nachdem sie sich an der Spindel und der Dornhecke blutig gestochen hatte — nicht durch Schicksalsgewalt, sondern in der Hoffnung auf unverdienten Vorteil. Also auch die faule Tochter verströmt den Lebenssaft und stirbt, und ihr widerfährt alles, was auch der fleißigen widerfahren ist. Aber diese Tochter hat es ja nicht gelernt, zu arbeiten. Sie hat nie etwas zu ihrer Veredelung getan, nie an ihrer Seele gearbeitet. So hat sie sich im Leben keinen aufwärtsführenden Trieb geschaffen;

sie sieht nicht ein, was sie das ausgebackene Brot oder die reifen Äpfel angehen; beim Brot könnte sie sich die Kleider verstauben und von den Äpfeln könnte ihr einer auf den Kopf fallen. Sie hat Ausreden; sie kennt keine sittliche Pflicht, die in ihr lebendig wäre. Und darum ist sie auch lässig im Dienst der Frau Holle; einen kurzen Anlauf nimmt sie ja, aber der hält nicht an, und das Mädchen faulenzt, bis die Zeit da ist, daß es wieder ins irdische Leben eintreten soll. Nun erwartet es seinen Goldlohn; aber die Frau Holle ist gerecht: mit Pech wird das Mädchen unter dem Tore zur Oberwelt überschüttet. Nun weiß ja der verehrte Leser ganz gut, was es heißt, wenn jemand von sich behauptet, daß er „Pech" habe. Dem will nichts so recht gelingen; die Dinge werden nicht so, wie er sie erwartet, sein Tun hat nicht den Erfolg, den es nach seiner Meinung haben sollte; er geht mißmutig und unter einem schlimmen Schicksal seufzend durch die Welt. So geht es auch der Pechmarie. Hatte sie zuvor ein gutes, bequemes Leben und nützte dessen Möglichkeiten nicht zu seiner Veredelung, sondern ließ die edleren Triebe in sich ersterben, verlöschen, so fehlen diese Triebe auch jetzt: der gute Wille und das gute Gelingen. Sein neues Leben ist nicht wie von Gold beglänzt, es ist wie mit Pech verdunkelt und verschmutzt. Die Arbeit an sich, die es leisten muß — der kein Mensch entgehen kann — muß also unter ungünstigeren Verhältnissen und auf weiterem Entwickelungswege geleistet werden. Man sieht aber daraus auch, daß die Alten nicht des heutigen Glaubens gewesen sind, es könne niemand etwas „für sein Pech"; wie sie lehrten „Jeder ist seines Glückes Schmied", so sagten sie sich auch, daß jeder so wie er heute ist, das Ergebnis seines eigenen sittlichen Fleißes oder seiner sittlichen Trägheit in vorausgegangenen Verkörperungen und körperlosen Zwischenzeiten ist. Er darf also keiner Gottheit deswegen Vorwürfe machen noch die „Ungerechtigkeit" der Welt anklagen, wenn er leidet unter den Folgen seiner eigenen Gleichgiltigkeit, Trägheit, Schlechtigkeit, seiner Unterlassungen und schlimmen Taten.

Das Reich der Hel aber ist in christlichen Zeiten zur Hölle geworden, während es in Wirklichkeit eher dem Begriffe des Fegefeuers entsprechen würde, wenn man eben diese letztere Vorstellung entsprechend vergeistigt und hebt. So etwas wie eine ewige Höllenqual kannten unsere Altvordern nicht, und der Leser gewahrt von selbst, daß sich eine derartige Vorstellung gar nicht mit ihren glaubensmäßigen Auffassungen vertragen haben würde. Es gab nur die Entwickelung aufwärts, ins Göttliche (die theonische) und die Entwickelung abwärts ins Ungöttliche (die dämonische), aber auch die letztere bedeutet nur einen ungeheuren Umweg auf dem Wege zum Heil und belädt diesen Weg mit selbstverschuldeten Hindernissen und Qualen.

Das Märchen von der Frau Holle mag unseren Kleinen genug bieten, wenn es ihnen einmal den Segen des Fleißes und zum andern den sozusagen selbsttätigen, hier personifizierten Schicksalsausgleich vor Augen führt. Aber die heranwachsende Jugend sollte das Märchen tiefer verstehen lernen, damit sie nicht der Geringschätzung verfällt, die in unseren Tagen so gerne das Märchen als eine phantastisch erlogene, den Wirklichkeitssinn schädigende Geschichte hinstellt und so diese wichtige, quellfrische Überlieferung aus unseres Volkes Jugendtagen zum Versiegen bringen will.

Einäuglein, Zweiäuglein und Dreiäuglein.
(Nach Grimm.)

Es war eine Frau, die hatte drei Töchter, davon hieß die eine Einäuglein, weil sie nur ein einziges Auge mitten auf der Stirn hatte, und die mittelste Zweiäuglein, weil sie zwei Augen hatte wie andere Menschen, und die jüngste Dreiäuglein, weil sie drei Augen hatte, und das dritte stand bei ihr gleichfalls mitten auf der Stirne. Darum aber, daß Zweiäuglein nicht anders aussah als andere Menschenkinder, konnten es die Schwestern und die Mutter nicht leiden. Sie sprachen zu ihm: „Du mit deinen zwei Augen bist nicht besser als das gemeine Volk, du ge= hörst nicht zu uns.“ Sie stießen es herum und warfen ihm schlechte Kleider hin und gaben ihm nicht mehr zu essen, als was sie übrig ließen, und taten ihm Herzeleid an, wo sie nur konnten.

Es trug sich zu, daß Zweiäuglein hinaus ins Feld gehen und die Ziege hüten mußte, aber noch ganz hungrig war, weil ihm seine Schwestern so wenig zu essen gegeben hatten. Da setzte es sich auf einen Rain und fing an zu weinen und so zu weinen, daß zwei Bächlein aus seinen Augen herabflossen. Und wie es in seinem Jammer einmal aufblickte, stand eine Frau neben ihm, die fragte: „Zwei= äuglein, was weinst du?“ Zweiäuglein antwortete: „Soll ich nicht weinen, weil ich zwei Augen habe wie andere Menschen, so können mich meine Schwestern und meine Mutter nicht leiden, stoßen mich aus einer Ecke in die andere, werfen mir alte Kleider hin und geben mir nichts zu essen, als was sie übrig lassen. Heute haben sie mir so wenig gegeben, daß ich noch ganz hungrig bin.“ Sprach die weise Frau: „Zweiäuglein, trockne dir dein Angesicht, ich will dir etwas sagen, daß du nicht mehr hungern sollst. Sprich nur zu deiner Ziege:

„Zicklein, meck; Tischlein deck’“,

so wird ein sauber gedecktes Tischlein vor dir stehen und das schönste Essen darauf, daß du essen kannst, soviel du Lust hast. Und wenn du satt bist und das Tischlein nicht mehr brauchst, so sprich nur:

„Zicklein, meck; Tischlein weg“,

so wird’s vor deinen Augen wieder verschwinden.“ Darauf ging die weise Frau fort. Zweiäuglein aber dachte: „Ich muß gleich einmal versuchen, ob es wahr ist, was sie gesagt hat, denn mich hungert gar sehr“, und sprach:

„Zicklein, meck; Tischlein deck’“,

und kaum hatte sie die Worte ausgesprochen, so stand da

ein Tischlein mit einem weißen Tüchlein gedeckt, darauf ein Teller mit Messer und Gabel und silbernem Löffel, die schönsten Speisen standen rundherum, rauchten und waren noch warm, als wären sie eben aus der Küche gekommen. Da sagte Zweiäuglein das kürzeste Gebet her, das es wußte: „Herr Gott, sei unser Gast zu aller Zeit, Amen", langte zu und ließ sich's wohl schmecken. Und als es satt war, sprach es, wie die weise Frau gelehrt hatte:

„Zicklein, meck; Tischlein weg"
Alsbald war das Tischchen und alles, was darauf stand, wieder verschwunden. „Das ist ein schöner Aufenthalt", dachte Zweiäuglein und war ganz vergnügt und guter Dinge.

Abends, als es mit seiner Ziege heimkam, fand es ein irdenes Schüsselchen mit Essen, das ihm die Schwestern hingestellt hatten, aber es rührte nichts an. Am andern Tag zog es mit seiner Ziege wieder hinaus und ließ die paar Brocken, die ihm gereicht wurden, liegen. Das erste= mal und das zweitemal beachteten es die Schwestern gar nicht, wie es aber jedesmal geschah, merkten sie auf und sprachen: „Es ist nicht richtig mit dem Zweiäuglein, das läßt jedesmal das Essen stehen und hat doch sonst alles aufgezehrt, was ihm gereicht wurde; das muß andere Wege gefunden haben." Damit sie aber hinter die Wahrheit kämen, sollte Einäuglein mitgehen, wenn Zweiäuglein die Ziege auf die Weide trieb, und sollte achten, was es da vorhätte, und ob ihm jemand etwas Essen und Trinken brächte.

Als nun Zweiäuglein sich wieder aufmachte, trat Ein= äuglein zu ihm und sprach: „Ich will mit ins Feld gehen und sehen, daß die Ziege auch recht gehütet und ins Futter getrieben wird." Aber Zweiäuglein merkte, was Einäuglein im Sinne hatte, und trieb die Ziege hinaus in hohes Gras und sprach: „Komm, Einäuglein, wir wollen uns hinsetzen, ich will dir was vorsingen." Einäuglein setzte sich hin und war von dem ungewohnten Weg und von der Sonnenhitze müde, und Zweiäuglein sang immer:

„Einäuglein, wachst du? Einäuglein, schläfst du?"
Da tat Einäuglein das eine Auge zu und schlief ein. Und als Zweiäuglein sah, daß Einäuglein fest schlief und nichts verraten konnte, sprach es:

„Zicklein, meck; Tischlein deck'“,
und setzte sich an sein Tischchen und aß und trank, bis es
satt war; dann rief es wieder:

„Zicklein, meck; Tischlein, weg!“
und alles war augenblicklich verschwunden. Zweiäuglein
weckte nun Einäuglein und sprach: „Einäuglein, du willst
hüten und schläfst dabei ein, derweil hätte die Ziege in alle
Welt laufen können; komm, wir wollen nach Haus gehen.“
Da gingen sie nach Haus, und Zweiäuglein ließ wieder sein
Schüsselchen unangerührt stehen, und Einäuglein konnte der
Mutter nicht verraten, warum es nicht essen wollte, und
sagte zu seiner Entschuldigung: „Ich war draußen eingeschlafen.“

Am andern Tage sprach die Mutter zu Dreiäuglein:
„Diesmal sollst du mitgehen und acht haben, ob Zweiäuglein draußen ißt, und ob ihm jemand Essen und Trinken
bringt, denn essen und trinken muß es heimlich.“ Da trat
Dreiäuglein zum Zweiäuglein und sprach: „Ich will mitgehen und sehen, ob auch die Ziege recht gehütet und ins
Futter getrieben wird.“ Aber Zweiäuglein merkte, was
Dreiäuglein im Sinne hatte, und trieb die Ziege hinaus
ins hohe Gras und sprach: „Wir wollen uns dahin setzen,
Dreiäuglein, ich will dir was vorsingen.“ Dreiäuglein setzte
sich und war müde von dem Weg und der Sonnenhitze,
und Zweiäuglein hub wieder das vorige Liedlein an und
sang: „Dreiäuglein, wachst du?“ Aber statt daß es nun
singen mußte: „Dreiäuglein, schläfst du?“ sang es aus Un-
bedachtsamkeit: „Zweiäuglein, schläfst du?“ und sang
immer: „Dreiäuglein, wachst du? Zweiäuglein, schläfst
du?“ Da fielen dem Dreiäuglein seine zwei Augen zu
und schliefen, aber das dritte, weil es von dem Sprüchlein
nicht angeredet war, schlief nicht ein. Zwar tat es Dreiäuglein zu, aber nur aus List, gleich als schliefe es auch
damit; doch blinzelte es und konnte alles gar wohl sehen.
Und als Zweiäuglein meinte, Dreiäuglein schliefe fest, sagte
es sein Sprüchlein:

„Zicklein, meck; Tischlein deck'“,
aß und trank nach Herzenslust und hieß dann das Tischlein
wieder fortgehen, und Dreiäuglein hatte alles mit angesehen.
Da kam Zweiäuglein zu ihm, weckte es und sprach: „Ei,

Dreiäuglein, bist du eingeschlafen? Du kannst gut hüten! Komm, wir wollen heimgehen.“ Und als sie nach Haus kamen, aß Zweiäuglein wieder nicht, und Dreiäuglein sprach zur Mutter: „Ich weiß nun, warum das hochmütige Ding nicht ißt; wenn sie draußen zur Ziege spricht: „Zicklein, meck, Tischlein deck‘“, so steht ein Tischlein vor ihr, das ist mit dem besten Essen besetzt, viel besser, als wir’s hier haben; und wenn sie satt ist, spricht sie: „Zicklein, meck; Tischlein weg“ und alles ist wieder verschwunden; ich habe alles genau mit angesehen. Zwei Augen hatte sie mir mit einem Sprüchlein eingeschläfert, aber das eine auf der Stirne, das war zum Glück wach geblieben.“ Da rief die neidische Mutter: „Willst du’s besser haben als wir? Die Lust soll dir vergehen!“ Sie holte ein Schlachtmesser und stieß es der Ziege ins Herz, daß sie tot hinfiel.

Als Zweiäuglein das sah, ging es voll Trauer hinaus, setzte sich auf den Feldrain und weinte seine bitteren Tränen. Da stand auf einmal die weise Frau wieder neben ihm und sprach: „Zweiäuglein, was weinst du?“ „Soll ich nicht weinen“, antwortete es; „die Ziege, die mir jeden Tag, wenn ich Euer Sprüchlein hersagte, den Tisch so schön deckte, ist von meiner Mutter tot gestochen; nun muß ich wieder Hunger und Kummer leiden.“ Die weise Frau sprach: „Zweiäuglein, ich will dir einen guten Rat erteilen, bitt’ deine Schwestern, daß sie dir das Eingeweide von der ge= schlachteten Ziege geben, und vergrab es vor der Haustür in die Erde, so wird’s dein Glück sein.“ Da verschwand sie, und Zweiäuglein ging heim und sprach zu den Schwestern: „Liebe Schwestern, gebt mir doch etwas von meiner Ziege, ich verlange nichts Gutes, gebt mir nur das Eingeweide.“ Da lachten sie und sprachen: „Kannst du haben, wenn du weiter nichts willst.“ Und Zweiäuglein nahm das Einge= weide und vergrub’s abends in aller Stille nach dem Rate der weisen Frau vor die Haustüre.

Am andern Morgen, als sie insgesamt erwachten und vor die Haustüre traten, so stand da ein wunderbarer, prächtiger Baum, der hatte Blätter von Silber, und Früchte von Gold hingen dazwischen, daß wohl nichts Schöneres und Köstlicheres auf der weiten Welt war. Sie wußten aber nicht, wie der Baum in der Nacht dahin gekommen war, nur Zweiäuglein merkte, daß er aus den Eingeweiden der Ziege aufgewachsen war, denn er stand gerade da, wo es sie in die Erde gegraben hatte. Da sprach die Mutter zu Einäuglein: „Steig hinauf, mein Kind, und brich uns die Früchte von dem Baume ab." Einäuglein stieg hinauf, aber wie es einen von den goldenen Äpfeln greifen wollte, so fuhr ihm der Zweig aus den Händen, und das geschah jedesmal, so daß es keinen einzigen Apfel brechen konnte, es mochte sich anstellen, wie es wollte. Da sprach die Mutter: „Dreiäuglein, steig du hinauf, du kannst mit deinen drei Augen besser um dich schaun als Einäuglein." Einäuglein rutschte herunter, und Dreiäuglein stieg hinauf. Aber Dreiäuglein war nicht geschickter und mochte schauen, wie es wollte, die goldenen Äpfel wichen immer zurück. Endlich ward die Mutter ungeduldig und stieg selbst hinauf, konnte aber so wenig wie Einäuglein und Dreiäuglein die Frucht fassen und griff immer in die leere Luft. Da sprach Zweiäuglein: „Ich will mich einmal hinaufmachen, vielleicht gelingt mir's eher." Die Schwestern riefen zwar: „Du, mit deinen zwei Augen, was willst du wohl!" Aber Zweiäuglein stieg hinauf, und die goldenen Äpfel zogen sich nicht vor ihm zurück, sondern ließen sich von selbst in seine Hand herab, also daß es einen nach dem andern abpflücken konnte und ein ganzes Schürzchen voll mit herunterbrachte. Die Mutter nahm sie ihm ab, und anstatt daß sie, Einäuglein und Dreiäuglein, dafür das arme Zweiäuglein hätten besser behandeln sollen, so wurden sie nur neidisch, daß es allein die Früchte holen konnte, und gingen noch härter mit ihm um.

Es trug sich zu, als sie einmal beisammen an dem Baum standen, daß ein junger Ritter daherkam. „Geschwind, Zweiäuglein", riefen die zwei Schwestern, „kriech unter, daß wir uns deiner nicht schämen müssen", und stürzten über das arme Zweiäuglein in aller Eile ein leeres Faß, das gerade neben dem Baume stand, und schoben die goldenen Äpfel, die es abgebrochen hatte, auch darunter. Als nun der Ritter näher kam, war es ein schöner Herr, der hielt still, bewunderte den prächtigen Baum von Gold und Silber und sprach zu den beiden Schwestern: „Wem gehört dieser schöne Baum? Wer mir einen Zweig davon gäbe, könnte dafür verlangen, was er wollte." Da antworteten

Einäuglein und Dreiäuglein, der Baum gehörte ihnen zu, und sie wollten ihm einen Zweig wohl abbrechen. Sie gaben sich auch große Mühe, aber sie waren es nicht imstande, denn die Zweige und Früchte wichen jedesmal vor ihnen zurück. Da sprach der Ritter: „Das ist ja wunderlich, daß der Baum euch zugehört und ihr doch nicht die Macht habt, etwas davon abzubrechen." Sie blieben dabei, der Baum wäre ihr Eigentum. Indem sie aber so sprachen, rollte Zweiäuglein unter dem Fasse ein paar goldene Äpfel heraus, so daß sie zu den Füßen des Ritters liefen, denn Zweiäuglein war bös, daß Einäuglein und Dreiäuglein nicht die Wahrheit sagten. Wie der Ritter die Äpfel sah, erstaunte er und fragte, wo sie herkämen. Einäuglein und Dreiäuglein antworteten, sie hätten noch eine Schwester, die dürfte sich aber nicht sehen lassen, weil sie nur zwei Augen hätte, wie andere gemeine Menschen. Der Ritter aber verlangte sie zu sehen und rief: „Zweiäuglein, komm hervor" Da kam Zweiäuglein getrost unter dem Faß hervor, und der Ritter war verwundert über seine große Schönheit und sprach: „Du, Zweiäuglein, kannst mir gewiß einen Zweig von dem Baum abbrechen." „Ja", antwortete das Zweiäuglein, „das will ich wohl können, denn der Baum gehört mir." Und stieg hinauf und brach mit leichter Mühe einen Zweig mit seinen, silbernen Blättern und goldenen Früchten ab und reichte ihm den Ritter hin. Da sprach der Ritter: „Zweiäuglein, was soll ich dir dafür geben?" „Ach", antwortete Zweiäuglein, „ich leide Hunger und Durst, Kummer und Not vom frühen Morgen bis zum späten Abend; wenn ihr mich mitnehmen und erlösen wollt, so wäre ich glücklich." Da hob der Ritter das Zweiäuglein auf sein Pferd und brachte es heim auf sein väterliches Schloß; dort gab er ihm schöne Kleider, Essen und Trinken nach Herzenslust, und weil er es so lieb hatte, ließ er sich mit ihm einsegnen, und ward die Hochzeit in großer Freude gehalten.

Wie nun Zweiäuglein so von dem schönen Rittersmann fortgeführt ward, da beneideten die zwei Schwestern ihm erst recht sein Glück. „Der wunderbare Baum bleibt uns doch", dachten sie; „können wir auch keine Früchte davon brechen, so wird doch jedermann davor stehen bleiben, zu uns kommen und ihn rühmen; wer weiß, wo unser Weizen

noch blüht!" Aber am andern Morgen war der Baum
verschwunden und ihre Hoffnung dahin. Und wie Zwei=
äuglein zu seinem Kämmerlein hinaussah, so stand er zu
seiner großen Freude davor und war ihm also nachgefolgt.

Zweiäuglein lebte lange Zeit vergnügt. Einmal kamen
zwei arme Frauen zu ihm auf das Schloß und baten um
ein Almosen. Da sah ihnen Zweiäuglein ins Gesicht und
erkannte ihre Schwestern Einäuglein und Dreiäuglein, die
so in Armut geraten waren, daß sie umherziehen und vor
den Türen ihr Brot suchen mußten. Zweiäuglein aber hieß
sie willkommen und tat ihnen Gutes und pflegte sie, also
daß die beiden von Herzen bereuten, was sie ihrer Schwester
in der Jugend Böses angetan hatten.

Das ist gewiß ein seltsames Märchen: drei Schwestern,
von denen eine nur ein Auge, eine zwei und eine gar drei
Augen hat! Und die mit den zwei Augen wird verhöhnt
von den andern, weil sie so gar nichts Besonderes an sich
hat. Sie muß allein arbeiten, bekommt fast nichts zu essen;
aber ihr helfen die freundlichen Kräfte aus dem Hintergrunde
in Gestalt einer Fee oder dergleichen, und machtlos bleibt
der Neid von Mutter und Schwestern, die sogar später froh
sein müssen, von der Mißhandelten aufgenommen und er=
nährt zu werden. Unter den Augen müssen wir uns hier
wohl etwas anderes vorstellen, als leibliche Organe; denken
wir uns die Mutter einmal als die Urmacht im Sinne des
alten Mütterkults, und nehmen das einäugige Kind als die
Leiblichkeit, das Zweiäuglein aber als die Wesenhaftigkeit
aus Leib und Seele, das Dreiäuglein aber als die Wesen=
haftigkeit aus Leib, Seele und Geist. Das sind also drei
verschiedene Entwickelungshöhen mit verschiedenen Möglich=
keiten der Eindrucksaufnahme. Nun sieht dieser Versuch
hier wohl sehr nach Willkür aus für den Leser; er wird
aber leichter mitgehen, wenn er hört, daß das Auge unseren
Alten nicht nur das Sinnbild (weil Werkzeug) der Wahr=
nehmung gewesen ist, sondern auch das Sinnbild des Her=
vorkommens, weil das Sinnbild der Gottheits-Wahrnehmung

selber. Ein hohes und heiliges Sigill der Alten war darum das „Drachenauge", das ins Christentum mit übernommen worden ist und sich heute noch in ungezählten Kirchen über dem Altare findet: ein mit der Spitze nach oben oder unten gerichtetes gleichseitiges Dreieck, in welches ein strahlendes Auge gesetzt ist. Man nennt die Figur heute gewöhnlich das „Gottesauge", und damit ist ihre Bedeutung recht glücklich gekennzeichnet.

Also: die Augen unseres Märchens wären anzusehen als Augen-Wahrnehmungsmöglichkeiten der Gottheit. Dabei ist aber die Gottheit nicht etwa in dem kindlichen Sinne vorgestellt, als ob sie Augen hätte nach Art sterblicher Wesen, sondern jedes Auge deutet nun eine Entwickelungsstufe im großen Werdegang der Gottheit dar. Gehen wir davon aus, anzunehmen, daß der reine Gottesgeist, der allein gewesen ist vor der Schöpfung und kein Gegenüber fand, in sich aber völlig Eins und geschlossen war, auch keine Möglichkeit der Wahrnehmung hatte. Wer völlig allein und abseits aller Dinge ist, kann nicht wahrnehmen außer an sich, an seiner Leiblichkeit. Nun fehlte aber der Gottheit eine solche Leiblichkeit vor der Schöpfung, dem Weltentstehen. Sie konnte also nichts wahrnehmen, hatte kein Auge.

Da schuf sie sich ein Auge, indem sie Stoff entwickelte, das Erste, das zwar aus ihr war, aber doch nicht sie selber, und das ihr nun gegenüberstand. Es war eine große Entwickelungsphase: das erste Auge der Gottheit. Der Stoff aber ist tot und reglos. Aus ihm gibt es keine Entwickelung. Es mußte darin ein Trieb entstehen, er mußte beseelt werden. So schuf sich die Gottheit das zweite Auge, den beseelten Stoff, sie ist zum Zweiäuglein geworden. Nun war Stoff da und unbewußte Triebrichtung; es konnte das Werden anheben. Aber das Werden war unbewußt, ganz aus dem Triebverlangen heraus geboren, das sich selber nicht erkannte. Noch immer konnte nur die Gottheit selbst

unmittelbare Führerin des entstehenden Getriebes sein, auch
wenn sie diese Führung ganz der Seele überließ, dem ein=
geschaffenen Entwickelungstriebe. Der aber war etwas
Rohes und weckte im Stoffe nicht nur die Bewegung zum
Aufstieg, sondern er weckte auch Übertreibungen und Ein=
seitigkeiten des Bewegungsverlangens: es war die Möglich=
keit zu theonischer (aufsteigender) und zu dämonischer (ab=
steigender) Bewegungsrichtung gegeben. Das ist wie bei
einer Maschine; der vom Dampf gedrückte Kolben kann
nach der einen Seite fahren und nach der andern, aber
dazwischen liegt der tote Punkt, und wenn den der Ma=
schinenbauer überwinden will, so fügt er einen „Regulator"
an, der die Schwungkraft über den toten Punkt hinweg
bewahrt und so die Einwirkung des Dampfes auf den Kolben
abwechselnd von beiden Seiten her möglich macht. Dies
Beispiel hinkt natürlich, wie alle Beispiele; aber wir wollen
uns einmal die Sache so denken. Also die Gottheit wollte
eine dirigierende, die beiden vorhandenen Kräfte (Stoff und
Seele) gewissermaßen überdachende Kraft einfügen, und gab
den Geist, den „Intellekt" in ihre Schöpfung. Damit wurde
das Alleben von der Gottheit insoweit unabhängig, als ihr
nun alle Kräfte eigen sind — aus der Gottheit gegeben —
deren es zur Weiterentwickelung und zur Selbstregelung
dieser Entwickelung bedarf. Das Leben ist bewußt geworden
mit dem dritten Auge, und es hat dadurch (durch dieses
dritte Auge (den Geist) Entscheidungsmöglichkeit und somit
Eigenverantwortung erhalten. So hat das All nun selbst
die Möglichkeit zur Vollkommenwerdung ohne alle weiteren
unmittelbaren gottheitlichen Einwirkungen, obwohl all ihre
leitenden Kräfte aus Gott geworden sind. Leib (Stoff) und
Seele (Trieb des Geschehens) haben den Geist (Intellekt)
als apolaren Ausgleich erhalten, und so muß die richtige
Entwickelung notwendig dahin führen, wenn sie die richtigen
Wege geht, daß Stoff und Seele in den apolaren Ausgleich

aufgehen, also zur Vergeistigung alles Lebens und damit zur Rückkehr des ganzen Alls als reiner Geist in die Gottheit, die dann wieder ungeoffenbart und mit sich selbst allein ist. Diese Zeit eben nannten die Alten einen Gottestag (die arischen Inder: Kaly Yuga) und ihre Wissenden berechneten seine Dauer auf 4 320 000 000 Erdenjahre. Wie sie zu dieser Rechnung gekommen sind, können wir nicht mehr oder noch nicht wieder so ganz genau verfolgen, wie das wünschenswert wäre; aber es ist in unserem Zusammenhange hier auch ohne Belang. Die Menschheit auf der Erde würde jetzt nach jenen armanisch-brahminischen Berechnungen seit 18 618 754 Jahren bestehen; unsere Vorzeitforscher kommen mit ihren Knochenfunden immer näher auf einen solchen Zeitraum hinaus. Doch wolle das hier nur als Nebenbemerkung bewertet werden.

Die Menschheit hat oft und lange nach ihrem eigenen Wesen gesucht; alle Philosophie besteht darin. Zu einer dauernden Klarheit ist sie, soweit wir ihren Geistesweg zurückverfolgen können, nie gekommen. Sie hat auch Zeiten durchgemacht, in denen Teile ihres Wesens geleugnet worden sind, der Geist, die Seele, oder sogar der Stoff. Heute denkt man nun sehr stofflich und leugnet lieber den Geist als Sonderwesen oder namentlich die Seele, oder beide. Denn der Geist hat sich so einseitig des Stoffes bemächtigt und ist selber so einseitig im Stoffe verhangen, daß dabei der Geist nicht mehr zum sicheren Bewußtsein von der Selbstexistenz der Seele kommen konnte; der Geist entnahm eben seine Werkzeuge nur dem Stoffe und sich selber, soweit er forschend tätig war. Uns werden heute viele gebildete Leute auslachen, wenn wir etwa die Frage aufwerfen, welches der drei göttlichen Augen des Alls das wichtigste sein möge, und in welchem Verhältnisse man jedem zu vertrauen habe. Aber in Wirklichkeit ist diese Frage die allerwichtigste gewesen, so lange es eine denkende Menschheit gibt, und sie wird auch vor dem Ziele der Schöpfung nichts von ihrer Wichtigkeit verlieren. Denn davon, wie wir sie lösen, hängt unser ganzes Tun und Leben, unsere ganze Entwickelungsrichtung ab, und wie sich die Verhältnisse der drei Kräfte im All ordnen (worauf die Menschheit selber großen Einfluß hat), so vollzieht sich auch die Entwickelung des Alls, das in der Gottheit landen muß, im reinen Geiste. Und so fragt sich nun auch unser Märchen, welche der drei Kräfte die wichtigste ist.

Das Einäuglein vertritt das stoffliche Prinzip, das beherrscht wird nur von sinnlichen (im körperlichen Wesen mündenden) Empfindungen und Begehrungen. In höherem Sinne herrscht da der Tod; denn das Dasein hat kein Ziel als das des Augenblicks, des sinnlichen Wohlbefindens und Genusses. Das Zweiäuglein vertritt aber jenes Wesen, das sich aus den beiden ersten Gottesaugen zusammensetzt, aus dem stofflichen und dem seelischen. Da ist das seelische Prinzip beherrschend, aber es herrscht unbewußt und wirkt, ohne es zu wollen, in der ihm gotteingeborenen Richtung. Das ist kein Verdienst und kein Selbstleben im Grunde; es ist ein geführtes Leben, und wir haben es vor uns in dem Menschen, der in allen Dingen nach seinem Gewissen handelt und lebt, nach seinem unmittelbaren seelischen Gottgefühle, ohne daß er nach einem Warum fragt oder nach einem Wozu. In dieser Lage ist das Zweiäuglein. Das Dreiäuglein aber vertritt das dreistufige Wesen, in welchem sich zum stofflichen und seelischen Prinzip auch das geistige gesellt und das letztere zur beherrschende Rolle emporwächst. Und da steckt nun im Märchen ganz trefflich, was wir schon andeuteten: daß das geistige Prinzip eine enge Vereinigung mit dem stofflichen eingegangen ist und das seelische beiseite geschoben hat durch lange und oftmals wiederholte Zeiten der Menschheitsentwickelung. Und wie sich das im Menschheitsleben vollzog, so auch im Einzelmenschen; auch er steht immer in Gefahr, sich seiner seelischen Seite nicht bewußt zu werden und sie ganz beiseite zu schieben, weil er seine geistige Seite ganz auf die stoffliche einstellt und nur diese beiden miteinander arbeiten läßt. Da wird nun, wo sich's so gestaltet, die Führung sehr schlecht und falsch, und die Entwickelung vollzieht sich nicht in der Richtung der Vollkommenheit. Und so gewahren wir im Märchen, daß das Einäuglein wie das Dreiäuglein beide schlechte, selbstsüchtige Wesen sind, und nur das Zweiäuglein ist gut und kommt zu großen, selbst nicht erkannten und nicht erstrebten Zielen, zum hohen Glücke.

Die alte Urmutter, in der wir wieder das Chaos erblicken dürfen und den chaotischen Willen, ganz wie in den Urzeitriesen, von denen schon mehrfach die Rede gewesen ist, begünstigt anscheinend Einäuglein und Dreiäuglein; d. h. es sieht für uns oft so aus, als ginge es gerade denen am besten, die nur nach materiellen Genüssen und Gütern trachten, auch unter Einspannung ihres geistigen Seins für diesen Zweck, und die des Seelischen vergäßen. Wie hilflos ist da Zweiäuglein gegenüber der Lebenspraxis von Mutter und Schwestern! Aber ihm kommt die Hilfe, die das „Wunder" ist; denn die Seele ist, wo sie das Beherrschende im Menschen ist, das Verbindungsband mit der Gottheit, ihrer selbst unbewußt; sie empfängt von da Stärken und Hilfen und gelangt weiter als alle Kunst des nur Sinnlichen und des nur Geistig-Sinnlichen. Dem Zweiäuglein deckt die Ziege den Tisch; wohl kann die chaosliebende Mutter das schätzbare Tier töten, aber den darin steckenden Segen kann sie nicht vernichten, weil der überhaupt nur seelisch erfaßt, nicht leiblich gesehen und nicht geistig begriffen werden kann. Der Seele kommen die Heilsahnungen, das will unser Märchen sagen, und das sagte Goethe uns in anderer Form: „Der gute Mensch in seinem dunklen Drange ist sich des rechten Weges wohl bewußt" Das Zweiäuglein fordert von der getöteten Ziege die Eingeweide*) — das Wertloseste, sodaß die Schwestern spotten über solche Unklugheit und aus Übermut die Bitte gewähren, mit verächtlichem Nasenrümpfen. Aber die fühlende Seele spürt eben andere Werte als die sinnliche (leibliche) Begierde und als der klügelnde Verstand (Geist); sie fühlt, wo die innewohnende Kraft sitzt, und aus den Eingeweiden der Ziege ersteht ein silberner Baum mit goldenen Früchten, dessen Zweige und Früchte nur für das Zweiäuglein pflückbar sind, aber den Schwestern sich entziehen. Silber hieß unser Alten „zil-var", und in ihrer Symbolik bedeutet es mitunter Weistum, meistens aber „Zielfahrt"; Gold aber galt als das „leuchtende" Metall und erinnert immer an etwas Leuchtendes, Hohes. Also verwandelt sich für das Zweiäuglein die von den Schwestern so geringschätzig behandelte Gabe in die „leuchtende Zielfahrt" Da hilft den Schwestern keine Tücke mehr. Es kommt der Ritter der Vollendung und nimmt Zweiäuglein mit in sein Sonnenschloß, die anderen verschmähend; die Schwestern aber gelangen erst nach langer Zeit und auf großen Irrwegen ans Ziel — als Bettlerinnen, und nun leben sie von der Vollendungskraft, die ihnen Zweiäuglein ablassen kann: von den Schätzen der Seele, auf die sie selbst in ihrem Kurzsinn vergessen hatten, weil sie nur auf das Stoffliche schauten und auch den Geist nur ihrem stofflichen Sinne dienstbar machten.

„Was kein Verstand der Verständigen sieht, das übet in Einfalt ein kindlich Gemüt", sagt uns ein Dichterwort, und von Jesus sind uns Worte überliefert, die zusammenklingen: „Selig sind die geistig (oder geistlich?) Armen,

------

*) In-ge-wid bedeutet nach der kalischen Lesart Guido v. Lists: „eingegebenes, also innewohnendes Gesetz". Deswegen muß Zweiäuglein die Eingeweide fordern.

denn das Himmelreich ist ihrer", und „Selig sind, die reinen Herzens (das ist die Seele!) sind, denn sie werden Gott schauen." So lehrten uns die größten Menschheitslehrer die Weisheit unseres Märchens. Nicht im Magen (Stofflichen) sitzt der Wert des Menschen, und nicht im Kopfe (Geistigen), sondern im Herzen (Seele). Stoff (Leib) und Verstand (Geist) sind nur gegeben als Hilfsmittel zur rechten Entfaltung der Seele, damit die Richtung des Menschen Sehnsucht nach dem Reinen, Hohen, nach dem göttlichen Ziele werde. So entscheidet über die Wegrichtung auch nicht das leibliche Interesse, auch nicht die verstandesmäßige Klügelei, sondern das innere Verbundensein der triebkräftigen Seele mit ihrem göttlichen Ursprung, daß sie von da heraus gelenkt und gehalten werde, wie es dem Zweiäuglein ergangen ist.

Das ist also eine Art Botschaft der „geistlich Armen", der Stillen, Kleinen, Bescheidenen, der Gottgeführten. Aber freilich, es steckt darin keine Geringschätzung des Stofflichen oder des Geistigen, wie jemand meinen könnte. Noch viel sicherer wird der Wert des Menschen und der Zeit ins Göttliche, und noch viel herrlicher leuchtet das um ihn her, wenn er nicht mehr nur Geschöpf ist, geführt von der freundlichen Fee, sondern wenn er sozusagen Schöpfer an sich selber geworden ist, dadurch, daß er seinen Geist für seine Seele und an ihr arbeiten hieß, daß er seinen Geist nicht versinken ließ ins Interessenreich des Stofflichen. Da gewinnt dann die Seele Eigenkraft, und solch ein Mensch gestaltet sich unvermerkt zum Diener, zum Helfer, zum Werkzeug Gottes, zum Mitschöpfer, und so wird er der Gottheit ureigene Wonne in sich spüren. Darum: „Wem viel gegeben ist, von dem wird man viel fordern", und sich selbst betrügt, wer seine Seele betrügen zu können meint. Alle drei Augen sind Gottes, aber sie können zusammen nur die Gottheit erschauen, wenn sie in das richtige Verhältnis zu einander treten und einander nicht einseitig und verfehlt unterstützen oder ausschalten. Sonst kommen Ein= äuglein, das Arme, und Dreiäuglein, das am höchsten be= fähigt ist und an Wonne reich längst vor der Schwester, dem Zweiäuglein, im Sonnenschlosse landen sollte, schiff= brüchig und spät und als Bettler dorten an, abhängig von der Gnade der vormals von ihnen bedrückten Schwester.

Das deutsche Märchen spricht diese Gedanken oftmals aus, und wir werden dieser Märchenweisheit einen beson= deren Abschnitt widmen: „Die Märchen vom reinen Toren“ Vornächst aber bieten wir hier ein ganz herrliches und ziemlich allgemein bekanntes Seelenmärchen, dessen Inhalt dem eben behandelten ungefähr gleichläuft: das Märchen von der Aschenputtel oder vom Aschenbrödel, erzählt von den Brüdern Grimm, und verbreitet über alle deutschen Lande.

Das Aschenputtel.

Einem reichen Manne dem wurde seine Frau krank, und als sie fühlte, daß ihr Ende herankam, rief sie ihr ein= ziges Töchterlein zu sich ans Bett und sprach: „Liebes Kind, bleibe fromm und gut, so wird dir der liebe Gott immer beistehen, und ich will vom Himmel auf dich herabblicken und will um dich sein.“ Darauf tat sie die Augen zu und verschied. Das Mädchen ging jeden Tag hinaus zu dem Grabe der Mutter und weinte und blieb fromm und gut. Als der Winter kam, deckte der Schnee ein weißes Tüchlein auf das Grab, und als die Sonne im Frühjahr es wieder herabgezogen hatte, nahm sich der Mann eine andere Frau.

Die Frau hatte zwei Töchter mit ins Haus gebracht, die schön und weiß von Angesicht waren, aber garstig und schwarz von Herzen. Da ging eine schlimme Zeit für das arme Stiefkind an. „Soll die dumme Gans bei uns in der Stube sitzen?“ sprachen sie, „wer Brot essen will, muß es verdienen: hinaus mit der Küchenmagd!“ Sie nahmen ihm seine schönen Kleider weg, zogen ihm einen alten grauen Kittel an, und gaben ihm hölzerne Schuhe. „Seht einmal die stolze Prinzessin, wie sie geputzt ist!" riefen sie, lachten und führten es in die Küche. Da mußte es von morgens bis abends schwere Arbeit tun, früh vor Tag aufstehen, Wasser tragen, Feuer anmachen, kochen und waschen. Obendrein taten ihm die Schwestern alles ersinnliche Herzeleid an, verspotteten es und schütteten ihm die Erbsen und Linsen in die Asche, so daß es sitzen und sie wieder auslesen mußte. Abends, wenn es sich müde gearbeitet hatte, kam es in kein Bett, sondern mußte sich neben den Herd in die Asche legen. Und weil es darum immer staubig und schmutzig aussah, nannten sie es Aschenputtel.

Es trug sich zu, daß der Vater einmal in die Messe ziehen wollte. Da fragte er die beiden Stieftöchter, was er ihnen mitbringen sollte? „Schöne Kleider", sagte die eine; „Perlen und Edelsteine", die zweite. „Aber du, Aschenputtel", sprach er, „was willst du haben?" „Vater, das erste Reis, das euch auf eurem Heimweg an den Hut stößt, das brecht für mich ab." Er kaufte nun für die beiden Stiefschwestern schöne Kleider, Perlen und Edelsteine, und auf dem Rückweg, als er durch einen grünen Busch ritt, streifte ihn ein Haselreis und stieß ihm den Hut ab. Da brach er das Reis ab und nahm es mit. Als er nach Hause kam, gab er den Stieftöchtern, was sie sich gewünscht hatten, und dem Aschenputtel gab er das Reis von dem Haselbusch. Aschenputtel dankte ihm, ging zu seiner Mutter Grab und pflanzte das Reis darauf, und weinte so sehr, daß die Tränen darauf niederfielen, und es begossen. Es wuchs aber und ward ein schöner Baum. Aschenputtel ging alle Tage dreimal darunter, weinte und betete, und allemal kam ein weißes Vöglein auf den Baum, und wenn es einen Wunsch aussprach, so warf ihm das Vöglein herab, was es gewünscht hatte.

Es begab sich aber, daß der König ein Fest anstellte, das drei Tage dauern sollte, und wozu alle schönen Jungfrauen im Lande eingeladen wurden, damit sich sein Sohn eine Braut aussuchen möchte. Die zwei Stiefschwestern, als sie hörten, daß sie auch dabei erscheinen sollten, waren guter Dinge, riefen Aschenputtel und sprachen: „Kämm' uns die Haare, bürste uns die Schuhe und mache uns die Schnallen fest; wir gehn zur Hochzeit auf des Königs Schloß." Aschenputtel gehorchte, weinte aber, weil es auch gern zum Tanz mitgegangen wäre, und bat die Stiefmutter, sie möchte es ihm erlauben. „Du, Aschenputtel", sprach sie, „bist voll Staub und Schmutz, und willst zur Hochzeit? Du hast keine Kleider und Schuhe und willst tanzen?" Als es aber nicht mit Bitten anhielt, sprach sie endlich: „Da habe ich dir eine Schüssel Linsen in die Asche geschüttet; wenn du die Linsen in zwei Stunden wieder ausgelesen hast, sollst du mitgehen." Das Mädchen ging durch die Hintertüre in den Garten und rief: „Ihr zahmen Täubchen, ihr Turteltäubchen, all ihr Vöglein unter dem Himmel, kommt und helft mir lesen, die guten ins Töpfchen, die schlechten ins Kröpfchen. Da kamen zum Küchenfenster zwei weiße Täubchen herein, und darnach die Turteltäubchen, und endlich schwirrten und schwärmten alle Vöglein unter dem Himmel herein und ließen sich um die Asche nieder. Und die Täubchen nickten mit ihren Köpfchen und fingen an: „Pick, pick, pick, pick!" Und da fingen die übrigen auch an: Pick, pick, pick, pick! und lasen alle guten Körnlein in die Schüssel. Kaum war eine Stunde herum, so waren sie schon fertig und flogen alle wieder hinaus. Da brachte das Mädchen die Schüssel der Stiefmutter, freute sich, und glaubte, es dürfe nun mit auf die Hochzeit gehen. Aber sie sprach: „Nein, Aschenputtel, du hast keine Kleider und kannst nicht tanzen; du wirst nur ausgelacht!" Als es nun weinte, sprach sie: „Wenn du mir zwei Schüsseln voll Linsen in einer Stunde aus der Asche reinlesen kannst, so sollst du mitgehen", und dachte: „Das kann es ja nimmermehr!" Als sie die zwei Schüsseln Linsen in die Asche geschüttet hatte, ging das Mädchen durch die Hintertüre nach dem Garten und rief: „Ihr zahmen Täubchen, ihr Turteltäubchen, all ihr Vöglein unter dem Himmel, kommt und helft mir lesen! Die guten ins Töpfchen, die schlechten ins Kröpfchen." Da kamen zum Küchenfenster zwei weiße Täubchen herein, und darnach die Turteltäubchen, und endlich schwirrten und schwärmten alle Vöglein unter dem Himmel herein und ließen sich um die Asche nieder. Und die Täubchen nickten mit ihren Köpfchen und fingen an: Pick, pick, pick, pick, und da fingen die übrigen auch an: Pick, pick, pick, pick, und lasen alle guten Körner in die Schüsseln. Und eh eine halbe Stunde herum war, waren sie schon fertig und flogen alle wieder hinaus. Da trug das Mädchen die Schüsseln zu der Stiefmutter, freute sich und glaubte, nun dürfe es mit auf die Hochzeit gehen. Aber sie sprach: „Es hilft dir alles nichts; du kommst nicht mit, denn du hast keine Kleider und kannst nicht tanzen; wir müßten uns deiner schämen." Damit kehrte sie ihm den Rücken und eilte mit ihren zwei stolzen Töchtern fort.

Als nun niemand mehr daheim war, ging Aschenputtel zu seiner Mutter Grab unter den Haselbaum und rief:

„Bäumchen, rüttel dich und schüttel dich,
   wirf Gold und Silber über mich!"

Da warf ihm der Vogel ein golden und silbern Kleid herunter und mit Seide und Silber ausgestickte Pantoffeln. In aller Eile zog es das Kleid an und ging zur Hochzeit. Seine Schwestern aber und die Stiefmutter kannten es nicht, und meinten, es müßte eine fremde Königstochter sein, so schön sah es in dem goldenen Kleide aus. An Aschenputtel dachten sie gar nicht, und dachten, es säße daheim im Schmutz und suchte die Linsen aus der Asche. Der Königs= sohn kam ihm entgegen, nahm es bei der Hand und tanzte mit ihm. Er wollte auch mit sonst niemand tanzen, also daß er ihm die Hand nicht los ließ, und wenn ein anderer kam, es aufzufordern, sprach er: „Das ist meine Tänzerin!"

Es tanzte, bis es Abend war, da wollte es nachhause gehen. Der Königssohn aber sprach: „Ich gehe mit und begleite dich!", denn er wollte sehen, wem das schöne Mädchen angehörte. Sie entwischte ihm aber, und sprang in das Taubenhaus. Nun wartete der Königssohn, bis der Vater kam, und sagte ihm, das fremde Mädchen wäre in das Taubenhaus gesprungen. Der Alte dachte: „Sollte es Aschenputtel sein?" Und sie mußten ihm Axt und Hacken bringen, damit er das Taubenhaus entzwei schlagen konnte: aber es war niemand darinnen. Und als sie ins Haus kamen, lag Aschenputtel in seinen schmutzigen Kleidern in der Asche, und ein trübes Öllämpchen brannte im Schorn= stein; denn Aschenputtel war geschwind aus dem Tauben= haus hinten herab gesprungen und war zu dem Hasel=

bäumchen gelaufen; da hatte es die schönen Kleider abgezogen und aufs Grab gelegt, und der Vogel hatte sie wieder weggenommen, und dann hatte es sich in seinem grauen Kittelchen in die Küche zur Asche gesetzt.

Am andern Tag, als das Fest von neuem anhub, und die Eltern und Stiefschwestern wieder fort waren, ging Aschenputtel zu dem Haselbaum und sprach:

„Bäumchen rüttel dich und schüttel dich,
wirf Gold und Silber über mich!"

Da warf der Vogel ein noch viel stolzeres Kleid herab als am vorigen Tag, und als es mit diesem Kleide auf der Hochzeit erschien, erstaunte jedermann über seine Schönheit. Der Königssohn aber hatte gewartet, bis es kam, nahm es gleich bei der Hand und tanzte nur allein mit ihm. Wenn die andern kamen und es aufforderten, sprach er: „Das ist meine Tänzerin!" Als es nun Abend war, wollte es fort, und der Königssohn ging ihm nach und wollte sehen, in welches Haus es ging; aber es sprang ihm fort und in den Garten hinter dem Haus. Darin stand ein schöner, großer Baum, an dem die herrlichsten Birnen hingen, es kletterte so behend wie ein Eichhörnchen zwischen die Äste, und der Königssohn wußte nicht, wo es hingekommen war. Er wartete aber, bis der Vater kam, und sprach zu ihm: „Das fremde Mädchen ist mir entwischt, und ich glaube, es ist auf den Birnbaum gesprungen." Der Vater dachte: „Sollte es Aschenputtel sein?", ließ sich die Axt holen, hieb den Baum um, aber es war niemand darauf. Und als sie in die Küche kamen, lag Aschenputtel da in der Asche, wie sonst auch, denn es war auf der andern Seite vom Baum herabgesprungen, hatte dem Vogel auf dem Haselbäumchen die schönen Kleider wieder gebracht und sein graues Kittelchen wieder angezogen.

Am dritten Tag, als die Eltern und Schwestern fort waren, ging Aschenputtel wieder zu seiner Mutter Grab und sprach zu dem Bäumchen:

„Bäumchen rüttel dich und schüttel dich,
wirf Gold und Silber über mich!"

Nun warf ihm der Vogel ein Kleid herab, das war so prächtig und glänzend, wie es noch keines gehabt hatte, und die Pantoffeln waren ganz golden. Als es in dem

Kleid zur Hochzeit kam, wußten sie alle nicht, was sie vor Verwunderung sagen sollten. Der Königssohn tanzte ganz allein mit ihm, und wenn es einer aufforderte, sprach er: „Das ist meine Tänzerin!"

Als es nun Abend war, wollte Aschenputtel fort, und der Königssohn wollte es begleiten, aber es entsprang ihm so geschwind, daß er nicht folgen konnte. Der Königssohn hatte aber eine List gebraucht, und hatte die ganze Treppe mit Pech bestreichen lassen; da war, als es hinabsprang, der linke Pantoffel des Mädchens hängen geblieben. Der Königssohn hob ihn auf, und er war klein und zierlich und ganz golden. Am nächsten Morgen ging er damit zu dem Mann und sagte zu ihm: „Keine andere soll meine Ge= mahlin werden, als die, an deren Fuß dieser Schuh paßt!" Da freuten sich die beiden Schwestern, denn sie hatten schöne Füße. Die älteste ging mit dem Schuh in die Kammer und wollte ihn anprobieren, und die Mutter stand dabei. Aber sie konnte mit der großen Zehe nicht hineinkommen, und der Schuh war ihr zu klein, da reichte ihr die Mutter ein Messer und sprach: „Hau die Zehe ab; wenn du Königin bist, so brauchst du nicht mehr zu Fuß gehen!" Das Mädchen hieb die Zehe ab, zwängte den Fuß in den Schuh, verbiß den Schmerz und ging heraus zum Königs= sohn. Da nahm er sie als Braut aufs Pferd und ritt mit ihr fort. Sie mußten aber an dem Grabe vorbei, da saßen die zwei Täubchen auf dem Haselbäumchen und riefen:

„Rucke di guck, rucke di guck, Blut ist im Schuck (Schuh);
Der Schuck ist zu klein, die rechte Braut sitzt noch daheim."

Da blickte er auf ihren Fuß, und sah, wie das Blut herausquoll. Er wendete sein Pferd um, brachte die falsche Braut wieder nachhaus, und sagte, das wäre nicht die rechte, die andere Schwester solle den Schuh anziehen. Da ging diese in die Kammer und kam mit den Zehen glücklich in den Schuh, aber die Ferse war zu groß. Da reichte ihr die Mutter ein Messer und sprach: „Hau ein Stück von der Ferse ab: wann du Königin bist, brauchst du nicht mehr zu Fuß gehen!" Das Mädchen hieb ein Stück von der Ferse ab, zwängte den Fuß in den Schuh, verbiß den Schmerz und ging heraus zum Königssohn. Da nahm er sie als seine Braut aufs Pferd und ritt mit ihr fort. Als

sie an dem Haselbäumchen vorbei kamen, saßen die zwei
Täubchen darauf und riefen:

„Rucke di guck, rucke di guck, Blut ist im Schuck;
Der Schuck ist zu klein, die rechte Braut sitzt noch daheim.“

Er blickte nieder auf ihren Fuß und sah, wie das Blut
aus dem Schuh quoll und an den weißen Strümpfen ganz
rot heraufgestiegen war. Da wendete er sein Pferd und
brachte die falsche Braut wieder nachhause. „Das ist auch
nicht die rechte“, sprach er; „habt ihr keine andere Tochter?“
„Nein“, sagte der Mann; „nur von meiner verstorbenen
Frau ist noch ein kleines, verbuttetes Aschenputtel da: das
kann unmöglich die Braut sein.“ Der Königssohn sprach,
er sollte es heraufschicken; die Mutter aber antwortete:
„Ach nein, das ist viel zu schmutzig, das darf sich nicht
sehen lassen!“ Er wollte es aber durchaus haben, und
Aschenputtel mußte gerufen werden. Da wusch es sich erst
Hände und Gesicht rein, ging dann hin und neigte sich vor
dem Königssohn, der ihm den goldenen Schuh reichte. Da
setzte es sich auf einen Schemel, zog den Fuß aus dem
schweren Holzschuh und steckte ihn in den Pantoffel. Der
war, wie angegossen. Und als es sich in die Höhe richtete
und der König ihm ins Gesicht sah, so erkannte er das
schöne Mädchen, das mit ihm getanzt hatte, und rief: „Das
ist die rechte Braut!“ Die Stiefmutter und die beiden
Schwestern erschraken und wurden bleich vor Ärger; er
aber nahm Aschenputtel aufs Pferd und ritt mit ihm fort.
Als sie an dem Haselbäumchen vorbeikamen, riefen die zwei
weißen Täubchen:

„Rucke di guck, rucke di guck, kein Blut ist im Schuck;
der Schuck ist nicht zu klein, die rechte Braut, die führt
er heim!“

Und als sie das gerufen hatten, kamen sie beide herab-
geflogen und setzten sich dem Aschenputtel auf die Schultern,
eine rechts und eine links, und blieben da sitzen.

Als die Hochzeit mit dem Königssohn sollte gehalten
werden, kamen die falschen Schwestern, wollten sich ein-
schmeicheln und Teil an seinem Glück nehmen. Als die
Brautleute nun zur Kirche gingen, war die älteste zur
rechten, die jüngste zur linken Seite; da pickten die Tauben

einer jeden das eine Auge aus. Hernach, als sie heraus=
gingen, war die älteste zur linken, und die jüngste zur
rechten. Da pickten die Tauben einer jeden das andere
Auge aus, und waren sie also für ihre Bosheit und Falsch=
heit mit Blindheit auf ihr Lebtag gestraft.

In diesem köstlichen Märchen ist das Aschenputtel (die
Seele) als das erstgeborene Wesen behandelt, vor den
beiden Schwestern Stoff und Geist. Aber es wird durch
diese beiden und deren Mutter unterdrückt und in harten
Frohndienst gezwungen. Der dämonische, chaotische Selbst=
suchtwille wird hier zur Stiefmutter; des Aschenputtels
eigene Mutter aber ist gestorben; das war also eine Seele
ins Größere gesehen — vielleicht sagen wir einmal: die
Weltseele; das Märchen sinnt nicht etwa darüber, daß sich
alle seine Figuren restlos in die Bedeutung hineinlösen,
sondern es faßt den gedanklichen Kern und kleidet diesen
in Personen und Vorgänge und gebärdet sich dann ganz,
als wäre es überhaupt nicht einem anderen Gedankenrahmen
als dem unmittelbar aufgezeigten entsprossen. Daß es aber
so handelt, ist eine innere Notwendigkeit; es hätte sonst
unserem Volke niemals so lieb werden können. In Wirk=
lichkeit ist aber natürlich die Welt= oder Mutterseele nicht
gestorben, sondern der Menschenseele (dem Aschenputtel) ist
nur die bewußte Verbindung damit zerrissen; durch die
Einkleidung in die Körperlichkeit ist sie ein Eigenes, Abge=
trenntes geworden, mit nur mehr oder weniger dunkler
Rückerinnerung an die Mutterseele, der sie entstammt.
Aber nun bedrücken die Stiefschwestern, Leib und Geist,
die Seele, und die Stiefmutter hilft zu ihnen. Da bleibt
die dunkle Erinnerung in der Seele an die eigene Herkunft,
an ihre richtige Mutter, wach, und während sich die
Schwestern von dem zum Jahrmarkt gehenden Vater kost=
bare Kleider und Schmucksachen wünschen, erbittet das
Aschenputtel nichts anderes als ein Erinnerungsreis, um

es auf das Grab der Mutter zu pflanzen. Das ist ein Haselreis; wir wollen daran denken, daß der Haselstrauch eine altheilige Pflanze gewesen ist, der Göttin Freya ge= weiht, die ja eine Verkörperung der Weltseele ist; Ha=sal oder Hag=sal, d. i. Heim=Heil, Heimatheil: so spricht der Name des Strauches zu uns. Und das Haselreis, von den Tränen der Aschenputtel begossen, schlug Wurzeln in das Grab der Mutter: es stellte die äußerlich abgebrochene Verbindung der Menschenseele mit ihrem Ursprung, ihrer göttlichen Mutterheimat, wieder her. Dank dieser Ver= bindung aber kam das Aschenputtel aus aller Bedrückung und Not. Auf dem Haselbaume sitzen weiße Tauben; die waren ebenfalls der Göttin Freya geweiht und gewisser= maßen ihre Boten. Sie halfen dem Mädchen die Linsen auslesen aus der Asche und so eine Arbeit verrichten, die unmöglich schien; sie spendeten die drei prächtigen Kleider vom Baume (die drei Kleider, von denen das Märchen viel dutzendfach unter immer wieder anderen Umständen erzählt), und sie warnen zuletzt den Königsbräutigam zweimal, als sich die Schwestern selber verstümmeln und unter Trug das Glück der Aschenputtel sich selber zuwenden wollen. In diesem Märchen aber findet der Neid eine noch härtere Strafe als im vorigen: die Tauben hacken den trügerischen Schwestern auf dem Wege zur Kirche und von der Kirche beide Augen aus: sie nehmen ihnen die Sehkraft. Und die Stofflichkeit wie der mißbrauchte Geist sind so blind geworden und unfähig, für sich zu irgend einem Ziele zu gelangen, indes die Seele an ein schöner Ziel gelangt ist, als sie es zu träumen wagte, durch die Hilfe der Göttin, die Ver= bindung mit ihrem Urquell, ihrer Heimat.

Wohl erleben wir es oft, daß sich die Stofflichkeit, daß sich der Verstand zu nutze machen will, was die Seele sich errungen, und zwar unter Beiseiteschiebung der Seele; unter Schmerzen suchen beide Kräfte das winkende Gewicht für sich zu gewinnen. Aber es neigt sich ihnen nicht, denn die Täubchen singen: „Rucke di guck, Blut ist im Schuck!" Die Seele eben ist das Glückbestimmte; Leib und Geist sollen ihre Diener sein nach Art eines getreuen Eckardt, aber sie sollen sich nicht zum Selbstzweck machen und herrschen wollen, sonst wird die gottgewollte Entwickelung gestört und die Strafe folgt immer — im Märchen wie in der Wirklichkeit — aus der Tat selber als deren Frucht. So tief waren unsere Altvordern in alten Zeiten einge= drungen ins Wesen der Seele und ihrer Hilfen.

Seine Schlußform erhielt das Märchen ja wohl erst im christlichen Mittelalter, obwohl es, wie wir gesehen haben, durchaus wuotanistisch ist und insbesondere eng ver= knüpft scheint mit dem Kult der Göttin Freya. Denn mit der Kirche, von der die Rede ist, muß wohl das christliche Gotteshaus gemeint sein, und auch die Abschiedsworte der sterbenden Mutter Aschenputtels an ihr Kind gehören der christlichen Vorstellungswelt an. Das ist kein Wunder; nur dadurch, daß es in seinem Gewande so mit dem Volksdenken ging, konnte das Märchen uns erhalten bleiben, weil ja sonst nicht einmal mehr der äußere Aufbau verstanden worden wäre. Das Aschenputtel versinndeutlicht uns also die Gottverbundenheit der Seele und die Kraft, die in diesem Bande gelegen ist; es ist so ein rechtes germanisches Frömmigkeitsmärchen. Und so hält es rechtes deutsches Wesen auch durch alle Zeit: daß Irdisches und Geistliches Gehilfen der Seele sind, aber sie nicht beherrschen und nicht unterdrücken; denn das Ziel ist und bleibt ja doch der Seele leuchtende Heimat.

Die neue Seele.

(Erzählt unter dem Titel „Der Königssohn und die Teufelstochter"
in „Deutsche Märchen seit Grimm").

Es war einmal ein König, der hatte in einem großen
Krieg alle Schlachten nacheinander verloren; seine Heere
waren alle vernichtet, und jetzt war er in der Verzweiflung
daran, sich ein Leid anzutun. Da, in dem Augenblicke, erschien vor ihm ein Mann, der sprach zum König: „Ich
weiß, was dir fehlt; fasse Mut, ich will dir helfen, wenn
du mir 'en noa Sil' aus deinem Hause versprichst. Nach
dreimal sieben Jahren will ich dann kommen und mir das
Versprochene abholen." Der König wußte nicht, wie ihm
geschah; er dachte, der fremde Mann meine ein neues Seil
(en noa Sil, siebenbürgisch gleich Seil oder Seele), und
einen so geringfügigen Preis versprach er ohne weiteres.
„Du hast ja", dachte er, „solche Sachen in deiner Gerätekammer in Menge." Der König aber hatte lange keine
Kinder gehabt und in der Zeit, daß er im Kriege war,
ward ihm ein Sohn geboren, davon wußte er nichts; der
fremde Mann aber wußte es, denn er war der Oberste der
Teufel. Sowie der König das Versprechen gegeben hatte,
entfernte sich der Fremde ein wenig aus seinen Augen,
nahm eine eiserne Geißel mit vier Schwänzen und knallte
damit nach den vier Winden. Siehe, da strömte auf einmal von allen Seiten zahlreiches Kriegsvolk herbei. Mit
dessen Hilfe gewann der König bald eine Schlacht nach der
andern, sodaß in kurzem sein Feind um Frieden bitten
mußte.

Darauf zog er heim in sein Reich, und seine Freude
über den Sieg ward noch größer, als er hörte, daß ihm
ein Sohn und Nachfolger geboren sei. Jetzt hielt er sich
für den glücklichsten Menschen der Welt, denn er war erstens
ein starker und gefürchteter König und wurde auch von
seinen Untertanen geliebt; und dann hatte er einen Sohn,
der war an Leib und Seele ohne Fehl und nahm immer
mehr zu an Kraft und Schönheit. Dreimal sieben Jahre
waren bald zu Ende seit dem großen Kriege und der König
hatte seines Versprechens schon ganz vergessen; da erschien
plötzlich eines Tages der fremde Mann in der nämlichen
Gestalt wie ehemals und forderte nach dem Vertrage „en

noa Sil" Der König wollte sich recht dankbar bezeigen und ließ aus seiner Gerätekammer das längste neue Seil holen. Der Fremde aber wies es hohnlächelnd zurück und rief: „Eine neue Seele habe ich gemeint, und das ist dein Sohn, der damals geboren war; der ist nun mir verfallen und muß mir sogleich mitfolgen in mein Reich!" Da entsetzte sich der König, zerraufte sein Haar, zerriß seine Kleider, rang die Hände und wollte vor Schmerz fast vergehen. Das half aber alles nichts. Der Königssohn mit seinem unschuldigen, kindlichen Herzen tröstete den Vater und sprach: „Laßt es gut sein, Vater, dieser abscheuliche Höllenfürst wird mir doch nichts tun können!" Der Teufel fuhr zornig auf: „Warte, du junger Tugendspiegel, das sollst du mir schwer büßen!" Damit faßte er ihn und führte ihn durch die Luft auf einmal in die Hölle.

Da war große Trauer im ganzen Königreich: alle Häuser wurden mit schwarzem Flor behangen und der König verschloß sich in seinem Gram in den Palast und war wie ein Toter unter Lebendigen.

Als der Höllenfürst mit dem Königssohn in seinem Reiche angelangt war, so zeigte er ihm das höllische Feuer und sagte, man werde jetzt noch siebenmal ärger heizen, und in dieses Feuer solle er morgen früh geworfen werden, wenn er in der kommenden Nacht nicht tun könne, was er ihm auftrage. Es war aber in der Nähe ein ungeheurer Teich. Diesen sollte er, so verlangte der Teufel, in der Nacht trocken legen, in Wiese verwandeln, die Wiese mähen, Heu machen, das Heu in Schober bringen, daß man's am Morgen nur gleich einfahren könne. Darauf schloß der Teufel den Königssohn in ein einsames Gemach ein. Da ward dieser sehr traurig und verzagt und nahm Abschied vom Leben; denn daß er seinen Auftrag ausführen könne, daran durfte er nicht einmal denken. Auf einmal öffnete sich die Türe, und herein trat die Teufelstochter und brachte zu essen. Als sie den schönen Königssohn sah mit den verweinten Augen, da regte sich etwas in ihrem Herzen und sie erbarmte sich seiner und sprach: „Iß und trink und sei guten Mutes, ich will schon dafür sorgen, daß alles geschieht, was mein Vater dir aufgetragen hat; zeige nur morgen früh ein heiteres Antlitz. Damit ging sie fort. Der Königs=

sohn aber blieb traurig. In der Nacht, als alles schlief, stand die Teufelstochter leise auf, ging an ihres Vaters Bett, verstopfte ihm die Ohren, nahm dann seine eiserne Geißel mit den vier Schwänzen und ging hinaus vor den Palast und peitschte nach allen vier Weltecken, daß es tausendfach widerhallte und das ganze Höllenreich erzitterte. Da sauste und brauste es in der Luft und es kamen von allen Seiten die Höllengeister herbei und fragten: „Was steht zu Befehl?" Die Teufelstochter gab ihnen den Auftrag: den Teich geschwind auszutrocknen, in Wiese zu verwandeln, Heu zu machen und dasselbe in Schober zu legen. Man hörte einige Zeit ein heftiges Sausen, wie wenn der Sturmwind einherfährt und einige heftige Schläge, dann aber wurde es still.

Als am frühen Morgen der Königssohn zum Fenster hinausblickte, so sah er zu seiner Verwunderung und Freude an der Stelle des Sees eine Menge Heuschober; er faßte nun Mut und sein Gesicht wurde heiter. Die Teufelstochter hatte, sobald alles vollendet war, ihrem Vater die Stopfen wieder aus den Ohren genommen und die Geißel neben ihn gelegt. Als der am Morgen erwachte, so freute er sich in seiner Bosheit, wie er den Königssohn nun bald im höllischen Feuer sehen solle. Wie erstaunte er aber, als er hinaus kam und sah, daß sein Auftrag vollzogen war! Da wurde er noch grimmiger und ging zum Königssohn und sprach: „Diesmal ist es dir gelungen, aber morgen wirst du mir dennoch die heiße Glut schmecken! Sieh den großen Wald da oben an dem Gebirge, den sollst du in der Nacht hauen, das Holz in Klaftern legen, daß man es morgen früh einführen kann. An die Stelle, wo der Wald war, sollst du einen Weingarten hinsetzen und die Trauben sollen gleich so reif sein, daß man morgen früh Weinlese halten kann!" Die Türe wurde darauf wieder geschlossen, und der Königssohn überließ sich abermals dem Kummer, denn das, glaubte er, könne unmöglich geschehen. Da kam die Teufelstochter mit dem Essen, erkundigte sich um den neuen Auftrag und tröstete ihn wieder; er faßte Mut und ward ruhig. Die Teufelstochter aber tat in der Nacht ebenso, wie in der vorigen; sie verstopfte ihrem Vater die Ohren, knallte mit der Peitsche viermal in alle Weltecken, gab den

Teufeln den Auftrag, und man hörte nur einigemale knallen und knarren und alles war fertig.

Am Morgen war der Teufelsfürst neugierig, ob das einfältige Menschenkind auch den zweiten Auftrag wohl aus= geführt habe, und er sah zu seinem Erstaunen, daß alles so war, wie er befohlen hatte. Sein Zorn stieg jetzt aufs höchste. „Auch diesmal ist es dir gelungen: allein ich will nun sehen, ob dein Menschenwitz zum drittenmal dich retten wird! Aus purem Sande sollst du in der kommenden Nacht eine Kirche bauen, mit Kuppel und Kreuz, die feststeht und zusammenhält." Der Teufelsfürst schloß hierauf die Türe und ging fort, der Königssohn aber ward betrübt und fing an zu verzagen. Als die Teufelstochter ihm wieder zu essen brachte, so fragte sie ihn gleich wieder, warum er so traurig sei, und er klagte ihr sein Leid und erzählte ihr den neuen Auftrag. „Das ist", sprach sie, „eine schwere Sache, und ich fürchte, das werde ich nicht zustande bringen; indes ich will es versuchen; allein schließe du kein Auge zu in der Nacht, damit du mich hörst, wenn ich dich rufe." Kaum war es Mitternacht, so nahm die Teufelstochter, nachdem sie ihrem Vater die Ohren verstopft hatte, wieder die mächtige Geißel und knallte nach allen vier Ecken der Welt. Da kamen die Diener gleich geschäftig herbei und fragten, was zu Befehl stehe. Als aber die Teufelstochter den Auftrag ihnen mitteilte, schraken alle zusammen und riefen: „Eine Kirche bauen! Das können wir nie und nimmer, selbst nicht aus Steinen oder Eisen, geschweige denn aus purem Sand!" Allein die Teufelstochter befahl ihnen strenge, gleich ans Werk zu gehen. Da eilten sie fort und fingen an zu arbeiten, daß ihnen der Schweiß rann und der Sand sich in Klumpen ballte, aber das Werk wollte nicht fortschreiten; mehrmals brachten sie die Kirche bis zur Hälfte, da stürzte sie wieder zusammen; einmal war sie fast ganz fertig, die Kuppel gewölbt, es fehlte nur das Kreuz an der Spitze, allein als die Teufel dieses aufsetzen wollten, sank die ganze Kirche wieder zusammen. Als die Teufels= tochter sah, daß alles vergeblich und die Zeit bald vorüber sei, da entließ sie die Teufel und ging ungesäumt zum Königssohn ans Fenster und rief: „Auf, auf, noch kann ich dich retten, wenn du gerettet sein willst! Ich verwandle mich in ein weißes Pferd, sitze du schnell auf und ich trage dich heim!" Kaum hatte sie's gesagt, so stand da ein weißes Pferd, und der Königssohn schwang sich auf, und fort ging es im ärgsten Galopp.

Als am Morgen der alte Teufel erwachte, schien ihm alles so still; er griff nach der Peitsche, um sein Volk aufzuwecken, allein sie lag nicht an ihrer Stelle. Da tat er seinen Mund auf und schrie, daß die ganze Hölle erzitterte; dadurch fielen ihm auch die Stöpsel aus den Ohren, und nun hörte er, daß draußen alles Hausgesinde schon an der Arbeit war. Er dachte jetzt an den Königssohn und ging zu dessen Zimmer; allein als er hinkam, sah er die Tür offen, und der Königssohn war nicht da; er suchte nun schnell seine Geißel, endlich fand er sie in einer Ecke liegen. Er knallte damit nach den vier Winden, und alle Teufel aus seinem Reich kamen herbei und fragten: „Herr, was befiehlst du wieder? Wir haben uns die ganze Nacht müde gearbeitet, gönnst du uns denn gar keine Ruhe?" — „Wer hat's euch denn geheißen?" — „Deine Tochter tat es auf deinen Befehl!" — „Meine Tochter!" schrie der Höllenfürst wütend, „ha, die Menschengefühlige! Jetzt ist mir alles klar; sie hat mir die Ohren verstopft, sie hat die aufgetragenen Geschäfte mittelst meiner Macht verrichtet um des Elenden willen und ist jetzt mit ihm fort! Ha, wartet, ich will euch noch beide gleich zurückholen!" Damit erhob er sich geradeauf in die Luft und sah den Fliehenden nach und erblickte sogleich das weiße Pferd und den Reiter. Er schoß sogleich wieder hinab und rief seinen Teufeln zu: „Auf, eilet fort dort hinaus, das weiße Pferd, das ihr antrefft, und seinen Reiter bringt mir tot oder lebendig hierher!" Alsbald wurde der Himmel schwarz von den Scharen, die dahinflogen. Als man das Sausen von ferne vernahm, rief das weiße Pferd seinem Reiter zu: „Schaue zurück, was siehst du?" — „Eine schwarze Wolke." — „Das ist das Heer meines Vaters, das uns verfolgt. Wir sind verloren, wenn du nicht genau erfüllst, was ich dir sage. Ich verwandle mich in eine große Kirche und dich in einen Pfarrer; stelle dich an den Altar und singe immer fort und gib keine Antwort, wenn man dich fragt." Der Königssohn versprach, alles so zu machen. Das Heer nahte heran und wunderte sich über die große Kirche; die Türen standen alle offen; es konnte jedoch niemand über die Schwelle, so viele es auch versuchten.

Der Königssohn stand als Pfarrer am Altar und sang immerfort: „Herr, sei mit uns, Herr, schirme uns!" Die Teufel hörten lange den wundersamen Gesang, und als der Pfarrer nicht aufhörte, so riefen sie, er solle ihnen Auskunft geben, ob er nicht ein weißes Pferd und einen Reiter darauf gesehen? Doch der Prinz hörte nichts, und da gingen sie weiter und zogen bis an das Ende des Höllenreiches, ohne etwas von einem weißen Pferd und dem Reiter zu sehen. Als sie unverrichteter Sache am Abend heimkehrten, da sprühte der Teufel Zornesflammen. Am andern Morgen erhob er sich wieder gerade aufwärts in die Luft und sah den Fliehenden nach; er erblickte in weiter Ferne die Kirche und hörte leise den Gesang, daß es ihm durch die Seele schnitt. „Das sind sie!" sprach er bei sich; „nun wartet, ihr werdet mich nicht überlisten!" Er schoß eiligst hinunter, versammelte noch eine größere Schar als die frühere und rief: „Flugs auf, eilet hin zur Kirche, zerstört sie von Grund aus und bringt mir einen Stein mit und den Pfarrer tot oder lebendig!" Im Hui flogen die fort; allein unterdessen hatte die Teufelstochter sich wieder in das weiße Pferd verwandelt und den Pfarrer in den reitenden Königssohn und eilte auch weiter; bald aber hörten sie hinter sich wieder ein Brausen und Zischen. Das Pferd rief dem Reiter: „Schaue zurück; was siehst du?" — „Eine schwarze Wolke wie die vorige, nur noch größer und schrecklicher!" — „Das ist ein neues Heer meines Vaters. Tue wieder genau, was ich dir sage, sonst sind wir verloren. Ich verwandle mich in einen großen Erlenbaum und dich in ein goldenes Vöglein; singe nur immer fort und lasse dich durch nichts beirren und schrecken!" Der Königssohn versprach, alles genau so zu tun. Das Teufelsheer war bald angelangt, siebenhundert Meilen weiter als da, wo die Kirche gestanden, aber es fand keine Spur, weder von der Kirche und dem Pfarrer, noch von dem weißen Roß und dem Königssohn. Als sie an den hohen Erlenbaum kamen, verwunderten sie sich sehr und standen still und sahen auf den Baum und das goldene Vöglein; das sang in einem fort: „Fürcht mich nicht!

Fürcht mich nicht!" — „Wenn doch nur das Vöglein ein=
mal aufhörte," sprachen sie, „daß wir es fragen könnten
nach der Kirche und dem Pfarrer, dem weißen Roß und
dem Königssohn," aber das Vöglein sang in einem fort.
Da zogen sie weiter bis ans Ende des Höllenreiches und
kehrten dann abends wieder unverrichter Sache zurück.

Der alte Teufel sprühte abermals Zornesflammen; am
andern Morgen erhob er sich wieder geradeauf in die Luft
und sah nach den Fliehenden. Da erblickte er zweimal
siebenhundert Meilen weit nur halb deutlich den hohen
Erlenbaum und das goldene Vöglein, und der Gesang tönte
leise zu ihm, daß es ihm durch die Seele schnitt. „Ha, ihr
sollt mir doch nicht entkommen!" Sogleich schoß er nieder,
versammelte eine noch viel größere Schar als früher und
rief: „Auf, eilt fort und haut den Erlenbaum, den ihr ge=
sehen habt, um, und bringt mir einen Span davon; das
goldene Vöglein aber fangt und bringt es tot oder leben=
dig!" Flugs zog das Heer fort; der Erlenbaum und das
goldene Vöglein darauf waren indes wieder zu Roß und
Reiter geworden und waren bald abermals siebenhundert
Meilen von der Stelle fort, wo der Erlenbaum gestanden;
da vernahmen sie ein Brausen und Zischen. „Schaue zu=
rück," sprach das weiße Roß, „was siehst du?" — „Eine
schwarze Wolke, aber noch größer und schrecklicher als die
frühere." — „Das ist das Heer meines Vaters; tue wieder
genau, was ich dir sage, sonst sind wir verloren. Ich ver=
wandle mich in ein Reisfeld und dich in eine Wachtel;
laufe nur immerfort durchs Feld und singe, aber in einem
fort, und laß dich durch keine Fragen beirren!" Der Kö=
nigssohn versprach es genau so zu machen. Das teuflische
Heer kam mit Brausen näher, und war schon dreimal sieben=
hundert Meilen weit gezogen und sah und spähte nach allen
Seiten, fand aber weder Kirche und Pfarrer, noch Erlen=
baum und Goldvöglein, noch Roß und Reiter. Als sie das
große Reisfeld erblickten, standen sie staunend still und sahen
die Wachtel im Korn hin= und herlaufen und hörten ihren
wundersamen Ruf: „Gott mit uns! Gott mit uns!" —
„Wenn doch der Vogel nur einmal still stände und aufhörte
zu rufen, daß wir ihn fragten!" Allein das tat er nicht,

und so zogen sie bis ans Ende des Höllenreiches und kehrten am Abend unverrichteter Sache zurück.

Da kochte in dem alten Teufel die Wut: er fuhr am andern Morgen wieder geradeauf in die Luft, sah das große Reisfeld wie einen grauen Streifen und vernahm leise den Ruf der Wachtel, und es ging ihm durch Mark und Bein. „Ha, noch seid ihr in meiner Gewalt; ihr, meine Diener, alle auf, eilt hin und mäht das Reisfeld und bringt mir eine Garbe mit und fangt die Wachtel! — Doch halt! bleibt! Jetzt muß ich selbst ihnen nach; denn kommen die über die viermal siebenhundert Meilen hinaus, so können sie meiner spotten; da hat meine Macht ein Ende!“ Damit erhob er sich in die Luft und fuhr ihnen nach. Die Teufelstochter und der Königssohn waren als Roß und Reiter schon wieder ein gutes Stück fortgeflohen, noch fehlten ihnen nur sieben Meilen bis zum irdischen Königreich; da hörten sie hinter sich ein so heftiges Stürmen und Brausen, wie noch nie bisher. Das weiße Roß sprach zu seinem Reiter: „Schaue zurück, was siehst du?“ — „Einen schwarzen Punkt am Himmel, noch schwärzer als die Nacht, daraus zucken feurige Blitze!“ — „Wehe, wehe! Das ist mein Vater; wenn du jetzt nicht getreu befolgst, was ich dir sage, so sind wir verloren. Ich verwandle mich in einen großen Milchweiher und dich in eine Ente. Schwimme immer nur in der Mitte herum und halte das Haupt versteckt; laß dich nur ja durch keine Lockungen verleiten, das Haupt aus der Milch herauszuziehen oder ans Ufer zu schwimmen!“ Der Königssohn versprach es genau so zu machen. Bald stand der alte Teufel am Ufer; aber den Verwandelten konnte er nichts anhaben, wenn er nicht zuvor die Ente in seine Gewalt bekam; allein die schwamm in der Mitte des Weihers; erreichen konnte er sie nicht, das war zu weit; hinzuschwimmen getraute er sich nicht, denn in der reinen Milch müssen die Teufel ertrinken. So blieb ihm denn nichts übrig, als durch Schmeichelworte die Ente an sich zu locken: „Liebes Entlein, warum irrst du immer in der Mitte herum; schaue um dich, hier wo ich bin, wie wunderschön ist es da!“ Das Entlein sah und hörte lange nicht; aber in seinem Innern regte sich allmählich die Lust, wenigstens einmal hinauszublicken.

Als der Versucher fortfuhr zu locken, blickte es denn einmal rasch auf; da hatte ihm der Böse sogleich das Gesicht geraubt, daß es stockblind war. Der Milchweiher wurde gleich etwas trüb und fing an zu gären, und eine klagende Stimme drang zu der Ente: „Wehe, wehe! was hast du getan!" Sie gelobte, sich jetzt durch nichts verführen zu lassen. Der Teufel aber tanzte am Ufer vor boshafter Freude und rief: „Aha, bald habe ich euch!" und versuchte nun auch, in der getrübten Milch zur Ente zu schwimmen, um sie zu packen; allein da er noch untersank, kehrte er gleich um. Lange lockte und reizte er wieder die Ente, sie möchte doch ans Ufer kommen; sie blieb aber ruhig und hielt das Haupt immer in der Milchflut und spottete zuletzt des Bösen. Da wurde der Teufel zornig und ungeduldig; er verwandelte sich auf einmal in eine große Kropfgans und schlürfte den ganzen Milchweiher samt der Ente ein; dann wackelte er langsam heimwärts. „Jetzt ist alles gut!" sprach eine Stimme aus der Milch zur Ente, und die Milch fing an zu gären und zu sieden. Dem Teufel wurde immer schwüler und bänger; nur mit Mühe konnte er sich fortbewegen. „Wäre ich nur daheim," seufzte er; aber das war umsonst; schon hatte ihn die siedende Milch ganz aufgeblasen. Noch einige Schritte wankte er fort; plötzlich gab es ein lautes Krachen; er war zerplatzt und zerstoben, und es standen da in jugendlicher Schönheit der Königssohn und die Teufelstochter.

Nun zog der Königssohn mit der Teufelstochter in seines Vaters Reich; es war gerade der siebente Tag, seitdem der Teufel den Königssohn entführt hatte, als sie anlangten. Da war großer Jubel im ganzen Land; die schwarzen Florgehänge wurden abgenommen, Grünreis und Blumen auf den Weg gestreut, und der alte König kam unter Pauken- und Trompetenschall den Einziehenden entgegen. Es wurde eine glänzende Hochzeit gefeiert, und der alte König übertrug seinem Sohne die Regierung, und er herrschte weise und gerecht wie sein Vater und herrscht heute noch, wenn er nicht gestorben ist.

Gewiß ein seltsames Märchen. Einzelne Stücke daraus begegnen uns auch anderswo; gar manches Märchenmotiv ist in die verschiedensten Zusammenhänge geraten. Und

hier liegt nun ganz nahe, daß diese Geschichte erst in christ=
licher Zeit gewoben worden ist; denn vorher wußte man ja
nichts von einem Teufel; der Teufel ist erst entstanden aus
den abgesetzten germanischen Göttergestalten, wie aus den
altgermanischen Priesterinnen erst in jener Zeit die fürchter=
lichen „Hexen" geworden sind, die man mit allen Mitteln
verfolgen mußte. Wenn neue Götter kommen, werden die
vorhandenen immer zu Teufeln; so ging es auch in Ger=
manien und das Volk hatte es wohl gar nicht leicht, die
Vorstellungen seiner alten Götter in die kirchliche Teufels=
vorstellung umzugießen. Denn der Germane kannte kein
Prinzip des Unbedingt=Bösen, das sich ausgerechnet auf die
Menschenseele stürzt, um sie zu verderben. Eine solche Vor=
stellung lag weit unter seiner Erkenntnishöhe (wobei natür=
lich an die Wissenden gedacht ist, an die geistigen Führer).
Er kannte nur die Polarität aller Kräfte, wie sich uns
heute wieder naturwissenschaftlich erschließt, ein positives und
ein negatives Prinzip aus der gleichen Ursache, und er
mußte auch, was Goethe in seinem „Faust" wieder in die
klarsten Worte gekleidet hat, daß das negative, zum Chaos
drängende Prinzip (also das teuflische) doch, während es
das Böse zu wollen scheint, stets das Gute schafft. Darum
hat der deutsche Teufel auch seine Sippschaft, während ein
absolut negatives Prinzip nicht selber Leben fortsetzen dürfte.
Der deutsche Teufel hat seine Großmutter, die im Märchen
viel genannt wird und gar nicht eine so schlimme Dame ist,
wie es nach den häufigen von ihr handelnden Redensarten
scheint; aber der Teufel hat nach unserem Märchen sogar
eine Tochter. Und in ihr kommt stark das positive Element
zum Durchbruch, aus dem Negativen heraus. Denn das
Negative muß aus sich notwendig Positives zeugen. So ist
die Teufelstochter „menschengefühlig"; mit Hilfe der Macht
ihres Vaters rettet sie den Königssohn, der schon der Hölle
verfallen ist, und heiratet ihn.

Die Unrechte des Teufels (des chaotischen Prinzips) auf den Menschen sind selten ernst. An unserem Beispiel sieht man es: mit Hilfe von Zweideutigkeiten geht der Böse auf den Fang. Solche Rechte halten dann aber nicht stand; der Böse kann da wohl eine Seele zeitweilig so in seine Gewalt bekommen, daß die ihr stark positives Können und Wollen bewähren muß. Bewährt sie das aber, so kommt sie von ihm los; er kann sie nicht halten. Dieser Seele wächst vielmehr die eigene Kraft des negativen Prinzips, also des Bösen zu, wie in unserem Märchen die Teufels= tochter ihrem Vater die vierschwänzige Geißel entwendet, um ihr Befreiungswerk auszuführen. Daß diese Geißel aber vierschwänzig ist, das ist weder zufällig noch belanglos. Es hat Bezug auf die vier Weltgegenden. Das Gegenstück zu diesem Vierschwanz des Teufels ist der göttliche Vierfuß, alt Fyrfos, das Hakenkreuz, das altheilige arische Stammes= zeichen. Wir finden wohl auch auf mittelalterlichen Zeich= nungen den Teufel gelegentlich mit einem vierteiligen Schwanze dargestellt; das hängt hiermit zusammen.

Wir haben aber in diesem Märchen auch so etwas, was zur Lehre von der Erbsünde (wenigstens wie man den Begriff gewöhnlich aufzufassen pflegt) vergleichbar ist. Der Königssohn ist als Kind durch den Vater, ohne dessen Ver= ständnis, dem Teufel zugesprochen. Aber der junge Mann kann sich später daraus losreißen; er kann dieses Erbe ab= schütteln, wenn er die richtigen Hilfen findet. Da können alle Höllenheere nichts ausrichten gegen ihn. Aber er darf freilich das Denken und Sinnen seines Gegners nicht Ein= fluß auf sich gewinnen lassen; als Pfarrer am Altar darf er nicht aufhören zu singen, als Goldvogel auf dem Erlen= baume darf er nicht einen Augenblick stille sein und nicht auf die Zurufe und Fragen der Teufelsknechte hören; als Ente im Milchteich muß er den Kopf in der weißen Lebens= tunke halten, und als er ihn erhebt, kostet es ihm gleich das Augenlicht. Darin steckt tiefe Lebensweisheit: dem Bösen darf man kein Ohr leihen, sonst triumphiert es. Und das ist's weiter, was unser Märchen sagen will.

Auffallend war wohl auch dem Leser die systematische Verwendung der heiligen Zahl sieben. Dreimal sieben Jahre wird der Königssohn, ehe ihn der Teufel für sich fordert; 7 Tage dauert es dann, bis er wieder heimkommt, und 4 mal 700 Meilen beträgt die Reise von der Behausung des Teufels in das irdische Königreich. Diese Zahlengeheimnisse lösen sich vielfach auf den Wegen der Kabbala, die ja größtenteils nicht jüdisches, sondern urgermanisches Eigen ist, wie von jüdischen Gelehrten heutzutage selber zugegeben wird. Aber diese Dinge sind zu schwierig, als daß sie im Rahmen dieser Deutungen behandelt werden könnten.

Aschenplüster mit der Wünschelgerte.

Dieses von Ludwig Bechstein erzählte Märchen ist Grimms „Aschenputtel" in einer Abart und verdient um einiger guter Verkalungen willen erzählt zu werden, aber auch zum Beweise dessen, wie vielfach das Volksmärchen die nämlichen Motive zu verarbeiten weiß. Bechstein hatte sonst nicht das sichere Empfinden für den Wert der Märchen wie die Brüder Grimm, während dies Verstehen bei Andersen fast ganz versagt. Es wird also von diesen Sammlern hier wenig die Rede sein können. Lauschen wir nun Meister Bechstein:

Es war einmal ein reicher Mann, der hatte eine einzige Tochter, welche er über alle Maßen liebte. Seine Frau war gestorben. Die Tochter war außerordentlich schön, und was sie nur immer wünschte, das gab ihr der Vater, weil er kein größeres Glück kannte, als sein Mägdlein zu erfreuen, vielleicht auch, weil sie ein Wunschmädchen war, dem jeder Wunsch ausging. — „Schenke mir ein Kleid,

Vater, das von Silber steht, ich will dir auch einen Kuß dafür geben!" sprach eines Tages die Tochter zum Vater, und sie empfing das Kleid. — „Schenke mir ein Kleid, lieber Vater, das von Golde steht!" sprach die Tochter darauf," und ich will dir zwei Küsse geben." Auch diesen Wunsch erfüllte der Vater dem Mädchen. — „Schenke mir ein Kleid, das von Diamanten steht, liebster Vater, und ich will dir drei Küsse geben!" bat wiederum die Tochter, und der Vater sagte ihr: „Du sollst es haben, aber du machst mich arm."

Der Vater schaffte das Kleid, und die Tochter fiel ihm dankend um den Hals, küßte ihn dreimal und rief: „Nun, herzgoldener, herzallerliebster Vater, schenke mir eine Glücks= rute oder Wünschelgerte, so will ich stets dein Goldkind sein, und alles tun, was ich dir an den Augen absehen kann!" — „Mein Kind", sprach der Vater, „eine solche Gerte habe ich nicht, auch wird sie schwerlich zu bekommen sein. Doch will ich mein Heil versuchen, auf daß ich dich ganz glücklich mache."

Da verreiste der Vater und nahm sein letztes Ver= mögen mit und forschte nach einer Wünschelgerte, aber kein Kaufmann hatte dergleichen feil. So kam der Mann weit in ein fernes Land, da fand er von ohngefähr einen alten Zauberer und hörte, daß dieser eine Wünschelgerte besitze. Diesen Zauberer suchte der nur zu gute Vater auf und trug ihm sein Anliegen vor und fragte, was die Gerte kosten solle.

Der alte Zauberer sprach: „Wenn die Menschen Wün= schelgerten mit Golde kaufen könnten, so würde es auf Erden bald keinen Wald mehr geben, und wenn auch jedes Bäumelein und jedes Zweigelein eine solche Rute wäre. Wer eine solche Gerte empfängt, opfert seine Seele und stirbt drei Tage nachher, wenn er sie aus der Hand ge= geben, es wäre denn, er gäbe sie jemand, der auch seine Seele dafür zu opfern gelobt und bereit ist. Dann geht die Seele des Besitzers frei aus."

„Gut", sprach der Vater. „Meinem Kinde zu liebe scheue ich das verlangte Opfer nicht. Gib mir die Gerte!" — Der alte Zauberer ließ den Mann seinen Namen in ein Buch schreiben und erfüllte sein Verlangen. Die weite Reise nach der Gerte zehrte den letzten Rest des Vermögens des reichen Mannes auf. Aber es war ihm einerlei, denn sein einziger Wunsch und Gedanke war, der Tochter alle ihre Wünsche zu erfüllen und sie glücklich zu sehen. Es ist gut, dachte er, wenn ich sterbe; denn sie würde doch noch mehr wünschen, und wenn ich ihr keinen Wunsch mehr erfüllen könnte, würde ich selbst sehr unglücklich sein.

Mit größter Freude empfing die Tochter aus ihres Vaters Hand die Wünschelgerte und wußte nicht, wie sie ihm danken sollte. Aber nach drei Tagen hatte die Tochter einen neuen Wunsch. Sie hatte von einem überaus schönen Prinzen gehört, der in einem fernen Lande wohne und aller Liebe würdig sei. Den wollte sie gern zum Gemahl haben. Der Vater aber sprach: „Meine geliebte Tochter, ich gab dir alles, was ich besitze, und für deine Wünschel= gerte gab ich Leib und Leben, ja meine Seele dahin. Ich scheide von dir, schaffe du dir den Prinzen selbst, den du dir wünschest und lebe glücklich und denke mein in Liebe." Mit diesen Worten neigte der Vater sein Haupt und ver= schied. Seine Tochter beweinte ihn aufrichtig und schmerz= lich und sprach: „Einen besseren Vater hat es nie gegeben!" Und darin hatte sie allerdings recht.

Als nun der Vater zur Erde bestattet war, blieben der Tochter nicht Verwandte, nicht Geld und Gut. Da tat sie ein Alltagskleid an, das war ein Krähenpelz, nahm ihr Silberkleid, ihr Goldkleid und ihr Diamantenkleid, und hängte alle drei über ihre Schulter. Dann nahm sie die Wünschelgerte in die Hand und schwang sie und wünschte sich in die Nähe des Schlosses, darin der gerühmte Prinz wohnte. Da war es, als ob ein Wind sie sanft erhebe, und sie schwebte, von der Luft getragen, eilend zur Ferne und war bald in einem Parkwalde, in dessen Nähe sie das Prinzenschloß zwischen den dicken Eichbaumstämmen schim= mern sah. Sie schlug mit der Gerte an die dickste dieser Eichen und wünschte, daß da drinnen ein Schrein wäre, in dem sie ihre Kleider aufhängen könne, und ein Stübchen, sich darin umzukleiden, und das geschah auch gleich alles. Sie verstellte nun ihre Gestalt in die eines Knaben und trat, mit dem Krähenpelze angetan, in das Prinzenschloß. Der Geruch feiner Speisen führte sie der Küche zu; dort

bot sie dem Koch ihre Dienste an, als ein eltern= und hei=
matloser Knabe.

„Wohlan“, sprach der Koch, „du sollst mein Aschen=
plüster werden, sollst früh die Feuer anschüren und am
Tage unterhalten und sorgen, daß keine Asche umher falle;
dafür sollst du dich alle Tage satt essen. Mußt aber auch
des gnädigsten Herrn Röcke ausbürsten und seine Stiefeln
putzen und glänzend machen.“ — Das Mädchen wartete
als Knabe ihres Amtes und sah nach einigen Tagen den
Prinzen, der von der Jagd kam, den Küchengang entlang
schritt und einen Vogel, den er geschossen, in die Küche
warf, damit er gebraten werde. Der Prinz war schön und
herrlich von Gestalt und Ansehen, und Aschenplüster fühlte
alsbald eine heftige Liebe zu ihm. Gar zu gerne wäre sie
ihm genaht, doch wollte sich das nicht schicken. Da hörte
sie, drüben auf einem Nachbarschlosse werde eine fürstliche
Hochzeit gehalten, die daure drei Tage lang, und da sei
der Prinz der vornehmste Gast und fahre täglich hinüber
zum Tanze. Alles Volk, und wer vom Schloßgesinde nur
immer konnte, lief hinüber, die Pracht der Festlichkeiten mit
anzusehen. Da bat Aschenplüster den Koch, ihr doch auch
zu erlauben, hinüber zu gehen und dem Tanze zuzusehen,
denn die Küche sei in Ordnung, jedes Feuer gelöscht, jedes
Fünklein tot und die Asche wohl verwahrt. Der Koch er=
laubte seinem Diener, sich das erbetene Vergnügen zu ge=
währen. Aschenplüster eilte nach ihrer Eiche, kleidete sich
in das silberne Kleid und verwandelte ihre Knabengestalt
in die eigene; dann schlug sie an einen Stein mit ihrer
Wünschelgerte, da wurde ein Galawagen daraus, und rührte
an ein paar Roßkäfer, daraus wurden stattliche, pechschwarze
Rosse, und ein Grasfrosch wurde zum Kutscher und ein
grüner Laubfrosch zum Livreejäger. In den Wagen setzte
sich Aschenplüster, und heidi! ging es fort, als flögen sie
davon. In den Tanzsaal trat die stattliche Jungfrau, und
von ihrer Schönheit war alles geblendet. Der Prinz ge=
wann sie gleich lieb und bat sie zum Tanze; sie tanzte ent=
zückend und war sehr glücklich, aber nach einigen Reigen
schwand sie aus dem Saale, bestieg ihren draußen harrenden
Wagen, schwang ihre Gerte und rief:

„Hinter mir dunkel und vor mir klar,
daß niemand sehe, wohin ich fahr'!"

Es sah es auch niemand, wohin sie fuhr; aber der Prinz war über das schnelle Verschwinden seiner schönen Tänzerin sehr unruhig. Doch auf alle seine Fragen, wer sie gewesen und woher sie sei, konnte niemand Auskunft geben, und so verbrachte er die Nacht in großer Unruhe, die sich am Morgen in einen schrecklichen Mißmut und in üble Stimmung verwandelte.

Der Koch brachte des Prinzen Stiefel in die Küche und klagte über dessen Mißlaune, indem er die Stiefel Aschenplüster zum Putzen und Wichsen übergab. Sie übernahm diese Arbeit und wichste die Stiefel so schön, daß der Kater sich mit Wohlgefallen darin spiegelte und seinem Ebenbilde im Spiegel einen Kuß gab; davon verschwand an der Stelle, wo er sich geküßt, der Glanz.

Als Aschenplüster nun in ihrer Knabengestalt und im Krähenpelze in des Prinzen Zimmer trat und die Stiefel hineinstellte, sah der Prinz gleich den matten Fleck, nahm den Stiefel, warf ihn nach ihr und schrie: „Du Schlingel von Aschenplüster! Wirst du wohl besser Stiefel putzen lernen?" Aschenplüster hob den Stiefel auf und machte ihn wieder durchweg glänzend und schwieg.

Abends fuhr der Prinz abermals zum Tanze, und Aschenplüster erbat sich noch einmal Urlaub. Da Aschenplüster am vorigen Abende wieder gekommen und nicht über die Zeit ausgeblieben war, so gewährte der Koch wiederum die Bitte, und nun ging Aschenplüster wiederum zu ihrem Schrein und Kämmerlein in der Eiche und tat das goldene Kleid an, schuf sich mit der Wünschelgerte einen neuen Wagen, neue Rosse, neue Bedienung, und fuhr zum Schlosse hinüber. Dort war bereits der Prinz; aber er war mißmutig und verstimmt, denn er sah sich vergeblich nach der schönen, wunderbaren Jungfrau um.

Da trat sie ein, strahlend wie eine Königin. Er eilte voller Freude auf sie zu und führte sie zum Tanze. O wie glücklich machte ihn ihr holdes Lächeln, ihr sinniges Gespräch, ihre heitere, schelmische Necklust! Viel hatte er zu fragen, unter anderem, wo sie her sei. Lachend antwortete Aschenplüster: „Aus Stiefelschmeiß." — Eine kurze

Stunde weilte Aschenplüster beim Tanze — mit einem Male war sie aus dem Saale verschwunden, rasch saß sie wieder in ihrem Wagen und sprach ihr Zauberwort:

„Hinter mir dunkel und vor mir klar,
daß niemand sehe, wohin ich fahr'!"

Des Prinzen Blick suchte vergebens die schöne Unbekannte. Nach ihr fragend, wandte er sich an diesen und jenen der Hochzeitsgäste; niemand kannte sie. Er fragte seinen Geheimen Rat, der mit ihm als sein Begleiter gekommen war: „Sagen Sie mir doch, mein lieber Geheimrat, wo liegt der Ort oder das Schloß Stiefelschmeiß?" — Der Geheimrat machte eine tiefe Verbeugung und antwortete: „Durchlauchtigster Prinz! Höchstdieselben geruhen? Stiefelschmeiß — o ja, das liegt — das liegt — in — in — fatal, nun fällt es mir im Augenblicke nicht ein, wo es liegt. Sollte es wirklich einen Ort oder ein Schloß dieses seltsamen Namens geben? Wo sollte selbiges liegen, Eure Durchlaucht?" — Der Prinz drehte dem Sprecher den Rücken zu und murmelte ärgerlich durch die Zähne: „Ich lasse diesem Geheimrat jährlich tausend Goldstücke Gehalt auszahlen, und nun weiß er nicht einmal, wo Stiefelschmeiß liegt! Es ist schauderhaft!"

Daraus erklärt sich von selbst, daß, als die Morgenröte des nächsten Tages rosig emporstieg, die Laune des Prinzen dennoch keine rosenfarbene war. Er hatte keine Ruhe, wollte früh schon ausgehen, zog seinen Rock an, den Aschenplüster rein gebürstet hatte, entdeckte darauf einige Stäubchen, rief nach einer Bürste und stampfte mit dem Fuße. Eilend lief Aschenplüster im Krähenpelze mit der Bürste herbei; der Prinz war aber so schrecklich böse, daß er ihr die Bürste aus der Hand riß, sie ihr an den Kopf warf und ihr zuschrie, sie solle ein anderes mal gleich besser bürsten.

Am letzten Abende des Hochzeitsfestes lief wieder alles hinüber zum Nachbarschlosse, und auch der Prinz fuhr wieder hin. Da bat Aschenplüster zum drittenmal um Erlaubnis, auch zusehen zu dürfen. Darüber schüttelte der Koch sehr den Kopf, daß der Junge so neugierig sei, doch dachte er: Jugend hat nicht Tugend, und sagte: „Es ist heute das letztemal, lauf hin!" Aschenplüster lief geschwinde

in den Park in die Eiche, zog das Diamantkleid an, zau=
berte sich wieder Rosse und Wagen, Kutscher und Lakaien
und erschien wie ein lebendiger Schönheitsstrahl beim Feste.
Der Prinz tanzte vor allem mit ihr und fragte sie zärtlich,
wie sie denn heiße. Aschenplüster lächelte schelmisch und
antwortete: „Cinerosa Bürstankopf"

Den Vornamen fand der Prinz, zumal er kein Latein
verstand, sehr schön, den Zunamen aber gar sonderbar. Er
hatte diese gewiß reiche und angesehene Familie noch nie
nennen hören. Doch sprach er, indem er ihr seinen Ring
an den Finger schob: „Wer du auch sein magst, schöne
Cinerosa! Mit diesem Ringe verlobe ich mich dir!" —
Mit holder Schamröte auf den Wangen blickte Aschenplüster
zur Erde und zitterte. Gleich darauf entfernte sie sich, als
der Prinz nur einen Augenblick die Augen anderswohin
wandte. Schnell saß sie im Wagen, aber der Prinz hatte
Befehl gegeben, seinen Wagen dicht hinter dem ihren auf=
zufahren, damit er ihr folgen könne. Aschenplüster schwang
ihre Wünschelgerte und sprach:

> „Hinter mir dunkel und vor mir klar,
> daß niemand sehe, wohin ich fahr'!"

Und da rollte sie hin. — Rasch saß jetzt auch der Prinz
in seinem Wagen und rollte ihr nach, aber da war ihr
Wagen nicht mehr zu sehen; gleichwohl hörte man dessen
Räder rollen, und so folgte der Wagenlenker des Prinzen
diesem Schall. Der Tanz hatte diesesmal am längsten ge=
dauert; schon zog der frühe Morgen dämmernd heran. Die
Stunde war bereits da, in der die Küchenarbeit begann;
Aschenplüster zauberte schnell ihren Wagen und ihre Be=
dienung fort und hatte nicht Zeit, sich erst umzukleiden; sie
verbarg daher eiligst ihr Diamantkleid unter dem Krähen=
pelze und eilte in die Küche. Der Prinz aber, welcher dem
Wagen des herrlichen Mädchens nachgefahren war, sah sich
mit Verwunderung dicht vor seinem eigenen Schlosse und
wußte nicht, wie ihm geschah. Er war daher wieder sehr
mißmutig und vor Verdruß beinahe krank.

„Unser Prinz ist gar nicht wohl auf," sagte zu Aschen=
plüster der Koch. „Er muß ein Kraftsüpplein haben —
zünde rasch Feuer an." — Der Morgenimbiß wurde schnell
bereitet, Aschenplüster warf des Prinzen Ring hinein, der

Koch trug die Tasse auf. Der Prinz trank und fand am Boden mit Erstaunen seinen Ring und fragte hastig: „Wer war so früh schon in der Küche?" „Euer Durchlaucht, niemand als ich und der Aschenplüster," antwortete der Koch. — „Schicke mir diesen Burschen gleich einmal herein!" gebot der Prinz, und als Aschenplüster kam, sah ihn der Prinz ganz scharf an, aber der Krähenpelz verhüllte alle Schönheit. „Komm, kämme mich, mein Friseur liegt noch in den Federn!"

Aschenplüster gehorchte; sie trat ganz nahe an den Prinzen heran und strählte ihn mit elfenbeinernem Kamme das volle weiche Haar. Der Prinz befühlte den Krähenpelz; derselbe war an einigen Stellen abgetragen, daher etwas mürb und fadenscheinig, und durch die abgeschabten Fäden blitzte es so funkelklar wie Morgentau; das war der Demantglanz des Prachtgewandes, das Aschenplüster noch unter ihrem Krähenpelze trug. „Jetzt kenne ich dich, o Liebe!" rief voll unaussprechlicher Freude der Prinz. „Jetzt bist du mein, jetzt bin ich dein!" Und er schloß die Braut in die Arme und küßte sie.

Kurz vor der Hochzeit bat die schöne Braut sich von ihrem geliebten Bräutigam noch eine Gnade aus. Der gute Koch, der Aschenplüster so wohlwollend aufgenommen und so freundlich und gütig behandelt hatte, empfing von dem Prinzen den Ritterschlag und wurde zum Erbtruchseß erhoben. Das war ihm recht, da brauchte er das Essen nicht mehr zu kochen, wie sonst, sondern konnte es an der fürstlichen Tafel in aller Ruhe selbst mit verzehren helfen, und als die Hochzeit prachtvoll gefeiert wurde, da trug er im vollen Glanze seiner neuen Würde, geschmückt mit Stern und Orden, dem prinzlichen Paare mit eigener Hand die Speisen auf.

Daß die Fassung des Märchens verhältnismäßig späte Einschläge aufweist, wird auch der Leser fühlen. Es kommen geradezu biblische Redensarten vor („neigte sein Haupt und verschied"), auch ist die Rede von Galawagen und Ritterschlag und vom Erbtruchseß, das alles sind Dinge, die erst zum christlichen Mittelalter gehören. Selbst die Vorstellung, daß die Wünschelrute nur unter Hingabe der Seele erworben werden könne, ist durchaus aus christlicher Zeit; denn da erst wurden diese Dinge teuflischen Ursprunges, während sie zuvor im altgermanischen Kult mit zur göttlichen Meister= schaft gehörten. Freilich wurden sie da nicht erworben, wie der Vater Aschenplüsters die Dinge erwarb.

Die Bedeutung des Märchens ist an sich sehr einfach. Eine Erdentochter erwirbt in dreimaliger Wiederkehr die „königliche Kunst", deren äußeren Ausdruck das Märchen in der Vermählung mit einem Prinzen geschaffen hat. Das Mädchen wird in drei Verkörperungen Magierin und Herrin über die Kräfte der Natur und des Lebens. Denn das silberne Kleid, das goldene und das demantene bedeuten hier (und in vielen anderen Märchen) drei verschiedene kör= perhafte Einkleidungen der Seele durch die Wiedergeburt. Das Silber war den Alten das Sinnbild der „Zielfahrt"; manchmal auch des Weistums, nämlich wenn es einfach die weiße Farbe vertrat. So verweist es an sich schon auf ein Leben. Gold war das Sinnbild des Leuchtens; oft aber war es als „or" zu lesen, und dann bedeutete es in der Geheimsprache „Nachkommen", also ein neues Leben. Der Demant (Diamant) aber ist der wasserhelle Edelstein, der farblos leuchtet, wie die Sterne. In den meisten Fällen bringt uns das ja auch das Märchen zum Bewußtsein, in dem es von einem Mondkleide, einem Sonnenkleide und einem Sternenkleide spricht, und wir werden gleich an= schließend einen solchen Fall kennen lernen. Die Sterne aber versinnbildlichen die ständige Wiederkehr (steor in der alten geheimen Ausdrucksweise), und zwar die geläuterte, mit immer stärkerer Durchgeistigung und mit immer stär= kerem Zurücktreten des Stofflichen, Körperhaften. Also be= deuten die drei Kleider drei Erscheinungsphasen der gleichen Seele, und in diesen Phasen reift die Menschenseele empor für die „königliche Kunst" der Magie. Das ist der Sinn des Märchens.

Nun stecken im „Aschenplüster" noch einige Ausdrücke, die an die verhehlte Überlieferung des Kalandstums gemahnen, an das Tun der Leute, die den Übergang aus dem Wuotanismus zum Christentum so zu leiten strebten, daß möglichst viel vom Altüberkommenen, wenn auch umgedeutet, mit in die neuen Verhältnisse herüber erhalten blieb. Da wurde mit Geheimdeutungen der Worte viel gemacht, und unser Märchen gibt da einige Proben recht äußerlicher Kala, die aber eben darum desto beweiskräftiger sind. Der Prinz ist freilich kein Kalander, und darum versteht er es nicht, wenn ihm die Aschenplüster erklärt, sie sei aus „Stiefelschmeiß"; er nimmt es vielmehr seinem Geheimrat übel, daß der die Lage eines so benannten Ortes oder Schlosses nicht angeben kann. Und er denkt sich auch nichts groß dabei, als ihm das Mädchen seinen wunderlichen Namen nennt: „Cinerosa Bürstankopf" Der Prinz hatte ja doch am Morgen zuvor dem Mädchen die Bürste an den Kopf geworfen und hätte sich daran erinnern sollen. Der Vorname Cinerosa gefiel ihm, obgleich er ihn auch nicht verstand. Wir sollen aber eigentlich lesen: „Sine rosa", und das bedeutet: ohne Geheimnis. Das ist eben ein Stück der altgermanischen Symbolik, das sich lange hereingerettet hat in die Neuzeit, und das wir sogar heute noch im studentischen Brauchtum haben. Wenn der Student dem andern die „Blume" zubringt (die „Blume" ist die Rose, und die Rose ist das Symbol des Geheimnisses), und er verschüttet dabei unachtsamerweise etwas von dem Getränk, so sagt er entschuldigend „ohne" oder „sine" (was lateinisch das gleiche bedeutet), und er meint damit: „ohne gegen das Geheimnis der Brüderschaft verstoßen zu wollen." Er meint also, er wolle in bezug auf das altgehegte Geheimnis der Brüderschaft, dessen Reste noch im Trinkbrauchtum stecken, nicht so leichtsinnig oder unachtsam sein, wie in bezug auf den Antrunk beim Getränke, das ja eigentlich ehedem als ein Opfer aufgefaßt sein wollte.

Also: „Ohne Geheimnis: Bürst an Kopf", so nannte sich Aschenplüster. Aber der Prinz verstand das nicht, und da ist ihm selbst die jüngste Leserin von Bechsteins Märchen über, denn die versteht ohne weiteres die sinndeutliche Beziehung in diesen Worten.

Allerleirauh.

(Nach Grimm.)

Es war einmal ein König, der hatte eine Frau mit goldenen Haaren, und sie war so schön, daß sich ihresgleichen nicht mehr auf Erden fand. Es geschah, daß sie krank lag, und als sie fühlte, daß sie bald sterben würde, rief sie den König und sprach: „Wenn du nach meinem Tode dich wieder vermählen willst, so nimm keine, die nicht ebenso schön ist, als ich bin, und die nicht solche goldene Haare hat, wie ich habe; das mußt du mir versprechen." Nachdem es ihr der König versprochen hatte, tat sie die Augen zu und starb.

Der König war lange Zeit nicht zu trösten und dachte nicht daran, eine zweite Frau zu nehmen. Endlich sprachen seine Räte: „Es geht nicht anders, der König muß sich wieder vermählen, damit wir eine Königin haben." Nun wurden Boten weit und breit umhergeschickt, eine Braut zu suchen, die an Schönheit der verstorbenen Königin ganz gleich käme. Es war aber keine in der ganzen Welt zu finden, und wenn man sie auch gefunden hätte, so war doch keine da, die solche goldene Haare gehabt hätte. Also kamen die Boten unverrichteter Sache wieder heim.

Nun hatte der König eine Tochter, die war gerade so schön wie ihre verstorbene Mutter, und hatte auch solche goldene Haare. Als sie herangewachsen war, sah sie der König einmal an, und sah, daß sie in allem seiner verstorbenen Gemahlin ähnlich war, und fühlte plötzlich eine heftige Liebe zu ihr. Da sprach er zu seinen Räten: „Ich will meine Tochter heiraten, denn sie ist das Ebenbild meiner verstorbenen Frau, und sonst kann ich doch keine Braut finden, die ihr gleicht." Als die Räte das hörten, erschraken sie und sprachen: „Gott hat verboten, daß der Vater seine Tochter heiratet; aus dem Bunde kann nichts Gutes entspringen, und das Reich wird ins Verderben gezogen." Die Tochter erschrak noch mehr, als sie den Entschluß ihres Vaters vernahm, hoffte aber, ihn von seinem Vorhaben noch abzubringen. Da sagte sie zu ihm: „Ehe ich euren Wunsch erfülle, muß ich erst drei Kleider haben, eins, so golden wie die Sonne, eins so silbern wie der Mond, und eins so glänzend wie die Sterne; ferner verlange ich einen Mantel von tausenderlei Pelz und Rauhwerk zusammengesetzt, und ein jedes Tier in eurem Reich muß ein Stück von seiner Haut dazu geben." Sie dachte aber: das anzuschaffen, ist ganz unmöglich, und ich bringe damit meinen Vater von seinen bösen Gedanken ab. Der König ließ aber nicht ab, und die geschicktesten Jungfrauen in seinem Reiche mußten die drei Kleider weben, eins so golden wie die Sonne, eins so silbern wie der Mond, und eins so glänzend wie die Sterne; und seine Jäger mußten alle Tiere im Reiche auffangen und ihnen ein Stück von ihrer Haut abziehen; daraus ward ein Mantel von tausenderlei Rauhwerk gemacht. Endlich, als alles fertig war, ließ der König den Mantel herbeiholen, breitete ihn vor ihr aus und sprach: „Morgen soll die Hochzeit sein."

Als nun die Königstochter sah, daß keine Hoffnung mehr war, ihres Vaters Herz umzuwenden, so faßte sie den Entschluß, zu entfliehen. In der Nacht, während alles schlief, stand sie auf und nahm von ihren Kostbarkeiten dreierlei: einen goldenen Ring, ein goldenes Spinnrädchen, und ein goldenes Haspelchen; die drei Kleider von Sonne, Mond und Sternen tat sie in eine Nußschale, zog den Mantel von allerlei Rauhwerk an, und machte sich Gesicht und Hände mit Ruß schwarz. Dann befahl sie sich Gott und ging fort und ging die ganze Nacht, bis sie in einen großen Wald kam. Und weil sie müde war, setzte sie sich in einen hohlen Baum und schlief ein.

Die Sonne ging auf, und sie schlief fort und schlief noch immer, als es schon hoher Tag war. Da trug es sich zu, daß der König, dem dieser Wald gehörte, darin jagte. Als seine Hunde zu dem Baum kamen, schnupperten sie, liefen rings herum und bellten. Sprach der König zu den Jägern: „Seht doch, was dort für ein Wild sich versteckt hat!“ Die Jäger folgten dem Befehl, und als sie wieder= kamen, sprachen sie: „In dem hohlen Baum liegt ein wun= derliches Tier, wie wir noch niemals eins gesehen haben; an seiner Haut ist tausenderlei Pelz; es liegt aber und schläft.“ Sprach der König: „Seht zu, ob ihr's lebendig fangen könnt, dann bindet's auf den Wagen und nehmt's mit!“ Als die Jäger das Mädchen anfaßten, erwachte es voll Schrecken und rief ihnen zu: „Ich bin ein armes Kind, von Vater und Mutter verlassen, erbarmt euch mein und nehmt mich mit!“ Da sprachen sie: „Allerleirauh, du bist gut für die Küche, komm nur mit, da kannst du die Asche zusammenkehren.“ Also setzten sie es auf den Wagen und fuhren heim in das königliche Schloß. Dort wiesen sie ihm ein Ställchen an unter der Treppe, wo kein Tageslicht hinkam, und sagten: „Rauhtierchen, da kannst du wohnen und schlafen!“ Dann ward es in die Küche geschickt, da trug es Holz und Wasser, schürte das Feuer, rupfte das Federvieh, belas das Gemüse, kehrte die Asche und tat alle schlechte Arbeit.

Da lebte Allerleirauh lange Zeit recht armselig. Ach, du schöne Königstochter, wie soll's mit dir noch werden! Es geschah aber einmal, daß ein Fest im Schloß gefeiert ward; da sprach sie zum Koch: „Darf ich ein wenig hin= ausgehen und zuschauen; ich will mich außen vor die Türe stellen.“ Antwortete der Koch: „Ja, geh nur hin, aber in einer halben Stunde mußt du wieder hier sein und die Asche zusammentragen.“ Da nahm sie ihr Öllämpchen, ging in ihr Ställchen, zog den Pelzrock aus und wusch sich den Ruß vom Gesicht und den Händen ab, sodaß ihre volle Schönheit wieder an den Tag kam. Dann machte sie die Nuß auf und holte ihr Kleid hervor, das wie die Sonne glänzte. Und wie das geschehen war, ging sie hinauf zum Fest, und alle traten ihr aus dem Weg, denn niemand kannte sie, und meinten nicht anders, als daß es eine Kö= nigstochter wäre. Der König aber kam ihr entgegen, reichte ihr die Hand und tanzte mit ihr und dachte in seinem

Herzen: „So schön haben meine Augen noch keine gesehen." Als der Tanz zu Ende war, verneigte sie sich, und wie sich der König umsah, war sie verschwunden, und niemand wußte, wohin. Die Wächter, die vor dem Schlosse standen, wurden gerufen und ausgefragt, aber niemand hatte sie erblickt.

Sie war aber in ihr Ställchen gelaufen, hatte geschwind ihr Kleid ausgezogen, Gesicht und Hände schwarz gemacht und den Pelzmantel umgetan und war wieder Allerleirauh. Als sie nun in die Küche kam und an ihre Arbeit gehen und die Asche zusammenkehren wollte, sagte der Koch: „Laß das gut sein bis morgen und koche mir da die Suppe für den König, ich will auch einmal ein bischen oben zugucken. Aber laß' mir kein Haar hineinfallen, sonst kriegst du in Zukunft nichts mehr zu essen!" Da ging der Koch fort, und Allerleirauh kochte die Suppe für den König und kochte eine Brotsuppe, so gut sie es konnte, und wie sie fertig war, holte es in dem Ställchen seinen goldenen Ring und legte ihn in die Schüssel, in welcher die Suppe angerichtet ward. Als der Tanz zu Ende war, ließ sich der König die Suppe bringen und aß sie, und sie schmeckte ihm so gut, daß er meinte, niemals eine bessere Suppe gegessen zu haben. Wie er aber auf den Grund kam, sah er da einen goldenen Ring liegen, und konnte nicht begreifen, wie er dahin geraten war. Da befahl er, der Koch sollte vor ihn kommen. Der Koch erschrak, wie er den Befehl hörte, und sprach zu Allerleirauh: „Gewiß hast du ein Haar in die Suppe fallen lassen; wenn's wahr ist, so kriegst du Schläge." Als er vor den König kam, fragte dieser, wer die Suppe gekocht hätte? Antwortete der Koch: „Ich habe sie gekocht." Der König aber sprach: „Das ist nicht wahr, denn sie war auf andere Art und viel besser gekocht als sonst." Antwortete er: „Ich muß es gestehen, daß ich sie nicht gekocht habe, sondern das Rauhtierchen." Sprach der König: „Geh und laß' es heraufkommen."

Als Allerleirauh kam, fragte der König: „Wer bist du?" „Ich bin ein armes Kind, das keinen Vater und Mutter mehr hat." Fragte er weiter: „Wozu bist du in meinem Schloß?" Antwortete es: „Ich bin zu nichts gut, als daß mir die Stiefel um den Kopf geworfen werden."

fragte er weiter: „Wo haft du den Ring her, der in der Suppe war?" Antwortete es: „Von dem Ring weiß ich nichts." Also konnte der König nichts erfahren und mußte es wieder fortschicken.

Über eine Zeit war wieder ein Fest, da bat Allerlei= rauh den Koch wie vorigesmal um Erlaubnis, zusehen zu dürfen. Antwortete er: „Ja, aber komm in einer halben Stunde wieder und koch' dem König die Brotsuppe, die er so gerne ißt." Da lief es in sein Ställchen, wusch sich ge= schwind und nahm aus der Nuß das Kleid, das so silbern war wie der Mond, und tat es an. Da ging sie hinauf und glich einer Königstochter, und der König trat ihr ent= gegen und freute sich, daß er sie wiedersah, und weil eben der Tanz anhub, so tanzten sie zusammen. Als aber der Tanz zu Ende war, verschwand sie wieder so schnell, daß der König nicht bemerken konnte, wo sie hinging. Sie sprang aber in ihr Ställchen und machte sich wieder zum Rauhtierchen und ging in die Küche, die Brotsuppe zu kochen. Als der Koch oben war, holte es das goldene Spinnrad und tat es in die Schüssel, sodaß die Suppe dar= über angerichtet wurde. Darnach ward sie dem König ge= bracht, der aß sie, und sie schmeckte ihm so gut wie das vorigemal, und ließ den Koch kommen, der mußte auch dies= mal gestehen, daß Allerleirauh die Suppe gekocht hätte. Allerleirauh kam da wieder vor den König, aber sie ant= wortete, daß sie nur dazu da wäre, daß ihr die Stiefel an den Kopf geworfen würden, und daß sie von dem goldenen Spinnrädchen gar nichts wüßte.

Als der König zum drittenmal ein Fest anstellte, da ging es nicht anders als die vorigen Male. Der Koch sprach zwar: „Du bist eine Hexe, Rauhtierchen, und tust immer etwas in die Suppe, davon sie so gut wird und dem Könige besser schmeckt als was ich koche." Doch weil es so bat, so ließ er es auf die bestimmte Zeit hingehen. Nun zog es ein Kleid an, das wie die Sterne glänzte, und trat damit in den Saal. Der König tanzte wieder mit der schönen Jungfrau, und meinte, daß sie noch niemals so schön gewesen wäre. Und während er tanzte, steckte er ihr, ohne daß sie es merkte, einen goldenen Ring an den Finger, und hatte befohlen, daß der Tanz recht lange währen sollte.

Wie er zu Ende war, wollte er sie an den Händen fest=
halten, aber sie riß sich los und sprang so geschwind unter
die Leute, daß sie vor seinen Augen verschwand. Sie lief,
was sie konnte, in ihr Ställchen unter der Treppe, weil sie
aber zu lange und über eine halbe Stunde geblieben war,
so konnte sie das schöne Kleid nicht ausziehen, sondern warf
nur den Mantel von Pelz darüber, und in der Eile machte
sie sich auch nicht ganz rußig, sondern ein Finger blieb
weiß. Allerleirauh lief nun in die Küche, kochte dem König
die Brotsuppe, und legte, wie der Koch fort war, den gol=
denen Haspel hinein. Der König, als er den Haspel auf
dem Grunde fand, ließ Allerleirauh rufen; da erblickte er
den weißen Finger und sah den Ring, den er im Tanze
ihr angesteckt hatte. Da ergriff er sie an der Hand und
hielt sie fest, und als sie sich losmachen und fortspringen
wollte, tat sich der Pelzmantel ein wenig auf, und das
Sternenkleid schimmerte hervor. Der König faßte den
Mantel und riß ihn ab. Da kamen die goldenen Haare
hervor, und sie stand da in voller Pracht und konnte sich
nicht mehr verbergen. Und als sie Ruß und Asche aus
ihrem Gesicht gewischt hatte, da war sie schöner als man
noch jemand auf Erden gesehen hat. Der König aber
sprach: „Du bist meine liebe Braut, und wir scheiden nim=
mermehr von einander." Darauf ward die Hochzeit gefeiert
und sie lebten vergnügt bis an ihren Tod.

Es ist ohne weiteres zu ersehen, daß dieses Märchen
mit dem vorigen wesensgleich ist. Nur ist in Allerleirauh
die Versinndeutung noch schärfer und weiter reichend durch=
geführt, und es stecken Dinge darin, die auf ein hohes Er=
kennen weisen. Das Mädchen hat hier ganz das hohe,
schöne, lichte Wesen seiner Mutter geerbt — es ist ein
reiner Vertreter der blonden Rasse, des höchstentwickelten
Ariertums. Überhaupt: man achte einmal darauf, welche
Rolle die blonden Haare und die blauen Augen im deut=
schen Märchen spielen! Der König kann kein anderes Wesen
finden, das diese Eigenschaften in solcher Weise an sich
trüge, und das also seiner würdig wäre. So faßt er den
frevelhaften Entschluß, seine Tochter zu ehelichen. Er glaubt

damit recht zu tun, und in der Tat ist er in einer schlim=
men Lage. Heiraten soll er um seines Reiches willen;
seiner verstorbenen Gattin hat er aber das Versprechen ge=
geben, das die Rassenerkenntnis aus ihr forderte (denn er
soll nicht zurückkommen auf dem Wege der reinen Wesens=
ausprägung, der leiblich über die sorgsame Beachtung der
Rassengesetze führt), und nun findet er unter diesen Ge=
sichtspunkten keine, die seine Frau sein könnte, außer seiner
Tochter. Da kommt es nun darauf an, wie er die ver=
schiedenen Prinzipien gegeneinander wertet. Aber das
Märchen will nicht Haare spalten, und nicht Rechtslehren
erteilen, darum erläßt es dem Könige die bittere Entschei=
dung, die er innerlich allerdings schon getroffen hat. Die
Tochter entzieht sich ihm. Erst versucht sie es mit untaug=
lichen Mitteln; sie stellt ihm Forderungen, die sie für un=
erfüllbar hält. Aber ihm sind sie nicht unerfüllbar; er be=
schafft ihr die begehrten Kleider. Da bleibt ihr nichts als
die Flucht.

Die Kleider sind hier in anderer Richtung aufgezählt,
oder in anderer Reihenfolge, als beim Aschenpüster. Sonne,
Mond, Sterne ist hier die Folge. Die Bedeutung ist nicht
anders, als beim vorigen Märchen auch, und gemeint sind
drei Verkörperungen, je eine unter dem Zeitregiment der
Sonne, des Mondes und der Sterne, in aufwärtiger Ent=
wickelungsrichtung. Indem das Mädchen diese Kleider er=
hält, erinnert es sich dieses vollzogenen Entwickelungsganges
und wird dadurch stark, erkennt seine Aufgabe. Aber noch
tiefer will es hineinblicken in die Tiefen seiner Herkunft.
Es fordert ein Kleid aus den Pelzen von allem Getier.
Das will besagen: all dieser Tiere Körperlichkeit habe seine
Seele einstens auch an sich getragen. Wir bilden uns zwar
ein, die Entwickelungslehre, wie sie durch Darwin wieder
mit aller Schärfe vor unserer Zeit begründet worden ist,
sei eine ganz neue Errungenschaft. Aber auch die graue

Vorzeit hat sich über diese Dinge Gedanken gemacht und hat sie recht tief begriffen. Das Mädchen weicht also aus seinem bisherigen Daseins- und Entwickelungsrahmen und tritt in einen neuen, ihm unbekannten ein; es kommt in einen großen Wald, den es nicht kennt, also in eine andere Waltungsebene. Dort regiert auch ein anderer König, der es aufspüren läßt. Aber da, auf der neuen Ebene, trägt seine Seele eine seltsame Hülle: es erscheint als das „Allerleirauh": man erkennt es aus dem, was es hinter sich hat, und es erhält niedere Arbeiten zugewiesen. Diese Arbeiten drehen sich — wie bei Aschenpüster — hauptsächlich um die Asche (beim Aschenputtel ist es ebenso), und die Asche ist das Sinnbild des Zerstörten, des Vergehens zu neuem Werden. Das liegt schon im Worte selber, das aus der gleichen Runenwurzel kommt wie z. B. Ask (Entstehung) oder os, Ase (Gott), und die gleiche Wurzel auf der dritten Nornenstufe spiegelt, der der Vernichtung, die aber niemals ein volles Ende bedeutet, sondern immer nur ein Vergehen zu neuem Entstehen. So ist also Allerleirauh, wie Aschen= püster und Aschenputtel, daran, seine bisherige Daseinsform aufzugeben zugunsten einer neuen, die es selber noch nicht kennt, die sich aber notwendig aus seiner vorausgegangenen Entwickelung ergeben muß.

Allerleirauh hat drei Dinge mitgebracht vom Vater= hause, nämlich einen Ring, ein kleines goldenes Spinnräd= chen und einen Haspel. Diese Dinge wirft es nach und nach dem neuen Könige in die Suppe, die es ihm kochen muß. Der Ring aber ist das Sinnbild der Ewigkeit, und wenn das Mädchen (die Seele) dem Könige den Ring in die Suppe wirft, so gibt es ihm damit zu erkennen, daß es das Gesetz der Ewigkeit aller Dinge und seiner selbst er= kannt hat. Das Spinnrad ist Sinnbild der Norn, und wenn Allerleirauh es dem Könige in die Suppe gibt, so weiß der, daß das Mädchen (die Seele) das Schicksal und seine Bedeutung, seine Macht, seinen Sinn erfaßt hat; denn die Norne ist die Schicksalsmutter. Der goldene Haspel aber ist das Sinnbild neu entstehenden Heiles; wie auf dem Haspel das fertige Garn verwendungsbereit gemacht wird, so stellt sich die Seele dem Könige zur Verfügung zu neuem Kreislauf in der Ewigkeit, zu neuen, höheren Aufgaben als die einstigen waren. Und der König des neuen Reiches ist eine neue Stufe der Daseinsmacht, der zieht nun die Seele zu sich heran, sie auf seiner Ebene der Vergöttlichung entgegenführend. Vom andern Könige aber, dem Vater, erfahren wir nichts mehr; denn die Seele hat ihn weit hinter sich auf der überwundenen Stufe zurückgelassen; ihr Los ist herrlicher geworden. So ist auch „Allerleirauh" ein Märchen von der Seele und ihrer Entwickelung nach oben, der Göttlichkeit entgegen, und es ist keine Nebensache, daß sich das Mädchen gegenüber dem neuen Könige so bescheiden erweist und spricht, es sei zu nichts gut, als daß ihm die Stiefel an den Kopf geworfen würden. Der Stiefel ist nach Guido v. List das Sinnbild des alles durchdringenden Geistes, und die Seele stellt sich also mit solchen Worten ganz unter das Walten des Schöpfers, ebenso wie die Bürste, die im vorigen Märchen dem Aschenpüster an den Kopf geworfen ist, den Donnerbesen bedeutet und somit für die Umwandlung des Bösen in das Gerechte, des Dämonischen in das Theonische zeugt. So lassen also auch diese anscheinend ganz belanglosen Symbole erkennen, was die Märchen eigentlich sagen wollen von dem Wege der Seele auf die höhere Daseinsebene, der Vergöttlichung entgegen. Das alles erwächst aus dem vorchristlichen Glaubensdenken unserer Ahnen, und so ist es — nicht nur in Märchenform — verhehlt bis auf uns gekommen, und uns ersteht nun aus den merkwürdigen Kindergeschichtchen im Rückblicke die ganze hohe Weisheit derer, die man noch vor ein paar Jahrzehnten selbst in der deutschen Wissenschaft als kultur und gedankenarme Barbaren angesehen hat: unserer altgermanischen Vorväter.

III.

Die Märchen vom Glasberge.

Die Einteilung, die wir unter den Volksmärchen treffen, ist — wie der Leser gesehen haben wird — keineswegs willkürlich: Aber doch will nicht alles passen, und manches Märchen könnte man ebenso gut in eine andere Abteilung stecken, als in die, in der es zu finden ist. Das liegt einmal an der Mehrdeutigkeit vieler alter Märchen; es liegt aber auch daran, daß sich die Motive so seltsam zusammenbauen, und wiederholen, so daß wir eigentlich nur in seltenen Fällen sagen können: das Märchen liegt heute vor uns, wie es der Urzeit entwachsen ist. So ist es auch nur halbwegs berechtigt, wenn wir eine Gruppe machen: die Märchen vom gläsernen Berge. Der gläserne Berg wird auch einmal zum goldenen Berg, er wird auch einmal zum gläsernen Sarge, zum gläsernen Schlosse, zum demantenen Schlosse u. drgl., bleibt aber immer dasselbe. Wir müssen zu seiner Erklärung zunächst zurückgreifen auf die Jahresmythen der alten Germanen.

Wir haben schon erwähnt, daß die Germanen jedem Monat einen besonderen Gott zuerkannten (im Dornröschen erscheinen diese Götter als Frauen), der aber immer der gleiche nur in anderem Kleide, in anderer Rolle und deshalb unter anderem Namen war. Das sind eben Allvaters (Wuotans) Wandlungen, und deshalb heißt er der „Wandler“ Im Hartung (Januar) führt er sich selbst als „Allvater“ ein; als Monatsgott aber thront er unter dem Namen Freyr (dem Wanen) in Alfheim. Er heißt da auch Froh und verweist dann auf die neuerstehende Sonne. Im Hornung (Februar) erscheint er nun selber als Wal=

vater, d. i. Totenführer, in seiner Burg Walaskialf, d. i. Totenhalle, Wallhall. Da sammelt er die entleibten Seelen, um sie durch die „Urständ" der Wiederverkörperung zuzuführen; daraus erklären sich heute noch die Balfaribräuche (bei Guido v. List „Die Religion der Ariogermanen in ihrer Esoterik und Exoterik" kann man genaueres über diese Dinge nachlesen). Die Sonne tritt in das Zeichen der Fische, während sie im Hornung im Tierkreiszeichen des Wassermanns oder der Urne steht. Im Lanzmond oder März herrscht S a g a in ihrer Götterburg Söquabekr (Sturzbach); die Sonne tritt in den Widder. Der Ostermond (April) sieht W u o t a n unter diesem Namen in Glastheim, seiner Götterburg; die Sonne steht im Stier, und dort ist also Wuotans Burg zu finden. S k a d i (Schade) ist der Monatsgott des Maien; er waltet in Thrimsheim; die Sonne ist in den Zwillingen. Das Sternbild oder vielmehr Tierkreiszeichen des Krebses bedeutet den Rückgang; die Sonne tritt deshalb mit der Sommersonnenwende, im Brachet oder Juni in dieses Zeichen ein, und es leuchtet der sterbende, todgeweihte Sonnengott B a l d u r in seiner Burg Breidablick (weiter Ausblick). Der nächste Mond, Heuet oder Heuert (Juli) sieht als Monatsgott den Wächter der Götter, H e i m - b a l l r oder Heimdold in Himmingbiörg (Himmelsburg) und die Sonne steht im Löwen. Während des Erntings (Aust, August) regiert F r e y a in ihrer Burg Volkwang; die Sonne tritt ins Zeichen der Jungfrau. Im nächsten Monat herrscht F o r s e t t i, der Vorsitzende, der Richter der Götter in Glitnir (die Sonne ist im Gleiten); die Sonne steht in der Wage, und die Wage gilt uns heute noch als Sinnbild des Rechts oder Gerichts. Das ist also der Scheiding (September). Der Gilbhart (Oktober) sieht die Sonne im Skorpion; da herrscht N j o r d in seiner Burg Noatun. Wenn die Sonne in den Schützen tritt (Laubris, Nebelung, November), ist W i d a r Monatsgott in Landwidi; in diesem Monat leistet

Wuotan als Hangatyr sein Selbstopfer im Baume Ygg=
drasil. Und im Wihimanoth, Julmond oder Dezember wird
der neue Sonnengott Uller geboren, der seine Burg Ydallir
(Eibentäler) bezieht, während die Sonne in das Zeichen
des Steinbocks tritt.

So haben wir also zwölf Götterburgen kennen gelernt,
die zusammenfallen mit dem Stand der Sonne in je einem
Sternbilde des Tierkreises. Die Gedanken, welche hinter
diesen mythologischen Verwesentlichungen stecken, sind außer=
ordentlich tief und reizvoll; aber wir können hier darauf
nicht eingehen, damit unser besonderes Ziel nicht vor dem
Auge des Lesers verloren geht. Fast alle Zwölfzahl im
Märchen erklärt sich auf diese Götterburgen und Monats=
götter hinaus, und wenn man sie daran prüft, so ergeben
sich ihre Sinndeutlichkeiten.

Allerdings ist das nun aber erst eine „exoterische“
(äußerliche) Sache; und für das seelische Gebiet sind diese
Götterburgen selbst wieder nur von symbolischer Bedeutung.
Da wird dann das Aufsteigen der Seele mit dem Aufsteigen
der Sonne verglichen: je mehr Veredelung und innere
Höhe, desto mehr Sonnenlicht. Dann wird jede Burg, an
der ein schweres, irdisch gar nicht überwindbares Hindernis
überwunden werden muß, zu einer Stufe auf dem Wege
zur Vergöttlichung der Seele, zum endlichen vollen Wieder=
eingehen in Gott. In diesem Sinne ist auch im alten
Hildebrandslied von den zwölf Zöllnern die Rede, die an
einer Burg lagern und den Weg versperren; da wird selten
ein Menschenkind Herr, das diesen geraden Weg wählen
will und mit den Zöllnern kämpfen muß. Hildebrand er=
schlägt sieben der Zöllner mit dem eigenen Schwerte und
die übrigen mit dem Schwerte seines Meisters, das ihm
noch mehr Gewalt gibt als das eigene; d. h. die ersten
sieben Stufen der Erkenntnis und Überwindung können in
der eigenen Seele, im eigenen Geiste erfolgen, für die

anderen bedarf es aber des Meisterschwertes, der „könig=
lichen Kunst" der Magie. Und wer diesen geraden Weg
nicht gehen kann über Berg und Zöllnerbrücke, der muß
weit umgehen, um zu seinem Ziele zu gelangen, d. h. diese
Seele bedarf vieler Wiederverkörperungen, um ihr Ziel, ihr
Glück zu erreichen, und hat somit weit mehr an Übelständen
zu überwinden und weit mehr an Leiden auszustehen, als
wer die Kraft gewinnt, den geraden Weg zu gehen.

Auch diese tiefe Symbolik kann hier nur in dem Um=
fange angedeutet werden, in dem es nunmehr geschehen ist.

Doch soll hier noch im Zusammenhange damit auf die
Siebendeutlichkeiten hingewiesen werden, deren wir
schon manche hatten. Auch die Siebenheiten im Märchen
gehen auf einen ähnlichen Ursprung zurück und gelten
hauptsächlich dem Liebesleben, auch da freilich nicht allein
dem menschlichen, sondern einem mystischen Liebesleben der
Seele in höherer Beziehung. Diese Stufen erklären die
Namen der sieben altgermanischen Liebesgöttinnen, der
„Guten Sieben", und wir folgen hier mit einer kurzen
Aufreihung den Darlegungen Guido v. Lists:

Die erste der Jungfrauen ist „Gefion" (Geberin), und
ist die eben erst erblühte. Sie begabt das Kind, wenn es
zur Jungfrau heranwächst, mit dem Honigtau des holden
Wesens, das den Mann zur Liebe zwingt, und sie nimmt
alle jene zu sich in ihr Gefolge auf, die als Jungfrauen
sterben, um sie zu neuem Liebesglück mit erneuten Reizen
zur Wiedergeburt zu geleiten. Snotra, die zweite, begabt
mit weiblicher Anmut und der Zierde wohlklingender Rede;
sie ist die Liebesbotin im Dienste Freyas, indem sie Liebes=
ahnen in die Herzen senkt und das Bild des Geliebten
(bezw. der Geliebten) in traumhaften Erscheinungen den
Beglückten im Schlafe zeigt. „Sniosa", die dritte, ent=
facht den Liebesfunken Snotras zum lodernden Brande,
in welchem die Herzen der Liebenden zu einem verschmelzen.

„Loba", die vierte, veranlaßt die Jungfrau, daß sie ihrem Erwählten den Ring Lobas, den Verlobungsring gibt (in alter Zeit wechselte man nicht die Ringe, sondern die Braut gab dem Bräutigam den Ring, und nur so hatte die Sitte ihren eigentlichen Sinn, da der Ring eben „Traupnir", den „Träufler" bedeutet, das Mysterium der Empfängnis und des Gebärens). „Wara", die fünfte, wahrt die Schwüre der Treue mit Flammenrunen in den Herzen der Liebenden und rächt ihren Bruch. Die sechste dieser Untergöttinnen ist „Syna", die Sinnende; die wahrt die Riegel des Braut= gemaches und rächt den Mißbrauch der Liebe (den uner= laubten sinnlichen Genuß); sie erschließt dann aber auch das Brautgemach für die siebente, die sonnige, die Frau Fene oder Fane (Zeugende, Gebärende), von der unser Frauen= name Fanny herkommt, und die keine andere ist als die Göttin Freya selber oder die „Venus", aber freilich nicht römisch lüderlich, sondern ariogermanisch keusch.

Das sind also die sieben Helferinnen der Liebe, und den „guten Sieben" stehen auch „böse Sieben" gegenüber; die leben noch mehr als die anderen im Volksworte, obwohl auch ihr Wesen nicht mehr verstanden ist, wenn man heute von einer Frau sagen hört, sie sei „eine böse Sieben" Die Namen dieser Hilfsteufelinnen sind uns nicht erhalten; wie die guten Stufe um Stufe aufwärts führen, so führen die schlimmen eben Stufe um Stufe abwärts, wenn sie Macht über die Menschen gewinnen.

Und wie — im Hinblick auf die Zwölfheiten — der Mensch Stufe um Stufe an Erkenntnis und Macht und Wert gewinnen kann, so kann er natürlich auch sinken. Die Zöllner, die in hundertfach anderem Gewande in unserem Märchen auftreten, können auch ihn überwinden statt sie; und jedes Zurückkommen ist ein Verwünschtsein; aus diesem Verwunschensein muß der Zurückgekommene erst erlöst werden, bevor er aufwärts gelangen kann. So klärt sich uns auch das Verwünschen und Verwunschensein im Märchen. Das tun wohl immer böse Gestalten, Hexen oder Zauberer, aber in Wirklichkeit verwünscht sich jede Seele selbst; denn der Zauberer oder die Hexe gewinnen immer nur Macht über die Menschenseele, wenn in dieser der Aufentwickelungs= wille lahm geworden ist, wenn sie gefehlt hat oder dem Entschlusse, zu fehlen, zugänglich geworden ist; wenn ihr „der Wunsch", nämlich der Aufstiegswille genommen werden kann, wenn sie sich festsetzt in materiellen Dingen, in bösem Verlangen, oder im Abkehr von gutem Rate. Auch die Erlösung geschieht zwar immer mit fremder Hilfe, aber der Erlöser hat immer nur noch den äußerlichen Bann zu brechen, in dem die Seele gehalten wird; innerlich hat ihn diese schon gebrochen, denn sie muß in den meisten Fällen dem nahenden Erlöser erst künden, wie der die Sache an= zufassen hat. Das aber setzt die Erkenntnis voraus, daß die Verzauberung bestimmte Ursachen hat, und weiterhin die Erkenntnis dieser Ursachen, und ferner das Erstehen des Wunsches, daß die Ursachen beseitigt werden, und end= lich den Willen, sie zu beseitigen. Dann erst kann das verwünschte Menschenkind dem kommenden Erlöser sagen, was der tun muß, um es zu erretten. Und so hat sich jene Seele, die überhaupt erlöst wird, in Wirklichkeit schon selber erlöst durch die bessere innere Richtung, die sie infolge ihrer Erkenntnis gewonnen hat, und durch den edleren Willen, der daraus entstand.

Ist nun das der innerste Gedanke des Verwünschens und Erlösens, so hat sich dieser Gedanke doch auch in äußer= licherer Weise an den Himmel geheftet; wir wissen, daß die Sonne verwünscht und erlöst wird und haben derartige Märchen bereits gedeutet.

Wenn die Seele verwünscht ist, so stockt auch das körperliche Gedeihen. Entweder die Seele kehrt in einen Tierkörper zurück, oder sie bleibt in ihrer Umhüllung, dann aber stockt für sie gewissermaßen die Zeit, sie wächst nicht und altert nicht, bis ihre Erlösung kommt. Und so wird der „Wunsch" zum Prinzip des Lebens überhaupt, wie Schopenhauer die Welt als Wille und Vorstellung sah. Der Wunsch aber ist noch hinter dem Willen; er ist der aufsteigende Lebenstrieb, der Vater des klar erfaßten Willens, und so ist er die Lebenskraft, das Leben selbst. Das Leben verläuft immer auf der nämlichen materiellen oder seelischen Höhe, auf der die Wünsche stehen. Erlahmt in einem Menschen (in einer Seele) das Wünschen, so lebt er eigentlich gar nicht mehr, und es gibt darum keinen lebensfeindlicheren Gedanken als den, daß der Mensch sein Wünschen ertöten solle.

Es ist nicht verwunderlich, daß der Wunsch den Alten als das göttliche Prinzip erschienen ist; wo er wirkt, ist Leben, wo er versagt, ist Tod. Da wurde die ganze Welt ein Wunsch der Gottheit, und die Gottheit selbst (oder wenigstens die symbolischen Ausprägungen der Einzelgötter, die ja immer nur verwesentlichte Einzelprinzipien der einen ewigen Gottheit sind) wurde mit der Kraft des Wunsches begabt dargestellt. In diesem Sinne darf man Wuotan, Donar, Ziu oder Tyr usw. als „Wunschgottheiten" ansprechen, aber nicht in dem abergläubischen Sinne, in dem es heute noch gewöhnlich, auch von Männern der Wissenschaft, geschieht.

Die Sache lebt übrigens auch gar sehr auf ebener Erde. Wenn wir uns sagen, daß der Wunsch aus Erkenntnis folgt und der Wille zur Überwindung von Hemmnissen wird (denn alles ist ihm gegenüber Hemmnis, auch die sogenannten natürlichen Gesetzmäßigkeiten) und somit Magie (Macht) zeitigt, so sehen wir diesen Wunschwert im Leben alltäglich verwirklicht. Wer seinen Nachbarn in dessen ganzer Eigenart, mit seinen Vorzügen und Schwächen, erkennt, der kann den Nachbarn „behandeln", d. h. so nützen wie er es wünscht. Das Volk spricht diese Erkenntnis aus in dem Satze „Man muß die Leute nur zu nehmen wissen", oder „Wenn man die Leute nur richtig zu fassen weiß, so hat man sie auch in der Tasche. Man eignet sich also sozusagen die Kräfte des Nachbars an, wenn man ihn kennt. Die Naturkräfte aber sind göttliche Eigenschaften; wir lernen sie erkennen und benutzen. Und auch in der Natur gibt es eine Rang= ordnung der Kräfte; die kennen wir nicht durchaus. Eine Kraft kann über die andere Herr werden, ohne daß wir die siegreiche Kraft oder ihr Verhältnis zur andern kennen; dann meinen wir, es sei etwas geschehen, was gegen die „Naturgesetze" ist, und weil nun so etwas logischer Weise nicht geschehen kann, redeten wir in Bezug darauf von Aberglauben. Aber haben wir nicht gesehen, daß die Wissenschaft gerade in den letzten Jahren sich sehr wider= willig von der Wirksamkeit der Wünschelrute inbezug auf die Quellenfindung überzeugen lassen mußte? Es wird mit vielem andern aus der alten versunkenen Welt, was man bisher zum Aberglauben rechnete, noch ebenso gehen — anscheinend ist es schon wieder annähernd so weit mit dem siderischen Pendel. Doch dies nebenbei. Je mehr also einer die Natur erkennt (und die Geistgesetze versteht!), desto mächtiger wird er werden. Unsere Naturwissenschaft ist bisher immer an den sogenannten „Naturgesetzen" hängen geblieben; vom Geist in den Dingen hat sie nichts gewahren wollen. Darin waren aber die Alten anders, und darum gelangten sie zur „Magie", zu der „königlichen Kunst", der heute noch die Freimaurer aus Überlieferung zu dienen glauben, während sie in Wirklichkeit gar nicht mehr wissen, was dieser Begriff einstmals verborgen hat. Und darum geschehen im Sinne unserer Wissenschaft heute noch „Wun= der", alle Tage; aber es sind nur Wunder für uns, weil wir ihre innere Gesetzmäßigkeit nicht verstehen; sobald wir diese verstehen, sind sie lediglich Wirkungen und wieder Ur=

sachen, wie alles übrige Geschehen auch, und wir finden gar nichts Wunderbares mehr daran.

Es ist gewiß, daß die alten Weisen im Besitze eines hohen Wissens und Erkennens gewesen sind, und wir müssen aus vielen Überlieferungen auch schließen, daß die „Hexen" (Hagedisen, die Heilswalterinnen der alten Germanen) und die „Truthen" im Besitze gewisser Kräfte und Erkenntnisse gewesen sind, die ihnen dem Nächsten gegenüber ganz besondere Hilfsleistungen ermöglichten, wie ja manche seherische Frauen aus germanischer Vorzeit uns sogar mit Namen bekannt sind. Als aber das Christentum siegreich geworden war und alles mit Gewalt abschaffte und vermehrte, was mit dem altüberkommenen Glauben zusammenhing, da wurden auch die Hexen zu bösartigen Wesen umgestempelt, und man verbreitete, sie stünden mit dem Teufel im Bunde, was ja gewissermaßen auch richtig war, nachdem man die alten Götter in Teufelsgestalten verkehrt hatte. Die Hexen wurden, wie alle die von der altgermanischen Glaubens= waltung Kenntnis hatten, aufs bitterste verfolgt, und was wir dann aus späten Jahrhunderten an Hexenprozessen er= leben, schließt sich gewöhnlich an Frauen an, die längst keine Hexen mehr waren, sondern auf die nur ein oder das andere Stück vom Wissen und von der Heilkunst der alten Hagedisen in mündlicher Überlieferung gekommen war. Da wurden ungezählte Frauen schuldlos gemordet, nur des= wegen, weil sie, wie wir heute sagen, eine gewisse „mediale Befähigung" hatten und so manche Wirkungen hervorbringen konnten, die anderen nicht möglich und nicht begreifbar waren, oder Dinge erklären konnten, die anderen Leuten rätselhaft geblieben sind.

Die richtige Hexe der Alten freilich gehörte zu den weisen Frauen, die ihr Leben in den Dienst des „Wunsches" stellten, nämlich des Willens zum seelischen Emporstieg und auch zum seelischen Emporhelfen anderen gegenüber. Anders

ist es mit den Zauberern, von denen im Märchen viel die
Rede ist. Die gingen nicht unmittelbar aus der altgerma=
nischen Kultwaltung hervor, sondern schlossen an an die
kabbalistische Zeit des Mittelalters, als das alte Wissen
größtenteils erloschen war und man nur nach gewissen
brotreichen Künsten wie dem „Stein der Weisen“ in der
Alchemie suchte. In jener Zeit kam das bösartige Zauber=
treiben auf, das sich um die Gerechtsame des Nebenmenschen
nicht mehr kümmerte in Verfolgung eigensüchtiger, ungött=
licher Ziele, und großenteils waren die Ausübenden Juden,
welche Erscheinung ja schon früher in diesem Buche ihre
Erklärung gefunden hat. An die Gestalten dieser Zauberer
schließt das Märchen gerne seine Verwünschungsgeschichten
an, doch wollen wir uns nun hauptsächlich den Glasberg=
märchen zuwenden und Verwünschungen nur insoweit mit
erklären, als sie eben gerade eine Rolle spielen.

Der König vom goldenen Berge.
(Nach Grimm.)

Ein Kaufmann, der hatte zwei Kinder, einen Buben
und ein Mädchen, die waren beide noch klein und konnten
noch nicht laufen. Es gingen aber zwei reichbeladene Schiffe
von ihm auf dem Meer, und sein ganzes Vermögen war
darinnen. Und, wie er meinte, dadurch viel Geld zu ver=
dienen, kam die Nachricht, sie wären versunken. Da war
er nun statt eines reichen Mannes ein armer Mann und
hatte nichts mehr übrig als einen Acker vor der Stadt.
Um sich sein Unglück ein wenig aus den Gedanken zu
schlagen, ging er hinaus auf den Acker, und wie er da so
auf und ab ging, stand auf einmal ein kleines, schwarzes
Männchen neben ihm und fragte, warum er so traurig
wäre und was er sich so zu Herzen nähme. Da sprach der
Kaufmann: „Wenn du mir helfen könntest, wollt’ ich dir
es wohl sagen.“ „Wer weiß“, antwortete das schwarze

Männchen, „vielleicht helf' ich dir." Da erzählte der Kauf=
mann, daß ihm sein ganzer Reichtum auf dem Meer zu=
grunde gegangen wäre, und hätte er nichts mehr übrig als
diesen Acker. „Bekümmere dich nicht", sagte das Männchen,
„wenn du mir versprichst, das, was dir zu Haus am ersten
widers Bein stößt, in zwölf Jahren hierher auf den Platz
zu bringen, sollst du Geld haben, so viel du willst." Der
Kaufmann dachte: „Was kann das anders sein als mein
Hund?" Aber an seinen kleinen Jungen dachte er nicht
und sagte „ja", gab dem schwarzen Mann Handschrift und
Siegel darüber und ging nach Haus.

Als er nach Haus kam, da freute sich sein kleiner Junge
so sehr darüber, daß er sich an den Bänken hielt, zu ihm
herbeiwackelte und ihn an den Beinen fest packte. Da er=
schrak der Vater, denn es fiel ihm sein Versprechen ein,
und er wußte nun, was er verschrieben hatte; weil er aber
immer noch kein Geld in seinen Kisten und Kasten fand,
dachte er, es wäre nur ein Spaß von dem Männchen ge=
wesen. Einen Monat nachher ging er auf den Boden und
wollte altes Zinn zusammensuchen und verkaufen, da sah
er einen großen Haufen Geld liegen. Nun ward er wieder
guter Dinge, kaufte ein, ward ein größerer Kaufmann als
vorher und ließ Gott einen guten Mann sein. Unterdessen
war der Junge groß und dabei klug und gescheid. Je näher
aber die zwölf Jahre herbeikamen, je sorgenvoller ward der
Kaufmann, so daß man ihm die Angst im Gesicht sehen
konnte. Da fragte ihn der Sohn einmal, was ihm fehle;
der Vater wollte es nicht sagen, aber jener hielt so lange
an, bis er ihm endlich sagte, er hätte ihn, ohne zu wissen,
was er verspräche, einem schwarzen Männchen zugesagt und
vieles Geld dafür bekommen. Er hätte seine Handschrift
mit Siegel darüber gegeben, und nun müßte er ihn, wenn
zwölf Jahre herum wären, ausliefern. Da sprach der Sohn:
„O Vater, laßt euch nicht bang sein, das soll schon gut
werden; der Schwarze hat keine Macht über mich."

Der Sohn ließ sich von dem Geistlichen segnen, und
als die Stunde kam, gingen sie zusammen hinaus auf den
Acker, und der Sohn machte einen Kreis und stellte sich
mit seinem Vater hinein. Da kam das schwarze Männchen
und sprach zu dem Alten: „Hast du mitgebracht, was du

mir verſprochen haſt?" Er ſchwieg ſtill, aber der Sohn
fragte: „Was willſt du hier?" Da ſagte das ſchwarze
Männchen: „Ich habe mit deinem Vater zu ſprechen und
nicht mit dir!" Der Sohn antwortete: „Du haſt meinen
Vater betrogen und verführt, gib die Handſchrift heraus!"
„Nein", ſagte das ſchwarze Männchen, „mein Recht gebe
ich nicht auf." Da redeten ſie noch lange miteinander,
endlich wurden ſie einig, der Sohn, weil er nicht dem Erb=
feind, und nicht mehr ſeinem Vater zugehörte, ſolle ſich in
ein Schiffchen ſetzen, das auf einem hinabwärts fließenden
Waſſer ſtände, und der Vater ſollte es mit ſeinem eigenen
Fuße fortſtoßen, und dann ſollte der Sohn dem Waſſer
überlaſſen bleiben. Da nahm er Abſchied von ſeinem Vater,
ſetzte ſich in ein Schiffchen, und der Vater mußte es mit
ſeinem eigenen Fuß fortſtoßen. Das Schiffchen ſchlug um,
ſo daß der unterſte Teil oben war, die Decke aber im
Waſſer; und der Vater glaubte, ſein Sohn wäre verloren,
ging heim und trauerte um ihn.

Das Schiffchen aber verſank nicht, ſondern floß ruhig
fort, und der Jüngling ſaß ſicher darin, und ſo floß es
lange, bis es endlich an einem unbekannten Ufer feſtſitzen
blieb. Da ſtieg er ans Land, ſah ein ſchönes Schloß vor
ſich liegen und ging darauf los. Wie er aber hineintrat,
war es verwünſcht; er ging durch alle Zimmer, aber ſie
waren leer, bis er in die letzte Kammer kam, da lag eine
Schlange darinnen und ringelte ſich. Die Schlange aber
war eine verwünſchte Jungfrau, und freute ſich, wie ſie ihn
ſah, und ſprach zu ihm: „Kommſt du, mein Erlöſer? Auf
dich habe ich ſchon zwölf Jahre gewartet; dies Reich iſt
verwünſcht, und du mußt es erlöſen!" „Wie kann ich das?"
fragte er. „Heute nacht kommen zwölf ſchwarze Männer,
die mit Ketten behangen ſind, die werden dich fragen, was
du hier machſt, da ſchweig aber ſtill und gib ihnen keine
Antwort und laß ſie mit dir machen, was ſie wollen; ſie
werden dich quälen, plagen und ſtechen, laſſ' alles geſchehen,
nur rede nicht; um zwölf Uhr müſſen ſie wieder fort. Und
in der zweiten Nacht werden wieder zwölf andere kommen.
In der dritten vierundzwanzig. Die werden dir den Kopf
abhauen; aber um zwölf Uhr iſt ihre Macht vorbei, und
wenn du dann ausgehalten und kein Wörtchen geſprochen

haſt, ſo bin ich erlöſt. Ich komme zu dir und habe in einer
Flaſche das Waſſer des Lebens, damit beſtreiche ich dich,
und dann biſt du wieder lebendig und geſund wie zuvor.“
Da ſprach er: „Gerne will ich dich erlöſen.“ Es geſchah
nun alles ſo, wie ſie es geſagt hatte; die ſchwarzen Männer
konnten ihm kein Wort abzwingen, und in der dritten Nacht
ward die Schlange zu einer ſchönen Königstochter, die kam
mit dem Waſſer des Lebens und machte ihn wieder lebendig.
Und dann fiel ſie ihm um den Hals und küßte ihn, und
war Jubel und Freude im ganzen Schloß. Da wurde ihre
Hochzeit gehalten, und er war König vom goldenen Berge.

Alſo lebten ſie vergnügt zuſammen, und die Königin
gebar einen ſchönen Knaben. Acht Jahre waren ſchon
herum, da fiel ihm ſein Vater ein, und ſein Herz ward
bewegt, und er wünſchte ihn einmal heimzuſuchen. Die
Königin wollte ihn aber nicht fortlaſſen und ſagte: „Ich
weiß ſchon, daß es mein Unglück iſt!“ Er ließ ihr aber
keine Ruhe, bis ſie einwilligte. Beim Abſchied gab ſie ihm
noch einen Wünſchring und ſprach: „Nimm dieſen Ring
und ſtecke ihn an deinen Finger, ſo wirſt du alsbald dahin
verſetzt, wo du dich hinwünſcheſt, nur mußt du mir ver=
ſprechen, daß du ihn nicht gebrauchſt, mich von hier weg
zu deinem Vater zu wünſchen.“ Er verſprach ihr das,
ſteckte den Ring an ſeinen Finger und wünſchte ſich heim
vor die Stadt, wo ſein Vater lebte. Im Augenblick befand
er ſich auch dort und wollte in die Stadt; wie er aber vor’s
Tor kam, wollten ihn die Schildwachen nicht einlaſſen, weil
er ſeltſame und doch ſo reiche und prächtige Kleider anhatte.
Da ging er auf einen Berg, wo ein Schäfer hütete, tauſchte
mit dieſem die Kleider und zog den alten Schäferrock an
und ging alſo ungeſtört in die Stadt ein. Als er zu ſeinem
Vater kam, gab er ſich zu erkennen, der aber glaubte
nimmermehr, daß es ſein Sohn wäre, und ſagte, er hätte
zwar einen Sohn gehabt, der wäre aber längſt tot; doch
weil er ſehe, daß er ein armer, dürftiger Schäfer wäre, ſo
wollte er ihm einen Teller voll zu eſſen gebeu. Da ſprach
der Schäfer zu ſeinen Eltern: „Ich bin wahrhaftig euer
Sohn; wißt ihr kein Mal an meinem Leibe, woran ihr
mich erkennen könnt?“ „Ja“, ſagte die Mutter, „unſer
Sohn hatte eine Himbeere unter dem rechten Arm.“ Er

streifte das Hemd zurück, da sahen sie die Himbeere unter seinem rechten Arm und zweifelten nicht mehr, daß er ihr Sohn wäre. Darauf erzählte er ihnen, er wäre König vom goldenen Berge, und eine Königstochter wäre seine Gemahlin, und sie hätten einen schönen Sohn von sieben Jahren. Da sprach der Vater: „Nun und nimmermehr ist das wahr; das ist mir ein schöner König, der in einem zerlumpten Schäferrock einhergeht!" Da ward der Sohn zornig, und drehte, ohne an sein Versprechen zu denken, den Ring herum, und wünschte beide, seine Gemahlin und sein Kind, zu sich. In demselben Augenblick waren sie auch da, aber die Königin, die klagte und weinte und sagte, er hätte sein Wort gebrochen und hätte sie unglücklich gemacht. Er sagte: „Ich habe es unachtsam getan und nicht mit bösem Willen", und redete ihr zu; sie stellte sich auch, als gäbe sie nach, aber sie hatte Böses im Sinn.

Da führte er sie hinaus vor die Stadt auf den Acker und zeigte ihr das Wasser, wo das Schiffchen war abgestoßen worden, und sprach dann: „Ich bin müde, setze dich nieder, ich will ein wenig auf deinem Schoß schlafen." Da legte er seinen Kopf auf ihren Schoß und sie lauste ihn ein wenig, bis er einschlief. Als er eingeschlafen war, zog sie erst den Ring von seinem Finger, dann zog sie den Fuß unter ihm weg und ließ nur den Toffel zurück; hierauf nahm sie ihr Kind in den Arm und wünschte sich wieder in ihr Königreich. Als er aufwachte, lag er da ganz verlassen, und seine Gemahlin und das Kind waren fort, und der Ring vom Finger auch, nur der Toffel stand noch da zum Wahrzeichen. „Nach Haus zu deinen Eltern kannst du nicht gehen", dachte er; „die würden sagen, du wärst ein Hexenmeister. Du willst aufpacken und gehen, bis du in dein Königreich kommst!" — Also ging er fort und kam endlich zu einem Berg, vor dem drei Riesen standen und mit einander stritten, weil sie nicht wußten, wie sie ihres Vaters Erbe teilen sollten. Als sie ihn vorbeigehen sahen, riefen sie ihn an und sagten, kleine Menschen hätten klugen Sinn; er sollte ihnen die Erbschaft verteilen. Die Erbschaft aber bestand aus einem Degen, wenn einer den in die Hand nahm und sprach: „Köpf' alle runter, nur meiner nicht", so lagen alle Köpfe auf der Erde. Zweitens aus einem Mantel, wer den anzog, war unsichtbar; drittens aus einem Paar Stiefel, wenn man die angezogen hatte und sich wohinwünschte, so war man im Augenblick da. Er sagte: „Gebt mir die drei Stücke, damit ich probieren könnte, ob sie noch in gutem Stande sind." Da gaben sie ihm den Mantel, und als er ihn umgehängt hatte, war er unsichtbar, und war in eine Fliege verwandelt. Da nahm er wieder seine Gestalt an und sprach: „Der Mantel ist gut, nun gebt mir das Schwert." Sie sagten: „Nein, das geben wir nicht. Wenn du sprächst: Köpf' alle runter, nur meiner nicht, so wären alle Köpfe herab, und du allein hättest den deinigen noch." Doch gaben sie es ihm unter der Bedingung, daß er's an einem Baum probieren sollte. Das tat er, und das Schwert zerschnitt den Stamm eines Baumes wie einen Strohhalm. Nun wollt' er noch die Stiefeln haben, sie sprachen aber: „Nein, die geben wir nicht weg, wenn du sie angezogen hättest und wünschtest dich oben auf den Berg, so stünden wir da unten und hätten nichts." „Nein", sprach er, „das will ich nicht tun." Da gaben sie ihm auch die Stiefeln. Wie er nun alle drei Stücke hatte, so dachte er an nichts wie an seine Frau und sein Kind und sprach so vor sich hin: „Ach, wär' ich auf dem goldenen Berg", und alsbald verschwand er vor den Augen der Riesen, und war also ihr Erbe geteilt. Als er nahe beim Schloß war, hörte er Freudengeschrei, Geigen und Flöten, und die Leute sagten ihm, seine Gemahlin feierte ihre Hochzeit mit einem anderen. Da ward er zornig und sprach: „Die Falsche, sie hat mich betrogen und mich verlassen, als ich eingeschlafen war." Da hing er seinen Mantel um und ging unsichtbar ins Schloß hinein. Als er in den Saal eintrat, war da eine große Tafel, mit köstlichen Speisen besetzt, und die Gäste aßen und tranken, lachten und scherzten. Sie aber saß in der Mitte in prächtigen Kleidern auf einem königlichen Sessel und hatte die Krone auf dem Haupt. Er stellte sich hinter sie, und niemand sah ihn. Wenn sie ihr ein Stück Fleisch auf den Teller legten, nahm er ihn weg und aß es, und wenn sie ihr ein Glas Wein einschenkten, nahm er's weg und trank's aus; sie gaben ihr immer, und sie hatte doch immer nichts, denn Teller und Glas verschwanden augenblicklich. Da ward sie bestürzt und schämte sich, stand auf und ging in ihre Kammer und weinte, er aber ging hinter ihr her. Da sprach sie: „Ist denn der Teufel hinter mir, oder kam mein Erlöser nie?" Da schlug er ihr ins Angesicht und sagte: „Kam dein Erlöser nie? Er ist über dir, du Betrügerin. Habe ich das an dir verdient?" Da machte er sich sichtbar, ging in den Saal und rief: „Die Hochzeit ist aus, der wahre König ist gekommen." Die Könige, Fürsten und Räte, die da versammelt waren, höhnten und verlachten ihn: er aber gab kurze Worte und sprach: „Wollt ihr hinaus oder nicht?" Da wollten sie ihn fangen und drangen auf ihn ein, aber er zog sein Schwert und sprach: „Köpf' alle runter, nur meiner nicht!" da rollten alle Köpfe zur Erde, und er war allein der Herr, und war wieder König vom goldenen Berge.

Auch dieses Märchen ist, obwohl aus uralten Motiven, in der vorliegenden Weise doch erst in christlicher Zeit geformt. Den ersten Teil haben wir fast gleich schon kennen gelernt in dem anderen Märchen vom Königssohn und der Teufelstochter. Hier ist es ein schwarzes Männchen, welches das böse Prinzip vertritt; weiß ist ja immer theonisch und schwarz dämonisch.

Der Kaufmannssohn hier ist dem Bösen nicht überliefert durch das unbedachte Versprechen seines Vaters. Aber er muß sich doch schon lösen durch Erfüllung einer besonderen Aufgabe. Diese Aufgabe ist die Erlösung der Prinzessin vom goldenen Berge, und sie gelingt ihm. Er befreit die „leuchtend Geborgene" und kommt dadurch zu großer Ehre, deren er noch nicht würdig ist, da er sein eigenes Selbst noch nicht beherrscht. Die Strafe dafür folgt auf dem Fuße; aber freilich fehlt nun auch die Erlöste. Sie betrachtet sich als frei, während sie es nicht ist; sie nimmt von Haus aus an, daß sich der Gatte nicht wieder zu ihr finden werde, vielleicht gar, daß er umkommt. Das ist ein böser Wunsch, und er rächt sich an ihr selber. Denn der versetzte Gatte gelangt doch wieder auf den goldenen Berg, und als er da in Bedrängnis kommt, sagt er: „Köpf' alle runter, nur meiner nicht!" Das Märchen sagt es nicht ausdrücklich, ob da auch die Gattin und das Kind inbegriffen sind, aber wir können es annehmen, wenn sie im gleichen Raume waren. Aber wie dem auch sei: es ist keine hohe geistige Ebene, von der dies Märchen zeugt. Auch die Riesen, die sich um ihr Erbteil stritten, sind darum betrogen, wenn das auch im Märchen beschönigt wird. Denn das Märchen läßt den König vom goldenen Berge ganz vergessen, daß er die Dinge der Riesen in Händen hat, läßt in ihm die Sehnsucht nach Frau und Kind plötzlich emporwachsen, und zwingt ihm so den Seufzer auf die Zunge, der sich als einen Wunsch darstellt, welcher dank den Eigenschaften der Riesendinge Erfüllung findet. Allerdings gehören die Riesen zum dä= monischen Weltwillen, und sie kommen im Märchen immer nicht gut fort, da sie ja meist Menschenfresser oder sonstige bösartig=rohe Gestalten sind, und ihre Macht zu mindern oder zu enden, ist ein Verdienst. Aber im vorliegenden Märchen wird eine Gutgläubigkeit vorausgesetzt, die nur schwer aufzubringen ist im Rahmen der geschilderten Um= stände.

Die Jungfrau ist hier in der Verzauberung eine Schlange. Wie und warum sie es ward, erfahren wir nicht. Die Schlange ist ein altheiliges Tier, und mythisch ist die Mitgardschlange ja das Meer. Es könnte also hinter den Worten des Märchens stehen: die Jungfrau, die hier zu erlösen ist, gehört zur Meeresrasse, zu den Atlantiern, während der Befreier der fünften Menschenrasse dem Arier= tum angehört. Das würde vielleicht auch die Geschehnisse des Märchens begreiflicher erscheinen lassen. Aber allzu ernst ist die Sache nicht zu nehmen; denn wenn man erst sehend geworden ist, besteht natürlich immer die Gefahr, daß man zuweilen einmal etwas hineinliest in die alten Überlieferungen, was nicht drin steht. Symbolisch hängt die Schlange zusammen mit dem Ewigkeitsring, der auch vielfach dargestellt wird durch eine Schlange, welche sich selber in den Schwanz beißt.

Auffällig ist die starke Verwendung der Zwölfzahl. Zwölf Jahre ist der Knabe, da ihn das Männlein fordert; auch die Jungfrau aber ist in ihrem Schlosse zwölf Jahre verwünscht, und zwei mal zwölf dämonische Männer und dann noch 24 (also zweimal zwölf) suchen die Erlösungs= absicht des Jünglings zu hintertreiben, so daß man fast annehmen möchte, das Märchen solle eine Jahresmythe ver= hehlen, wofür sich aber keine weiteren Anhaltspunkte ergeben.

Das singende, springende Löweneckerchen.
(Nach Grimm.)

Es war einmal ein Mann, der hatte eine große Reise vor, und beim Abschied fragte er seine drei Töchter, was er ihnen mitbringen sollte. Da wollte die älteste Perlen, die zweite wollte Diamanten, die dritte aber sprach: „Lieber Vater, ich wünsche mir ein singendes, springendes Löwen= eckerchen (Lerche)". Der Vater sagte: „Ja, wenn ich es kriegen kann, sollst du es haben", küßte alle drei und zog fort. Als nun die Zeit kam, daß er wieder auf dem Heim= weg war, so hatte er Perlen und Diamanten für die zwei ältesten gekauft, aber das singende, springende Löweneckerchen für die jüngste hatte er umsonst allerorten gesucht, und das tat ihm leid, denn sie war sein liebstes Kind. Da führte ihn der Weg durch einen Wald, und mitten darin war ein prächtiges Schloß, und nah am Schlosse stand ein Baum, ganz oben auf der Spitze des Baumes aber sah er ein Löweneckerchen singen und springen. „Ei, du kommst mir gerade recht", sagte er ganz vergnügt, und rief seinen Diener, er sollte hinaufsteigen und das Tierchen fangen. Wie er aber zu dem Baum trat, sprang ein Löwe darunter auf, schüttelte sich und brüllte, daß das Laub an den Bäumen zitterte. „Wer mir mein singendes, springendes Löwen=

eckerchen stehlen will", rief er, „den fresse ich auf!" Da
sagte der Mann: „Ich habe nicht gewußt, daß der Vogel
dir gehört; ich will mein Unrecht wieder gut machen und
mich mit schwerem Golde loskaufen; laß' mir nur das
Leben." Der Löwe sprach: „Dich kann nichts retten, als
wenn du mir zu eigen versprichst, was dir daheim zuerst
begegnet. Willst du das aber tun, so schenke ich dir das
Leben, und den Vogel für deine Tochter obendrein." Der
Mann aber weigerte sich und sprach: „Das könnte meine
jüngste Tochter sein, die hat mich am liebsten und läuft mir
immer entgegen, wenn ich nach Haus komme." Dem Diener
aber war angst, und er sagte: „Muß euch denn gerade eure
Tochter begegnen? Es könnte ja auch eine Katze oder ein
Hund sein!" Da ließ sich der Mann überreden, nahm das
singende, springende Löweneckerchen und versprach dem
Löwen zu eigen, was ihm daheim zuerst begegnen würde.

Wie er daheim anlangte und in sein Haus eintrat, war
das erste, was ihm begegnete, niemand anders als seine
jüngste, liebste Tochter. Die kam gelaufen, küßte und herzte
ihn, und als sie sah, daß er ein singendes, springendes
Löweneckerchen mitgebracht hatte, war sie außer sich vor
Freude. Der Vater aber konnte sich nicht freuen, sondern
fing an zu weinen und sagte: „Mein liebstes Kind, den
kleinen Vogel habe ich teuer gekauft; ich habe dich dafür
einem wilden Löwen versprechen müssen, und wenn er dich
hat, wird er dich zerreißen und fressen", und erzählte ihr
da alles, wie es zugegangen war, und bat sie, nicht hinzugehen, es möchte auch kommen, was da wollte. Sie
tröstete ihn aber und sprach: „Liebster Vater, was ihr versprochen habt, muß auch gehalten werden; ich will hingehen
und will den Löwen schon besänftigen, daß ich wieder gesund
zu euch komme." Am andern Morgen ließ sie sich den Weg
zeigen, nahm Abschied und ging getrost in den Wald hinein.
Der Löwe aber war ein verzauberter Königssohn, und war
bei Tag ein Löwe, und mit ihm wurden alle seine Leute
Löwen, in der Nacht aber hatten sie ihre natürliche menschliche Gestalt. Bei ihrer Ankunft ward sie freundlich empfangen und in das Schloß geführt. Als die Nacht kam,
war er ein schöner Mann, und die Hochzeit ward mit Pracht
gefeiert. Sie lebten vergnügt mit einander, wachten in der

Nacht und schliefen am Tage. Zu einer Zeit kam er und
sagte: „Morgen ist ein Fest in deines Vaters Haus, weil
deine älteste Schwester sich verheiratet, und wenn du Lust
hast, hinzugehen, so sollen dich meine Löwen hinführen.“
Da sagte sie ja, sie möchte gern ihren Vater wiedersehen,
fuhr hin und ward von den Löwen begleitet. Da war
große Freude, als sie ankam, denn sie hatten alle geglaubt,
sie wäre von dem Löwen zerrissen worden und schon lange
nicht mehr am Leben. Sie erzählte aber, was sie für einen
schönen Mann hätte, und wie gut es ihr ginge, und blieb
bei ihnen, so lang die Hochzeit dauerte, dann fuhr sie wieder
zurück in den Wald. Wie die zweite Tochter heiratete und
sie wieder zur Hochzeit eingeladen war, sprach sie zum
Löwen: „Diesmal will ich nicht allein sein, du mußt mit=
gehen.“ Der Löwe aber sagte, das wäre zu gefährlich für
ihn, denn wenn dort der Strahl eines brennenden Lichts
ihn berührte, so würde er in eine Taube verwandelt und
müßte sieben Jahre lang mit den Tauben fliegen. „Ach“,
sagte sie, „geh nur mit mir; ich will dich schon hüten und
vor allem Licht bewahren.“ Also zogen sie zusammen und
nahmen auch ihr kleines Kind mit. Sie ließ dort einen
Saal mauern, so stark und dick, darin sollte er sitzen, wenn
die Hochzeitslichter angesteckt würden. Die Tür aber war
von frischem Holz gemacht, das sprang und bekam einen
kleinen Ritz, den kein Mensch bemerkte. Nun ward die
Hochzeit mit Pracht gefeiert, wie aber der Zug aus der
Kirche zurückkam mit den vielen Fackeln und Lichtern, an
dem Saal vorbei, da fiel ein haarbreiter Strahl auf den
Königssohn, und wie dieser Strahl ihn berührt hatte, in
dem Augenblick war er auch verwandelt, und als sie hinein=
kam und ihn suchte, sah sie ihn nicht, aber es saß da eine
weiße Taube. Die Taube sprach zu ihr: „Sieben Jahre
muß ich in die Welt fortfliegen; alle sieben Schritte aber
will ich einen roten Blutstropfen und eine weiße Feder
fallen lassen; die sollen dir den Weg zeigen; wenn du dieser
Spur folgen willst, kannst du mich erlösen.“

Da flog die Taube zur Tür hinaus, und sie folgte ihr
nach, und alle sieben Schritte fiel ein rotes Blutströpfchen
und ein weißes Federchen herab und zeigten ihr den Weg.
So ging sie immer zu in die weite Welt hinein und schaute

nicht um sich und ruhte sich nicht, und waren fast die sieben Jahre herum, da freute sie sich und meinte, sie wären bald erlöst, und war noch so weit davon. Einmal, als sie so fort ging, fiel kein Federchen mehr und auch kein rotes Blutströpfchen, und als sie die Augen aufschlug, so war die Taube verschwunden, und weil sie dachte „Menschen können da nicht helfen", so stieg sie zur Sonne hinauf und sagte zu ihr: „Du scheinst in alle Ritzen und über alle Spitzen, hast du keine weiße Taube fliegen sehen?" „Nein", sagte die Sonne, „ich habe keine gesehen, aber da schenke ich dir ein Kästchen, das mach' auf, wenn du in großer Not bist." Da dankte sie der Sonne und ging weiter, bis es Abend war und der Mond schien, da fragte sie ihn: „Du scheinst ja die ganze Nacht und durch alle Felder und Wälder, hast du keine weiße Taube fliegen sehen?" „Nein", sagte der Mond, „ich habe keine gesehen, aber da schenke ich dir ein Ei, das zerbrich, wenn du in großer Not bist." Da dankte sie dem Mond und ging weiter, bis der Nachtwind heran= kam und sie anblies, da sprach sie zu ihm: „Du wehst ja über alle Berge und unter allen Blättern weg, hast du keine weiße Taube fliegen sehen?" „Nein", sagte der Nacht= wind, ich habe keine gesehen, aber ich will die drei andern Winde fragen, die haben sie vielleicht gesehen." Der Ost= wind und der Westwind kamen und hatten nichts gesehen; der Südwind aber sprach: „Die weiße Taube habe ich ge= sehen; die ist zum roten Meere geflogen, da ist sie wieder ein Löwe geworden, denn die sieben Jahre sind herum, und der Löwe steht dort im Kampf mit einem Lindwurm, der Lindwurm ist aber eine verzauberte Königstochter." Da sagte der Nachtwind: „Ich will dir Rat geben, geh' zum Roten Meer, am rechten Ufer, da stehen große Ruten, die zähle, und die eilfte schneid' dir ab, und schlag' den Lind= wurm damit, dann kann ihn der Löwe bezwingen, und beide bekommen auch ihren menschlichen Leib wieder. Hernach schau dich um, und du wirst den Vogel Greif sehen, der am Roten Meer sitzt; schwing dich mit deinem Liebsten auf seinen Rücken, der Vogel wird euch über's Meer nachhaus tragen. Da hast du auch eine Nuß, wenn du mitten über dem Meere bist, laß' die herabfallen, alsbald wird sie aufgehen, und ein großer Nußbaum wird aus dem Wasser hervor=

wachsen, auf dem sich der Greif ausruht, und könnte er nicht ruhen, so wäre er nicht stark genug, euch hinüber zu tragen, und wenn du vergißt, die Nuß hinabzuwerfen, so läßt er euch ins Meer fallen."

Da ging sie hin und fand alles, wie der Nachtwind gesagt hatte. Sie zählte die Ruten am Meer und schnitt die eilfte ab; damit schlug sie den Lindwurm, und der Löwe bezwang ihn, alsbald hatten beide ihren menschlichen Leib wieder. Aber wie die Königstochter, die vorher ein Lind=wurm gewesen war, vom Zauber frei war, nahm sie den Jüngling in den Arm, setzte sich auf den Vogel Greif, und führte ihn mit sich fort. Da stand die arme Weitgewanderte, und war wieder verlassen, und setzte sich nieder und weinte. Endlich aber ermutigte sie sich und sprach: „Ich will noch so weit gehen als der Wind weht, und so lange, als der Hahn kräht, bis ich ihn finde." Und ging fort, lange, lange Wege, bis sie endlich zu dem Schloß kam, wo beide zu=sammen lebten; da hörte sie, daß bald ein Fest wäre, wo sie Hochzeit miteinander machen wollten. Sie sprach aber: „Gott hilft mir noch", und öffnete das Kästchen, das ihr die Sonne gegeben hatte; da lag ein Kleid darin, so glänzend wie die Sonne selber. Da nahm sie es heraus und zog es an und ging hinauf in das Schloß, und alle Leute und die Braut selber sahen sie mit Verwunderung an; und das Kleid gefiel der Braut so gut, daß sie dachte, es könnte ihr Hochzeitskleid geben, und fragte, ob es nicht feil wäre? „Nicht für Geld und Gut", antwortete sie, „aber für Fleisch und Blut." Die Braut fragte, was sie damit meinte. Da sagte sie: „Laß' mich eine Nacht in der Kammer schlafen, wo der Bräutigam schläft." Die Braut wollte nicht und wollte doch gern das Kleid haben, endlich willigte sie ein, aber der Kammerdiener mußte dem Königsjohn einen Schlaf=trunk geben. Als es nun Nacht war und der Jüngling schon schlief, ward sie in die Kammer geführt. Da setzte sie sich ans Bett und sagte: „Ich bin dir nachgefolgt sieben Jahre, bin bei Sonne und Mond und bei den vier Winden gewesen und habe nach dir gefragt und habe dir geholfen gegen den Lindwurm, willst du mich denn ganz vergessen?" Der Königssohn aber schlief so hart, daß es ihm nur vor=kam, als rauschte der Wind draußen in den Tannenbäumen.

Wie nun der Morgen anbrach, da ward sie wieder hinaus=
geführt, und mußte das goldene Kleid hingeben. Und als
auch das nichts geholfen hatte, ward sie traurig, ging hinaus
auf eine Wiese, setzte sich dahin und weinte. Und wie sie
so saß, da fiel ihr das Ei noch ein, das ihr der Mond ge=
geben hatte; sie schlug es auf, da kam eine Glucke heraus
mit zwölf Küchlein ganz von Gold, die liefen herum und
piepten und krochen der Alten wieder unter die Flügel, so
daß nichts Schöneres auf der Welt zu sehen war. Da stand
sie auf, trieb sie auf der Wiese vor sich her, so lange, bis
die Braut aus dem Fenster sah, und da gefielen ihr die
kleinen Küchlein so gut, daß sie gleich herabkam und fragte,
ob sie nicht feil wären? „Nicht für Geld und Gut, aber
für Fleisch und Blut; laßt mich noch eine Nacht in der
Kammer schlafen, wo der Bräutigam schläft!“ Die Braut
sagte „ja“ und wollte sie betrügen, wie am vorigen Abend.
Als aber der Königssohn zu Bett ging, fragte er seinen
Kammerdiener, was das Murmeln und Rauschen in der
Nacht gewesen sei. Da erzählte der Kammerdiener alles,
daß er ihm einen Schlaftrunk hätte geben müssen, weil ein
armes Mädchen heimlich in der Kammer geschlafen hätte,
und heute nacht sollte er ihm wieder einen geben. Sagte
der Königssohn: „Gieß' den Trank neben dem Bett aus!“
Zur Nacht wurde sie wieder hereingeführt, und als sie an=
fing zu erzählen, wie es ihr traurig ergangen wäre, da
erkannte er gleich an der Stimme seine liebe Gemahlin,
sprang auf und rief: „Jetzt bin ich erst recht erlöst; mir ist
gewesen, wie in einem Traum, denn die fremde Königs=
tochter hatte mich bezaubert, daß ich dich vergessen mußte,
aber Gott hat zur rechten Stunde die Betörung von mir
genommen.“ Da gingen sie beide in der Nacht heimlich
aus dem Schloß, denn sie fürchteten sich vor dem Vater der
Königstochter, der ein Zauberer war, und setzten sich auf
den Vogel Greif, der trug sie über das Rote Meer, und
als sie in der Mitte waren, ließ sie die Nuß fallen. Als=
bald wuchs ein großer Nußbaum, darauf ruhte sich der
Vogel, und dann führte er sie nachhaus, wo sie ihr Kind
fanden, das war groß und schön geworden, und sie lebten
von nun an vergnügt bis an ihr Ende.

Auch hier sind verschiedene Motive zusammengeraten, von denen uns einzelne bereits begegnet sind. Der Eingang klingt wie Aschenputtel, dann finden wir den Löwen, der sich eine Braut erwirbt und das Löweneckerchen (die Lerche) bewacht, von dem wir dann nichts weiter vernehmen. Der Löwe aber ist ein verzauberter Königssohn, der sich, als ein Lichtstrahl auf ihn fällt, für sieben Jahre in eine Taube verwandelt und dann durch seine Frau erlöst werden muß, wobei er aber gleich in die Hände einer mit entzauberten Frau fällt, und dabei spielen dann wieder die drei Kleider ihre Rolle.

Zunächst vom Löweneckerchen. Diese Bezeichnung für die Lerche wird heute kaum noch anzutreffen sein; es ist auch fraglich, ob sie jemals über größere Gebiete hin allgemein gewesen ist. Man muß wieder auf die alten Symbolwerte (nach List) zurückgreifen, um sie erklären zu können. Der Löwe birgt kalisch das Leben, und die Eiche als eof, ecker schließt in sich: gesetzmäßige Bewegung, Erregung, Können. Was die dritte Tochter von dem Vater fordert, ist also Lebenserregung, Lebenskunst, und da verstehen wir nun auch die Beiworte vom „singenden, springenden" Löweneckerchen. Lebenskunst ist freilich schwerer zu erringen als eine Singelerche im freien Felde, und wir wundern uns nun nicht mehr, daß der Vater dafür dem Löwen (Leben) seine Tochter verspricht. Schrecklich ist das ja nur im unmittelbaren Verstande, aber nicht in der Sinndeute: wer Lebenskunst gewinnen will, muß sich dem Leben ergeben. Die Tochter tut es, und. gewinnt hohe Werte aus dieser Verbindung; das Leben, das so gefährlich aussieht, ist ein verzauberter Königssohn (ist gottesabkömmlich), und den Gewinn versinndeutet in unserem Märchen das Kind. Aber dies Leben ist tagabgewandt; nur des Nachts hat der Löwe seine menschliche Gestalt. Da müssen wir jetzt die Begriffe Tag und Nacht wieder erweitert fassen im altmystischen Sinn; dann ist diese ganze Verstofflichung Gottes in die Welt ein Nachtzustand, entgegen dem Tagzustande, in dem sie wieder alles Sein in reinen Geist löst. Also das an die Körperlichkeit gebundene Leben, das wir führen, das auch immer nach der Stofflichkeit greifen muß, um zu bestehen und zu wirken, ist im Sinne des Märchens ein Nachtleben. Immerhin: die Tochter des Kaufmanns findet es glücklich und ist zufrieden damit. Aber da erreicht den Löwen (das Leben) ein Lichtstrahl und verwandelt ihn zur Taube. Die Taube war bei den Alten der Göttin Freya geweiht, der Venus, der Zeugerin, Gebärerin. Der alte Wortbegriff duve (wie die Taube hieß) ist wohl in seinem Inhalte noch nicht geklärt; es mögen etwa die Begriffe „da oben" (vielleicht auch: offen) darinstecken; die Farbe weiß ergibt immer das „Weistum" Das „Licht" hängt sinn= deutlich auch mit dem Weistum zusammen, und so sagt uns wohl die Verwandlung in die weiße Taube: „das Leben, vom göttlichen Licht (Erkenntnis) berührt, wandelt sich in das Weistum von oben," und zwar geschieht das auf sieben Jahre (sonnenhafte Höhe). Da kann die Tochter des Kauf= manns nicht mit, und wenn sie den Löwen (das Leben) wieder fassen will, so muß sie ihm die frühere Gestalt wie= dergeben. Im Tage des Märchens vermag sie nicht zu leben, im Gotteslichte, in der sonnenhaften Höhe. So wan= dert sie, den Gatten zu erlösen. Sie kommt zur Sonne, aber die weiß nichts von der Taube; sie schenkt aber dem Frauchen ein Kästchen mit einem Kleide, das ihres Wesens war (nämlich sonnenhaft) und macht es so fähiger, in den Tag zu gehen. Sie kommt zum Monde, und der tut ebenso. Nun ist aber das Wesen der Sonne männlich, positiv und das des Mondes weiblich, negativ. Sie muß von den beiden Wesenhaftigkeiten in sich vereinen, wenn sie in den Gottestag emporkommen will. Dann kommt sie zum Nacht= wind, der ersichtlich zugleich der Nordwind ist, denn es treten dann nur noch drei andere Winde (Oft, Weft, Süd) auf. Vom hohen Mittag (Südwind) erhält sie Auskunft; Mitternacht aber (Nordwind) beschert ihr eine Nuß. Die Nuß ist das Sinnbild der Fruchtbarkeit und zugleich das des „Nutzens", wie schon die Wortverwandtschaft erkennen läßt. Frucht sowohl wie Nutzen sind aber „eingeschlossen", sind im Keim vorhanden; sie kommen aus dem Dunkel, aus dem uns unbegreiflichen, deshalb schenkt sie der Nachtwind (Nordwind).

Die Frau ist nun also ausgestattet mit adeptischen (positiven) und mediumistischen (negativen) Kräften, und begabt mit dem eingeschlossenen Nutzkeim, nämlich mit der Kraft, die Erlebnisse sich zu Nutze zu machen, sie anzuwenden. So kommt sie an das Rote Meer, wo der verzauberte Gatte weilt. Rotes Meer bedeutet aber Mehrung des Rechts. Ihr Gatte, das Leben im Lichte und gottheitgewandt, ist jetzt mit der Mehrung des Rechtes beschäftigt und ringt deshalb mit dem Lindwurm. Der Lindwurm ist dasselbe wie die Mitgartschlange, eine tiefsymbolische Einkleidung des Wassers, als einer Zeitepoche, die vom Wasser beherrscht war, und in der auch die Menschen ihren Kult auf das Wasser einstellten. Die Götter jener Wasserepoche waren die Wanen; als dann die Zeit des Feuer- und Sonnenkults kam, tauchten auch neue Götter auf: die Asen, die führten mit den Wanen einen lange dauernden Krieg um die Herrschaft, wie die Edda erzählt. Schließlich fielen im Kampfe die meisten der Wanen, und die Überbleibenden versöhnten sich mit den Asen und wurden in Walhall aufgenommen. Das ist einfach eine dichterische Überlieferung vom Weltwerden her. Also der Löwe: das Leben kämpft mit den Wassersnöten oder dem Kult des Wassers, überwindet ihn aber erst, als die Frau den Lindwurm mit der elften Rute schlägt. Nun ist 10 die Zahl der Vollendung, und 11 die Zahl des Ersten im neuen Kreislauf. Durch die Rute

(Ruv-tha) wird wiederum das Recht veranschaulicht; also mit dem Ersten Recht, der Ersten Rechtszeugung aus dem neuen höheren geistigen Kreislaufe überwindet die Frau den Lindwurm, oder sie schwächt ihn, daß das Leben (der Löwe) seiner Herr wird. So wirft das Leben die dahinterliegende Entwickelungsstufe von sich. Aber diese läßt das Leben so leichten Kaufs nicht fahren; sie will es noch beeinflussen, will noch, daß das Leben ihr diene, will noch mit dem Leben Hochzeit halten. Deshalb nimmt die nun aus dem Lindwurm erlöste Jungfrau sofort das befreite Leben (den entzauberten Löwen) und eilt mit ihm davon, will ihn für sich in Anspruch nehmen. Sie bezaubert ihn, daß er der anderen vergißt, und ihr Vater ist ja ein Zauberer (immer die Magier des vergangenen Kults sind böse Zauberer, in der Wirklichkeit wie im Märchen). So schwingen sich beide auf den Vogel Greif, und die Lindwurm-Jungfrau nimmt den Löwen-Jüngling mit sich fort, auf ihr Schloß.

Der Vogel Greif ist so recht ein Geschöpf der arischen Symbolik; in Wirklichkeit hat es einen solchen Vogel nie gegeben. Er hat — man denke! — einen Lindwurmleib, vorne Drachenfüße, hinten Löwenfüße, einen Adlerkopf und Adlerflügel und dazu einen Schlangenschwanz. Er ist eine Versinnbildlichung der Erkenntnis, daß alle fünf Elemente zusammen das All bauen und daß sie alle im Grunde Eins sind; er be„greift" alle diese Elemente (Feuer, daher Drache; Wasser, daher Lindwurm; Luft, daher den Aar; Erde, daher die Schlange; Äther, daher den Löwen) in sich. Und so ist auch im Grunde der Löwe nichts anderes als der Lindwurm, und der Lindwurm nichts anderes als der Greif: die ganzen Kämpfe, die bisher geschildert sind, spielten sich in ein und der nämlichen Einheit ab, im All als Ganzem, und in seinem einheitlichen Grundstoffe, in seiner Ursache. Man durchdenke die Hochgeistigkeit dieser Symbolik!

Also der Greif trägt die beiden Erlösten davon, und

die Erlöserin ist wieder nicht zu ihrem Rechte gekommen. Sie verzichtet aber nicht; denn sie muß ja doch das Leben, d. h. das Ergebnis, den Inhalt, den Wert des Lebens gewinnen! Sie will darum so weit gehen, als der Wind weht und der Hahn kräht. Der Hahn ist das Sinnbild des Mächtigen, des Großen, des Richters; der Wind das Sinnbild der Schnelligkeit (wint bedeutet schnell, rasch) und so sagt die irrende Frau, daß sie trotz ihrer Müdigkeit und Entmutigung durch die ganze Welt gehen wolle (und durch alle Ebenen des Geistigen!), um den Gatten aufzufinden und für sich zu gewinnen. Sie findet denn auch das Schloß, da die beiden hausen und ihrer Hochzeit entgegensehen. Da verwendet die Weitgewanderte die Geschenke, die sie von Sonne und Mond erhielt, die Kleider; sie wirkt mit positiven und negativen Kräften zu ihrem Ziel. Zuerst wird sie betrogen von der andern, von dem zurückgebliebenen Wesen, aber dann kommt ihr die Vorsehung zu Hilfe und mit dem zweiten Abend ist das Leben, der Lebenstrieb aufmerksam geworden. Ihm tritt ins Gedächtnis, was geschehen war, und daß er die besiegte untergeordnete Wesensart nicht überwunden hat, um sich ihr von neuem zu ergeben, sondern daß er die hohen Güter (den Geist) zu wahren hat, die er erwarb. So erkennt der ehemalige Löwe und nunmehr menschengestaltige Königssohn seine rechte Gattin an, die Seele, und lebt mit ihr zusammen und freut sich der Früchte dieser Ehe, der Früchte aus dem Zusammenwirken von Seele und Leben.

Das ist kein „Volksmärchen", von den Großmüttern des Volkes erfunden. Es ist ein tief durchdachtes Dichterwerk, in das die Wissenden der Vorzeit weitreichende Tieferkenntnisse hineinbauten, in der Hoffnung, daß sie auch in dieser Verhüllung wirken und einstens wieder gefunden werden würden.

Vom Glasberge ist freilich in diesem Märchen keine

Rede. Aber wenn der Leser innerlich versteht, wird er gewahren, warum wir es in dieser Abteilung zu erklären suchten. Auch dieses Märchen greift hinauf in das leuchtende Wesen der Göttlichkeit, des Lichtes, des Geistes, und holt davon auf die Erde, um dem Ineinander von Seele und Leben das Ziel zu reichen, das allein den Menschen zum Mitschöpfer, zum willigen Helfer und Förderer des Gottheitsplanes machen kann. Und bewundernswert ist es, wie solche Märchen, immer mit den wichtigen, die geheime Überlieferung tragenden Worten, durch Jahrtausende und Jahrhunderte getragen werden konnten, so daß wir jetzt noch in der Lage sind, den geistigen Inhalt zu erkennen. Das setzt für alte Zeiten nicht nur ein gleichgiltiges gelegentliches Erzählen solcher Märchen voraus, sondern geradezu eine Schulung, in welcher ein Hauptgewicht auf die Kalaworte gelegt worden ist da, wo man den inneren Sinn nicht verstand. Wir können die Kunst und die Stärke der Lebensauffassung, von der das alles zeugt, nicht genug bewundern, und mit der törichten Geringschätzung, die wir unseren germanischen Altvordern bis vor nicht langer Zeit haben angedeihen lassen, haben wir ihnen sehr bitter unrecht getan. Das aber rächte sich nicht an ihnen, sondern an uns. Wir sind dadurch in den oberflächlichen Lebensbetrieb von heute hineingekommen; wir haben unser Leben auf die materiellen Genüsse, auf die Bequemlichkeit, auf die Geldgier gestellt; wir sind's, die unter falschem Rechte leben und Menschheitsrückständen aus weit zurückliegenden Weltentwickelungsperioden den Einfluß auf sich verstatten, der notwendig abwärts, rückwärts führen muß — so wie sich der entzauberte Löwe freiwillig töricht jener ergab, die er im heißen Kampfe zuvor überwunden hatte; wir sind es, die nicht dazu kommen, für sich zu nützen das Licht, das aus dem Gottestage, aus dem Geistigen, in die Gottesnacht, in das Leben der Körperlichkeit herabscheint, um uns selber reif zu machen für jenen Gottestag.

Der gläserne Sarg.

(Nach Grimm.)

Sage niemand, daß ein armer Schneider es nicht weit bringen und nicht zu hohen Ehren gelangen könne, es ist weiter gar nichts nötig, als daß er an die rechte Schmiede kommt, und was die Hauptsache ist, daß es ihm glückt. Ein solches artiges und behendes Schneiderbürschchen ging einmal seiner Wanderschaft nach und kam in einen großen Wald, und weil es den Weg nicht wußte, verirrte es sich. Die Nacht brach ein, und es blieb ihm nichts übrig, als in der schauerlichen Einsamkeit ein Lager zu suchen. Auf dem weichen Moose hätte er freilich ein gutes Bett gefunden, allein die Furcht vor den wilden Tieren ließ ihm da keine Ruhe, und er mußte sich entschließen, auf einem Baume zu übernachten. Er suchte eine hohe Eiche, stieg bis in den Gipfel hinauf und dankte Gott, daß er sein Bügeleisen bei sich trug, weil ihn sonst der Wind, der über die Gipfel der Bäume wehte, weggeführt hätte.

Nachdem er einige Stunden in der Finsternis, nicht ohne Zittern und Zagen, zugebracht hatte, erblickte er in geringer Entfernung den Schein eines Lichts; und weil er dachte, daß da eine menschliche Wohnung sein möchte, wo er sich besser befinden würde als auf den Ästen eines Baumes, so stieg er vorsichtig herab und ging dem Lichte nach. Es leitete ihn zu einem kleinen Häuschen, das aus Rohr und Binsen geflochten war. Er klopfte mutig an, die Türe öffnete sich, und bei dem Scheine des herausfallenden Lichtes sah er ein altes, eisgraues Männchen, das ein von buntfarbigen Lappen zusammengesetztes Kleid anhatte. „Wer seid Ihr und was wollt Ihr?" fragte es mit einer schnarrenden Stimme. „Ich bin ein armer Schneider," antwortete er, „den die Nacht hier in der Wildnis überfallen hat, und bitte Euch inständig, mich bis morgen in Eurer Hütte aufzunehmen." „Geh deiner Wege", erwiderte der Alte mit mürrischem Tone; „mit Landstreichern will ich nichts zu schaffen haben; suche dir anderwärts ein Unterkommen." Mit diesen Worten wollte er wieder in sein Haus schlüpfen, aber der Schneider hielt ihn am Rockzipfel fest und bat so beweglich, daß der Alte, der so böse nicht war, als er sich anstellte, endlich erweicht ward und dann in einem Winkel ein ganz gutes Nachtlager anwies.

Der müde Schneider brauchte keines Einwiegens, sondern schlief sanft bis an den Morgen, würde auch noch nicht an das Aufstehen gedacht haben, wenn er nicht von einem lauten Lärm wäre aufgeschreckt worden. Ein heftiges Schreien und Brüllen drang durch die dünnen Wände des Hauses. Der Schneider, den ein unerwarteter Mut überkam, sprang auf, zog in der Hast seine Kleider an und eilte hinaus. Da erblickte er nahe bei dem Häuschen einen großen, schwarzen Stier und einen schönen Hirsch, die in dem heftigsten Kampfe begriffen waren. Sie gingen mit so großer Wut aufeinander los, daß von ihrem Getrampel der Boden erzitterte und die Luft von ihrem Geschrei erdröhnte. Es war lange ungewiß, welcher von beiden den Sieg davontragen würde; endlich stieß der Hirsch seinem Gegner das Geweih in den Leib, worauf der Stier mit entsetzlichem Brüllen zur Erde sank und durch einige Schläge des Hirsches völlig getötet ward.

Der Schneider, welcher dem Kampfe mit Erstaunen zugesehen hatte, stand noch unbeweglich da, als der Hirsch in vollen Sprüngen auf ihn zueilte und ihn, ehe er entfliehen konnte, mit seinem großen Geweihe geradezu aufgabelte. Er konnte sich nicht lange besinnen, denn es ging schnellen Laufes fort über Stock und Stein, Berg und Tal, Wiese und Wald. Er hielt sich mit beiden Händen an die Enden des Geweihes fest und überließ sich seinem Schicksal. Es kam ihm aber nicht anders vor, als flöge er davon. Endlich hielt der Hirsch vor einer Felsenwand still und ließ den Schneider sanft herabfallen. Der Schneider, mehr tot als lebendig, bedurfte längerer Zeit, um wieder zur Besinnung zu kommen. Als er sich einigermaßen erholt hatte, stieß der Hirsch, der neben ihm stehen geblieben war, sein Geweih mit solcher Gewalt gegen eine in dem Felsen befindliche Türe, daß sie aufsprang. Feuerflammen schlugen heraus, auf welche ein großer Dampf folgte, der den Hirsch seinen Augen entzog. Der Schneider wußte nicht, was er tun und wohin er sich wenden sollte, um aus dieser Einöde wieder unter Menschen zu gelangen. Indem er also un= schlüssig stand, tönte eine Stimme aus dem Felsen, die ihm zurief: „Tritt ohne Furcht herein, dir soll kein Leid wider= fahren." Er zauderte zwar, doch, von einer heimlichen Ge= walt angetrieben, gehorchte er der Stimme und gelangte durch die eiserne Tür in einen großen, geräumigen Saal, dessen Decke, Wände und Boden aus glänzend geschliffenen Quadratsteinen bestanden, auf deren jedem ihm unbekannte Zeichen eingehauen waren. Er betrachtete alles voll Be= wunderung und war eben im Begriff, wieder hinauszugehen, als er abermals die Stimme vernahm, welche ihm sagte: „Tritt auf den Stein, der in der Mitte des Saales liegt, und dein wartet ein großes Glück."

Sein Mut war nun schon so weit gewachsen, daß er dem Befehle Folge leistete. Der Stein begann unter seinen Füßen nachzugeben und sank langsam in die Tiefe hinab. Als er wieder feststand und der Schneider sich umsah, be= fand er sich in einem Saale, der an Umfang dem vorigen gleich war. Hier aber gab es mehr zu betrachten und zu bewundern. In die Wände waren Vertiefungen eingehauen, in welchen Gefäße von durchsichtigem Glase standen, die mit farbigem Spiritus oder mit einem bläulichen Rauche ange= füllt waren. Auf dem Boden des Saales standen, einander gegenüber, zwei große gläserne Kasten, die sogleich seine Neugierde reizten. Indem er zu dem einen trat, erblickte er darin ein schönes Gebäude, einem Schlosse ähnlich, von Wirtschaftsgebäuden, Ställen und Scheuern und einer Menge anderer artigen Sachen umgeben. Alles war klein, aber überaus sorgfältig und zierlich gearbeitet, und schien von einer kunstreichen Hand mit der höchsten Genauigkeit ausgeschnitzt zu sein.

Er würde seine Augen von der Betrachtung dieser Sel= tenheiten noch nicht abgewendet haben, wenn sich nicht die Stimme abermals hätte hören lassen. Sie forderte ihn auf, sich umzukehren und den gegenüberstehenden Glaskasten zu beschauen. Wie stieg seine Verwunderung, als er darin ein Mädchen von größter Schönheit erblickte. Es lag wie im

Schlafe und war in lange, blonde Haare wie in einem kostbaren Mantel eingehüllt. Die Augen waren fest geschlossen, doch die lebhafte Gesichtsfarbe und ein Band, das der Atem hin und her bewegte, ließen keinen Zweifel an ihrem Leben. Der Schneider betrachtete die Schöne mit klopfendem Herzen, als sie plötzlich die Augen aufschlug und bei seinem Anblick in freudigem Schrecken zusammenfuhr. „Gerechter Himmel“, rief sie, „meine Befreiung naht! Geschwind, geschwind, hilf mir aus meinem Gefängnis; wenn du den Riegel an diesem gläsernen Sarge wegschiebst, so bin ich erlöst.“ Der Schneider gehorchte ohne Zaudern, alsbald hob sie den Glasdeckel in die Höhe, stieg heraus und eilte in die Ecke des Saales, wo sie sich in einem weiten Mantel verhüllte. Dann setzte sie sich auf einen Stein nieder, hieß den jungen Mann herangehen, und nachdem sie einen freundlichen Kuß auf seinen Mund gedrückt hatte, sprach sie: „Mein lang ersehnter Befreier, der gütige Himmel hat dich zu mir geführt und meinen Leiden ein Ziel gesetzt. An demselbigen Tage, da sie endigen, soll dein Glück beginnen. Du bist der vom Himmel bestimmte Gemahl und sollst, von mir geliebt und mit allen irdischen Gütern überhäuft, in ungestörter Freud dein Leben zubringen. Sitz nieder und höre die Erzählung meines Schicksals.

Ich bin die Tochter eines reichen Grafen. Meine Eltern starben, als ich noch in zarter Jugend war, und empfahlen mich in ihrem letzten Willen meinem ältern Bruder, bei dem ich auferzogen wurde. Wir liebten uns so zärtlich und waren so übereinstimmend in unserer Denkungsart und unseren Neigungen, daß wir beide den Entschluß faßten, uns niemals zu verheiraten, sondern bis an das Ende unseres Lebens beisammen zu bleiben. In unserem Hause war an Gesellschaft nie Mangel; Nachbarn und Freunde besuchten uns häufig, und wir übten gegen alle die Gastfreundschaft in vollem Maße. So geschah es auch eines Abends, daß ein Fremder in unser Schloß geritten kam und unter dem Vorgeben, den nächsten Ort nicht mehr erreichen zu können, um ein Nachtlager bat. Wir gewährten seine Bitte mit zuvorkommender Höflichkeit, und er unterhielt uns während des Abendessens mit seinem Gespräche und einge-

mijchten Erzählungen auf das anmutigſte. Mein Bruder
hatte ein ſo großes Wohlgefallen an ihm gefunden, daß er
ihn bat, ein paar Tage bei uns zu verweilen, wozu er nach
einigem Weigern einwilligte. Wir ſtanden erſt ſpät in der
Nacht vom Tiſche auf, dem Fremden wurde ein Zimmer
angewieſen, und ich eilte, ermüdet wie ich war, meine
Glieder in die weichen Federn zu ſenken. Kaum war ich
ein wenig eingeſchlummert, ſo weckten mich die Töne einer
zarten und lieblichen Muſik. Da ich nicht begreifen konnte,
woher ſie kamen, ſo wollte ich mein im Nebenzimmer ſchla=
fendes Kammermädchen rufen; allein zu meinem Erſtaunen
fand ich, daß mir, als laſtete ein Alp auf meiner Bruſt,
von einer unbekannten Gewalt die Sprache benommen und
ich unvermögend war, einen Laut von mir zu geben. In=
dem ſah ich bei dem Schein der Nachtlampe den Fremden
in mein durch zwei Türen feſtverſchloſſenes Zimmer ein=
treten. Er näherte ſich mir und ſagte, daß er durch Zau=
berkräfte, die ihm zu Gebote ſtänden, die liebliche Muſik
habe ertönen laſſen, um mich aufzuwecken, und dringe jetzt
ſelbſt durch alle Schlöſſer in der Abſicht, mir Herz und
Hand anzubieten. Mein Widerwille aber gegen ſeine Zau=
berkünſte war ſo groß, daß ich ihn keiner Antwort würdigte.
Er blieb eine Zeitlang unbeweglich ſtehen, wahrſcheinlich in
der Abſicht, einen günſtigen Entſchluß zu erwarten; als ich
aber fortfuhr zu ſchweigen, erklärte er zornig, daß er ſich
rächen und Mittel finden werde, meinen Hochmut zu be=
ſtrafen, worauf er das Zimmer wieder verließ. Ich brachte
die Nacht in höchſter Unruhe zu und ſchlummerte erſt gegen
Morgen ein. Als ich erwacht war, eilte ich zu meinem
Bruder, um ihn von dem, was vorgefallen war, zu benach=
richtigen, allein ich fand ihn nicht auf ſeinem Zimmer, und
der Bediente ſagte mir, daß er bei anbrechendem Tage mit
dem Fremden auf die Jagd geritten ſei.

Mir ahnte gleich nichts Gutes. Ich kleidete mich ſchnell
an, ließ meinen Leibzelter ſatteln und ritt, nur von einem
Diener begleitet, in vollem Jagen nach dem Walde. Der
Diener ſtürzte mit dem Pferde und konnte mir, da das
Pferd den Fuß gebrochen hatte, nicht folgen. Ich ſetzte,
ohne mich aufzuhalten, meinen Weg fort, und in wenigen
Minuten ſah ich den Fremden mit einem ſchönen Hirſch,

den er an der Leine führte, auf mich zukommen. Ich
fragte ihn, wo er meinen Bruder gelassen habe, und wie er
zu diesem Hirsche gelangt sei, aus dessen großen Augen ich
Tränen fließen sah. Anstatt mir zu antworten, fing er an,
laut aufzulachen. Ich geriet darüber in höchsten Zorn, zog
eine Pistole und drückte sie gegen das Ungeheuer ab, aber
die Kugel prallte von seiner Brust zurück und fuhr in den
Kopf meines Pferdes. Ich stürzte zur Erde, und der
Fremde murmelte einige Worte, die mir das Bewußtsein
raubten.

Als ich wieder zur Besinnung kam, fand ich mich in
dieser unterirdischen Gruft in einem gläsernen Sarge. Der
Schwarzkünstler erschien nochmals, sagte, daß er meinen
Bruder in einen Hirsch verwandelt, mein Schloß mit allem
Zubehör, verkleinert, in den andern Glaskasten eingeschlossen
und meine in Rauch verwandelten Leute in Glasflaschen
gebannt hätte. Wolle ich mich jetzt seinem Wunsche fügen,
so sei es ihm ein Leichtes, alles wieder in den vorigen
Stand zu setzen; er brauche nur die Gefäße zu öffnen, so
werde alles wieder in die natürliche Gestalt zurückkehren.
Ich antwortete ihm so wenig als das erstemal. Er verschwand und ließ mich in meinem Gefängnisse liegen, in
welchem mich ein tiefer Schlaf befiel. Unter den Bildern,
welche an meiner Seele vorübergingen, war auch das tröst-
liche, daß ein junger Mann kam und mich befreite, und als
ich heute die Augen öffne, so erblicke ich dich und sehe
meinen Traum erfüllt. Hilf mir vollbringen, was in jenem
Gesichte noch weiter geschah. Das erste ist, daß wir den
Glaskasten, in welchem mein Schloß sich befindet, auf jenen
breiten Stein heben."

Der Stein, sobald er beschwert war, hob sich mit dem
Fräulein und dem Jüngling in die Höhe und stieg durch
die Öffnung der Decke in den obern Saal, wo sie dann
leicht ins Freie gelangen konnten. Hier öffnete das Fräulein den Deckel, und es war wunderbar anzusehen, wie
Schloß, Häuser und Gehöfte sich ausdehnten und in größter
Schnelligkeit zu natürlicher Größe heranwuchsen. Sie kehrten
darauf in die unterirdische Höhle zurück und ließen die mit
Rauch gefüllten Gläser von dem Steine heraustragen. Kaum
hatte das Fräulein die Flaschen geöffnet, so drang der blaue

Rauch heraus und verwandelte sich in lebendige Menschen, in welchen das Fräulein ihre Diener und Leute erkannte. Ihre Freude ward noch vermehrt, als ihr Bruder, der den Zauberer in dem Stier getötet hatte, in menschlicher Ge= stalt aus dem Walde herankam, und noch denselben Tag reichte das Fräulein, ihrem Versprechen gemäß, dem glück= lichen Schneider die Hand am Altare.

Es handelt sich nicht um ein Urmärchen, das wir hier vor uns haben, sondern um ein Märchen, das nicht weiter als ins zaubervolle Mittelalter hineinreicht, obgleich sich eine leise Widerspiegelung des Sonnengeschickes darin zu finden scheint. Man könnte, wenn nicht dieses Märchen in seiner Darstellung so genau und nüchtern wäre, sehr wohl meinen, der Zauberer sei der Urweltriese, der die Sonne (Prinzessin) in sein winterliches Lager schleppt, ohne sie da dauernd halten zu können. Aber bei näherer Betrachtung wird man doch eher dazu kommen, dies Märchen rein der Darstellung gemäß zu nehmen. Schon die Idee des Glasberges oder gläsernen Sarges ist hier verkehrt; dieser Gedanke fordert die Höhle als seinen Raum, nicht ein unterirdisches Verließ. Aber es will auch die Symbolik nichts ergeben. Der Hirsch ist wohl von uralten Zeiten her ein Sinnbild der Seele (selbst im Alten Testament, das ja großenteils arischen Ur= sprunges ist, singt der Psalmist: „Wie der Hirsch schreiet nach frischem Wasser, so schreit meine Seele nach dir"), aber es hätte hier nicht viel Sinn, die Seele für den Hirsch ein= zusetzen. Bemerkenswert ist ja, daß der Zauberer schließlich als Stier getötet wird; der Stier ist gleich dem Sa=tyr als dem dämonischen Element der Geilheit, der Sinnlichkeit, der äußeren Genußsucht. Unter dieser Voraussetzung gewinnt der Hirsch=Stierkampf Grundsätzlichkeit; aber was will dann die Schwester bedeuten? Lediglich das Objekt, an dem der Stier sich austobt?

Der Glasberg an sich ist der Berg, in den die Toten gehen. Er ist nachgebildet den alten kultlichen Walburgen,

die ja auch (wenigstens die Außenwände) feuerverglast
waren, warum die Erlöser des Märchens so schwer da hin=
auf kommen. Der Glasberg ist also gleich Wallhall, und
der Sarg verstärkt den Eindruck des Todes. Aber das
Mädchen darinnen atmet, obwohl es die Augen geschlossen
hat, und es wartet auf die Erlösung. Es wird also wieder
ins Leben treten zu seiner Zeit. Seinen Besitz (geistig zu
nehmen), seine Ideen hat der große Zauberer eingekapselt
in ein Gefäß, nicht größer als der Sarg der Jungfrau ist.
Soll das besagen, daß des Menschen Wünsche, Ideen,
Geistesbesitz ihm im Tode bleiben und mit ihm wiederer=
stehen? Ein armanischer Gedanke würde das wohl sein.
Warum läßt aber das Märchen einen offenbar feigen
Schneider den Erretter sein? Es hängt diesem Schneider
alles an, was im Volksmunde umläuft über diesen ehrsamen
Stand; er braucht auf dem Baume das Bügeleisen, um sich
halten zu können, und er fürchtet sich beständig, bis er ge=
wiß weiß, daß ihm nichts Übles widerfährt. Nun das
Wort Schneider selber verrät den Grund. „Snit=are", der
einen Kreislauf des Hohen Abschneidende muß den Todes=
bann brechen; dem entsprach gewissermaßen auch die Rolle
des Schneidergewerbes im altgermanischen Kultleben.

So könnten wir hier doch ein Märchen vor uns haben,
das reden soll. Aber Inhalt wie Abfassung zeigen, daß
dies Märchen nicht zu den Perlen zu zählen ist, deren wir
nun schon so manche aufgezeigt haben.

***

Die sieben Raben.
(Nach Grimm.)

Ein Mann hatte sieben Söhne und immer noch kein
Töchterchen, so sehr er sich's auch wünschte; endlich gab
ihm seine Frau wieder gute Hoffnung zu einem Kinde, und

wie's zur Welt kam, war's auch ein Mädchen. Die Freude war groß, aber das Kind war schmächtig und klein und sollte wegen seiner Schwachheit die Nottaufe haben. Der Vater schickte einen der Knaben eilends zur Quelle, Tauf= wasser zu holen; die andern sechs liefen mit, und weil jeder der erste beim Schöpfen sein wollte, so fiel ihnen der Krug in den Brunnen. Da standen sie und wußten nicht, was sie tun sollten, und keiner getraute sich heim. Als sie immer nicht zurückkamen, ward der Vater ungeduldig und sprach: „Gewiß haben sie's wieder über ein Spiel vergessen, die gottlosen Jungen." Es ward ihm angst, das Mädchen müßte ungetauft verscheiden, und im Ärger rief er: „Ich wollte, daß die Jungen alle zu Raben würden." Kaum war das Wort ausgeredet, so hörte er ein Geschwirr über seinem Haupt in der Luft, blickte in die Höhe und sah sieben kohlschwarze Raben auf= und davonfliegen.

Die Eltern konnten die Verwünschung nicht mehr zu= rücknehmen, und so traurig sie über den Verlust ihrer sieben Söhne waren, trösteten sie sich doch einigermaßen durch ihr liebes Töchterchen, das bald zu Kräften kam und mit jedem Tage schöner ward. Es wußte lange Zeit nicht einmal, daß es Geschwister gehabt hatte, denn die Eltern hüteten sich, ihrer zu erwähnen, bis es eines Tages von ungefähr die Leute von sich sprechen hörte, das Mädchen wäre wohl schön, aber doch eigentlich schuld an dem Unglück seiner sieben Brüder. Da ward es ganz betrübt, ging zu Vater und Mutter und fragte, ob es denn Brüder gehabt hätte, und wo sie hingeraten wären? Nun durften die Eltern das Geheimnis nicht länger verschweigen, sagten jedoch, es sei so des Himmels Verhängnis und seine Geburt nur der unschuldige Anlaß gewesen. Allein das Mädchen machte sich täglich ein Gewissen daraus und glaubte, es müßte seine Brüder wieder erlösen. Es hatte nicht Ruhe noch Rast, bis es sich heimlich aufmachte und in die weite Welt ging, seine Brüder irgendwo aufzuspüren und zu befreien, es möchte kosten, was es wollte. Es nahm nichts mit sich als ein Ringlein von seinen Eltern zum Andenken, einen Laib Brot für den Hunger, ein Krüglein Wasser für den Durst und ein Stühlchen für die Müdigkeit.

Nun ging es immerzu, weit, weit bis an der Welt

Ende. Da kam es zur Sonne, aber die war zu heiß und fürchterlich und fraß die kleinen Kinder. Eilig lief es weg und lief hin zu dem Mond, aber der war gar zu kalt und auch grausig und bös, und als er das Kind merkte, sprach er: „Ich rieche, rieche Menschenfleisch." Da machte es sich geschwind fort und kam zu den Sternen, die waren ihm freundlich und gut, und jeder saß auf seinem besonderen Stühlchen. Der Morgenstern aber stand auf, gab ihm ein Hinkelbeinchen und sprach: „Wenn du das Beinchen nicht hast, kannst du den Glasberg nicht aufschließen, und in dem Glasberg sind deine Brüder."

Das Mädchen nahm das Beinchen, wickelte es wohl in ein Tüchlein und ging wieder fort, so lange, bis es an den Glasberg kam. Das Tor war verschlossen, und es wollte das Beinchen hervorholen, aber wie es das Tüchlein auf= machte, so war es leer, und es hatte das Geschenk der guten Sterne verloren. Was sollte es nun anfangen? Seine Brüder wollte es erretten, und hatte keinen Schlüssel zum Glasberg. Das gute Schwesterchen nahm ein Messer, schnitt sich ein kleines Fingerchen ab, steckte es in das Tor und schloß glücklich auf. Als es eingegangen war, kam ihm ein Zwerglein entgegen, das sprach: „Mein Kind, was suchst du?" „Ich suche meine Brüder, die sieben Raben," ant= wortete es. Der Zwerg sprach: „Die Herren Raben sind nicht zu Haus, aber willst du so lange hier warten, bis sie kommen, so tritt ein." Darauf trug das Zwerglein die Speise der Raben herein auf sieben Tellerchen und in sieben Becherchen, und von jedem Tellerchen aß das Schwesterchen ein Bröckchen, und aus jedem Becherchen trank es ein Schlückchen, in das letzte Becherchen aber ließ es das Ring= lein fallen, das es mitgenommen hatte.

Auf einmal hörte es in der Luft ein Geschwirr und ein Geweh, da sprach das Zwerglein: „Jetzt kommen die Herren Raben heimgeflogen." Da kamen sie, wollten essen und trinken und suchten ihre Tellerchen und Becherchen. Da sprach einer nach dem andern: „Wer hat von meinem Tellerchen gegessen? Wer hat aus meinem Becherchen ge= trunken? Das ist eines Menschen Mund gewesen." Und wie der siebente auf den Grund des Bechers kam, rollte ihm das Ringlein entgegen. Da sah er es an und erkannte, daß es ein Ring von Vater und Mutter war, und sprach: „Gott gebe, unser Schwesterlein wäre da, so wären wir er= löst." Wie das Mädchen, das hinter der Türe stand und lauschte, den Wunsch hörte, so trat es hervor, und da be= kamen alle die Raben ihre menschliche Gestalt wieder. Und sie herzten und küßten einander und zogen fröhlich heim.

Dies Märchen ist eins der schlichtesten, naivsten, rüh= rendsten, die wir haben. Die Teilmotive sind auch hier vertraut. Das nachgeborene Mädchen bringt hier den sechs Brüdern Unglück, wie in einem anderen schon behandelten Märchen 12 Brüdern. Diese werden in Raben verwandelt, d. h. sie geraten in den Bann, sie sterben. Aber das Schwesterchen sucht sie zu befreien. Es unternimmt die schwere Wanderung zur Sonne, der es nicht nahen kann, und zum Monde, der kalt ist und etwas vom Menschen= fresser an sich hat, und zu den Sternen. Ein prächtig Bild: jeder Stern sitzt auf seinem besonderen Stühlchen. Und der Morgenstern gibt dem Kinde den Schlüssel zum Glasberg, wo seine Brüder sind. Ein Hinkelknochen ist der Schlüssel; also ein Knochen vom Huhn. Das Huhn ist in alter Zeit Rechtsopfer gewesen; also das Kind muß ein Rechtsopfer bringen, um Zugang zum Glasberg zu finden. Als es den seltsamen Schlüssel verliert, vollzieht es dieses Opfer in an= derer Weise: es schneidet sich ein Fingerchen ab und damit schließt es das Tor zum Glasberg auf. Es trinkt aus jedem Becherlein und ißt von jedem Tellerlein und zeigt dem letzten der Brüder seine Herkunft und das gemeinsame Band durch den Ring vom Elternhause.

Was nun das Märchen eigentlich sagen will? Gewiß bezieht es sich auch auf sechs Werdensstufen, die in der siebenten eine neue Erfüllung finden. Wir denken da an das armanische Progressionsgesetz, wie es Guido v. List auf= gestellt hat: 1) Ursache (Kraft), 2) Wille zur Kraftäußerung, 3) Können als Folge der Kraftäußerung, 4) Verwirklichung des Zweckes in der Tat, 5) das Gesetz, nach dem die Kraft wirkt, 6) die Ordnung, in der die zur Tat gewordene Kraft gesetzmäßig wirkt, und zwar 7) im geistigen Innern. Die Brüder werden Raben; wir haben schon erwähnt, daß das auf den hochragenden Bann hinweist, also auf den Tod. Symbolisch wird deshalb der Rabe oft mit dem Siegelring gezeigt, und damit ist zum Ausdruck gebracht, daß der Ring (die Ewigkeit) den Bann Wuotans umschließt, also den Tod. Die ersten sechs Stufen des vorstehenden Progressions=gesetzes nun umschließen zwar Bewegung und Tat, aber das alles ist noch unfruchtbar, denn es fehlt das Ergebnis. Erst die Siebenzahl mit ihrer Sonnigkeit bringt den Gewinn, die Erhöhung. Sie ist es so, welche all unser Tun erst aus dem Glasberge erlöst: die entstehende Ordnung im geistigen Innern.

So könnte man das Märchen deuten; ob das der wirkliche geistige Inhalt ist, sei getrost in Frage gestellt. Es kann nicht erwartet werden, daß wir die Märchensymbolik jetzt schon voll durchschauen, nachdem wir erst angefangen haben, sehend zu werden. Auch der Hinkelknochen, auch der abgeschnittene kleine Finger ist offensichtlich von Bedeutung, und vielleicht ist darüber weitere Klarheit zu gewinnen, bevor eine Neuauflage dieses Buches erscheinen kann.

Die verwünschte Prinzessin.

(Nach Zaunert: Märchen seit Grimm.)

Es war einmal ein Vater, der hatte einen Sohn, Peter hieß er, dem gefiel es nicht zuhaus, er forderte deshalb sein Erbteil, das waren 20 Taler, und ging damit in die weite Welt. Der Bursche hatte aber ein mitleidiges Herz, und fühlte, was Recht und Unrecht war. und half, wo er helfen konnte. Einmal kam er vor einem Dorfe an, da fand er einen toten Menschen, und nicht weit davon pflügte ein Bauer. Peter ging zu dem Bauern, und fragte, warum der Mensch nicht begraben würde. Der Bauer antwortete, der Tote sei arm, und das Dorf habe ihn nicht begraben lassen, weil das was koste; deshalb wäre er dahin gebracht, und die Vögel und Füchse hätten ihn über kurz oder lang doch gefressen, daß er weg käme. Das dauerte Peter in der Seele, und er fragte sogleich, was die Beerdigung wohl koste? Der Bauer antwortete: „So gegen 20 Taler." Da ging Peter zum Schulzen, gab ihm 20 Taler, und befahl, man solle den Toten davon begraben, der vor dem Dorfe läge. Und das geschah auch. Er selbst blieb so lange im Dorfe, begleitete die Leiche, und dann reiste er weiter. Wie er zum Dorfe hinaus und eine kurze Strecke fortgegangen war, kam ein Mann hinter ihm her, fing ein Gespräch mit ihm an und sagte, er wolle mit ihm wandern. Das ließ sich Peter wohl gefallen, denn der Mann sah so gut und brav aus, daß er ihn gleich lieb gewann und sich freute, daß er einen so wackeren Reisegefährten gefunden hatte. Schon waren sie mehrere Wochen miteinander gereist und hatten sich alles erzählt, was sie auf dem Herzen hatten, da kamen sie in eine Stadt, darin waren alle Häuser schwarz behängt und oben im Schlosse wehte eine schwarze Fahne zum Zeichen der Trauer. Peter fragte, warum das wäre. Die Leute antworteten: die liebe gute Prinzessin wäre von einem Berggeiste verzaubert, wäre den Tag über still und in sich gekehrt, bisweilen aber so böse, daß sie alles zer= schlüge und umbrächte, was ihr ins Gehege käme; und zumal wäre der ein Kind des Todes, der es wage, sie zu erlösen, wenn er das Rätsel, das sie ihm aufgäbe, nicht erraten könne. Viele hübsche Prinzen hätten für sie schon ihren Tod gefunden, und auch mancher andere brave Junge wäre durch sie ums Leben, so daß sich seit einem Jahre keiner gefunden hätte, der sie hätte erlösen wollen, und doch wäre es so ein schönes und gutes Mädchen gewesen und sei es auch noch. Da sagte Peter zu seinem Kameraden: „Soll ich einmal mein Heil versuchen, was meinst du? Soll ich's wagen? Sterbe ich, so sterbe ich für eine gute Sache; gelingt's, so könnte ihr und mir kein größeres Glück wider= fahren." Sein Kamerad sagte: „Tu's nur, ich will dir beistehen; und damit du glaubst, daß ich es vermag, so will ich dir sagen, daß ich nicht ein Mensch bin, sondern der

Geist von dem, den du dort im Dorfe hast beerdigen lassen;
ich weiß Mittel genug, daß du dein Vorhaben glücklich aus=
führen kannst. Geh also zum König und sage, du wolltest
die Prinzessin erlösen. Er wird es recht gerne sehen, und
dich reich beschenken, wenn du es vollbringst." Peter ging
also zum König, ließ sich anmelden und wurde vorgelassen.
Als er nun sagte, was er wolle, sprach der König: „Mein
lieber junger Mann, du hast dir etwas Schweres vorge=
nommen; bedenke, es kostet dein Leben, wenn es dir nicht
gelingt, meine Tochter zu retten. Sie bringt dich auf der
Stelle um, wenn du nicht das Rätsel errätst, das sie dir
aufgibt." — „Das tut nichts", sagte Peter, „ich will's ver=
suchen, und es mag mir gehen, wie's will." — „So komm
morgen wieder", sprach der König; „ich will's meiner Tochter
sagen." Darauf ging Peter wieder zurück nach seinem
Wirtshause, wo sein Kamerad auf ihn wartete. Als er ihm
die Antwort des Königs erzählte, sprach sein Kamerad:
„Laß' es nur Abend und zehn Uhr werden, dann will ich's
schon machen. Bis dahin sag Keinem, was du vorhast,
und sei nur guten Mutes, du erlösest die Prinzessin, dafür
laß mich sorgen." — Sie ließen sich's nun wohl sein, gingen
miteinander aus und besahen sich die Stadt und alles Merk=
würdige darin, erkundigten sich auch, wo sich die Prinzessin
aufhielt, und welches die Fenster von ihrem Schlafzimmer
wären, gingen dann wieder nach ihrem Wirtshaus, aßen zu
Abend und besprachen sich, bis es zehn schlug. Da holte
Peters Reisegefährte eine Krucke und ein paar große Fittiche
aus seinem Felleisen und eine recht schlanke, eiserne Rute.
Peter mußte sich nun ausziehen, der Geist bestrich ihm seine
Schultern mit der Salbe, die in der Krucke war, und setzte
ihm die Fittiche an. Dann sagte er: „Nun flieg' hin nach
der Prinzessin ihrem Kammerfenster und paß' auf, wenn
sie heraus kommt; dann haue sie mit der Rute immerzu,
flieg' dahin, wohin sie fliegt, und schleich da mit hinein, wo
sie hinein geht. Dann verkriech dich und höre zu, was der
Berggeist sagt. Sie wird ihm alles sagen, und ihn dann
auch fragen, was sie dir zu raten aufgeben soll. Dann gib
genau acht und sei still." Als dem Peter die Flügel an=
gewachsen waren, machte der Geist die Fenster auf und
sagte: „Rückwärts mußt du der Prinzessin ebenso folgen,

bis sie wieder in ihr Fenster hineingeflogen ist." Nun kriegte Peter die eiserne Rute in die Hand, flog zum Fenster hinaus, über die Stadt weg nach dem Fenster der Prinzessin. Da sah er sie, wie sie auch Flügel anhatte und im Zimmer hin= und herrannte, als wenn sie nicht recht klug wäre. Er ließ sich auf's Gesimse nieder und wartete, bis sie heraus= kam. Sowie es elf schlug, machte sie das Fenster auf und flog fort. Peter hinterher und holte sie auch bald ein, und fing an, sie ganz erbärmlich zu prügeln, daß es ihn selbst dauerte. Doch ging's nicht anders, er mußte gehorchen, wenn ihm auch sein Herz blutete. Endlich kamen sie an einen hohen, großen Berg, der tat sich auf, und beide flogen hinein. „Nun muß ich aber vorsichtig sein", dachte Peter und schlich sich mit in den großen Saal, wo an der Türe ein großer Altar war. Hinter dem Altar versteckte er sich, damit er alles hören und auch gleich Reißaus nehmen konnte, wenn's schlimm wurde oder wenn's Zeit war. Die Prin= zessin lief auf den Berggeist zu und er nahm sie in seinen Arm. Es war ein alter Mann mit schneeweißem Bart, hatte Augen im Kopf, die glühten wie Feuerkohlen; dabei war sein ganzes Wesen so grimmig und gefährlich, daß Peter ordentlich Furcht bekam und es ihn anfing zu gereuen. Doch durfte er sich nicht rühren, er konnte so nicht wieder hinaus. Die Tür war wieder weg, und ein großer Felsen lag da, wo sie gewesen war. Endlich sagte der Berggeist zu der Prinzessin: „Bist lange nicht dagewesen, hast lange keinen umgebracht, hast dich lange nicht können am Blute deiner Erlöser freuen. Ist also wieder ein Vogel ins Garn gegangen?" — „Ja", antwortete sie. „Es ist wieder einer da, aber nur ein gewöhnlicher Mensch, kein Prinz, Graf oder Adliger. Draußen ist aber ein gewaltig starkes Hagel= wetter; sieh her, mein hoher Geist, wie ich zerrissen und zerschlagen bin von den Hagelstücken!" Und das Blut floß an ihr nieder. „Tut nichts", sagte der Berggeist; „desto mehr mußt du deinen Menschen peinigen, desto mehr Freude mußt du an seinem Blute haben, desto mehr mußt du davon trinken, desto eher wirst du für mich rein und mein eigen." — „Was soll ich ihm aber für ein Rätsel aufgeben? Woran soll ich denken?" sagte die Prinzessin. „Denke an deines Vaters weißes Roß", antwortete der Berggeist. „Ist gut", sagte die Prinzessin, und bat: „Laß' mich hinaus, denn es ist dreiviertel zwölf; ich habe noch weit zu fliegen, du weißt, die Zwölf kommt bald heran." Der Berggeist öffnete, die Prinzessin machte sich wieder fort, und Peter hinterdrein. Und draußen in der Luft ging das Schlagen wieder los, bis zum Kammerfenster. Die Prinzessin flog hinein, Peter nachhaus und legte seine Fittiche ab und ging zu Bett. Sein Kamerad schlief schon, hatte ihm aber vorher gesagt, er solle die Fittiche vorsichtig abnehmen und sie wieder in das Felleisen legen, aber zusehen, daß er keine Feder knicke. Das tat Peter auch, und darnach schlief er bis zum Morgen. Am Morgen stand er auf, zog sich hübsch an, frühstückte dann auch gehörig mit seinem Kameraden und ging darauf nach dem Schlosse. Dort wurde er zu der Prinzessin ge= führt; sie saß in einem schönen Zimmer auf einem kleinen Sofa und sah recht betrübt aus, war aber ein allerliebstes Mädchen. Ihr Auge war so sanft und gut, sie selbst war nicht groß und stark, sondern fein und zierlich gebaut; man traute ihr gar nicht zu, daß sie schon jemanden umgebracht hätte, und doch waren schon neun Mannsleute durch sie ums Leben gekommen. Als Peter hereintrat in die Stube, stand sie gleich auf und kam auf ihn zu und sagte in einem freundlichen Tone: „Also du willst mich erlösen? Aber weißt du auch, daß es dein Leben kostet, wenn du mein Rätsel nicht errätst?" — „Ja", sagte er, „ich will es ver= suchen, muß ich dann sterben, so will ich gerne für dich sterben. Du bist so schön und so gut, und so lieb, daß ich gerne für dich den Tod leide. Sage mir also dein Rätsel." — „Also soll sein", antwortete sie ganz traurig, und die Tränen kamen ihr in die Augen. Sie kam näher und sagte: „Du dauerst mich, doch da du es nicht anders willst, so höre: Sag' mir, woran ich jetzt denke!" — „Das ist nicht schwer zu sagen", antwortete Peter; „Prinzessin, ihr denkt jetzt an eures Vaters weißes Pferd." Die Prinzessin wurde leichenblaß und sagte: „Du hast es erraten. Das Glück möge dir ferner günstig sein. Komm morgen wieder. Wenn du mich erlösest, sollst du königlich belohnt werden." Peter verbeugte sich und ging. Den Tag verbrachte er wieder mit seinem Reisegefährten und war guter Dinge und abends ging es ebenso wie das erstemal, nur daß

Peter diesmal zwei eiserne Ruten, in jede Hand eine, bekam, womit er die arme Prinzessin prügeln mußte. Doch als sie zu dem Berge kamen und in den Saal hineintraten, da war der Raum heller erleuchtet als am Abend zuvor, und in der Mitte war der Mond, der alles mit seinem Licht übergoß, und auf dem Altar lag ein großer, stachlichter Fisch. Am Abend vorher standen bloß einige Sterne an der Decke und der Altar war leer. Als die Prinzessin wieder hinein- trat und hinter ihr Peter sich hineingeschlichen hatte, schloß sich die Tür; die Prinzessin ging auf den Berggeist zu, der auf einer Art Thron saß, und sagte: „Hoher Geist, unser erstes Rätsel hat der Mann erraten. Was sagst du dazu?" — „Das geht nicht mit rechten Dingen zu. Eine geheime Macht waltet hier, die mir und dir zuwider ist. Diesmal soll er's aber nicht erraten. Diesmal sollst du an deines Vaters Schlachtschwert denken." — „Gut", sagte die Prin- zessin; „der Flug hat wieder viel Blut gekostet: es hagelte diese Nacht schlimmer noch wie die vorige, sieh, wie ich blute. Aber wenn er das Rätsel nicht errät, so soll er durch meines Vaters Schlachtschwert sterben, darauf verlaß dich!" — „Tue also, meine Tochter; nun geh und mach deine Sache gut, sage aber keinem das Rätsel", und damit ging sie fort, und Peter hinterher; auf dem Wege bekam sie wieder ihre regelrechten Schläge, bis sie zum Fenster hineinkam, und unser Peter flog nachhaus, tat seine Fittiche ab und legte sich ins Bett. Am andern Morgen ging er wieder zu der Prinzessin und sie empfing ihn ebenso wie am vorigen Tage. Diesmal aber lag schon das Schlachtschwert ihres Vaters auf dem Tische und hatte noch Blutflecken. Als er herein- trat, fragte sie gleich: „An was denke ich?" — „An das Schlachtschwert eures Vaters, gnädige Prinzessin." — Da sank sie zurück auf das Sofa und stammelte: „Erraten! Morgen komm wieder, das Glück möge dir nochmals bei- stehen, dann wird alles gut." Damit ging Peter wieder weg und brachte seinem Kameraden die Nachricht, daß er das zweite Rätsel auch erraten hätte. Beide machten sich einen vergnügten Tag, bis es dunkel wurde, aßen dann zusammen, und Peters Kamerad sagte, wie es gegen Zehn hinkam: „Diese Nacht hast du noch ein schweres Stück vor dir. Diesmal bekommst du zwei eiserne Ruten, womit du die Prinzessin prügeln mußt, und ein zweischneidiges Schwert, mit dem mußt du dem Berggeist den Kopf abhauen. Nimm dich aber in acht, wenn du in seinen Saal kommst, daß er dich nicht sieht, denn es wird diesmal so hell darin sein wie am Tage und du wirst Mühe haben, dich vor ihm zu verbergen. Ich werde dich aber begleiten, und wenn du in Not bist, schützen. Habe nur guten Mut. Zuletzt wird er mit herausgehen, sowie er aber Abschied von der Prinzessin genommen hat und in den Berg zurückgehen will, so haue ihm den Kopf ab und nimm den mit." Alles geschah so. Peter flog hin nach der Prinzessin ihrem Kammerfenster; um elf kam sie heraus; er dahinterher und peitschte sie ganz erbärmlich bis in den Berg hinein. Als sie miteinander in den großen Saal hineintraten, da stand die Sonne an der Decke und alles war so hell wie am Tage; auf dem Altare lag der stachliche Fisch und stand ein feuriges Rad, doch hinter dem Altar war alles dunkel, dort versteckte sich Peter gleich. Die Prinzessin ging eilig zu dem Berggeist, warf sich ihm an den Hals und sagte wie in Verzweiflung: „Wieder erraten!" — „Das ist schlimm", sagte der; „so denke diesmal an mein Haupt. Daran kann kein Sterblicher denken, am wenigsten ein Mensch." — „Oh", sagte sie, „wie bin ich diesmal zerfleischt von dem fürchterlichen Hagelwetter! Sieh meinen Rücken, meine Arme, mein Haupt, ich triefe von Blut!" — „Du dauerst mich, armes Kind", sagte der Berggeist. „Dies ist eine harte Probe; jetzt geh und bade dich in dem Blute des Schändlichen. Ich werde mit dir sein, rechne auf mich; morgen bin ich unsichtbar bei dir. Diesmal soll's ihm nicht gelingen, daß er das Rätsel errät", und so begleitete er sie hinaus. Als er zurückwollte, schlug ihm Peter mit einem Hiebe das Haupt ab, faßte es an den Haaren und flog der Prinzessin nach und walkte auch die noch einmal gefährlich durch bis vor dem Fenster. Dann machte er sich nachhaus und legte sich in die Federn und freute sich im voraus, daß er seinen Willen kriegte. Er schlief wieder prächtig, und am andern Morgen machte er sich wieder zurecht, nahm den Kopf des Berggeistes, wickelte ihn in sein Schnupftuch, und ging aufs Schloß. Als er diesmal zu der Prinzessin ins Zimmer trat, war die Prinzessin ganz blaß vor Schrecken und wußte nicht, ob sie ihm das Rätsel sagen wollte, oder nicht. Da sprach Peter: „Gnädige Prinzessin, heut komm' ich zum letzten Male. Sagt mir euer Rätsel, damit ich es errate oder sterbe." Und die Prinzessin fragte mit zitternder Stimme, als wenn ihr Tod oder Leben davon abhing: „Woran denke ich?" Ohne zu antworten, knüpfte er das Taschentuch auf und setzte das Haupt des Berggeistes auf ihren Tisch. Da rief die Prinzessin: „Mein Erlöser!" und stürzte ihm ohnmächtig in die Arme. Er legte sie aufs Sofa und klingelte. Alsbald kamen Bediente, und der König wurde geholt und die Ärzte, und als die Prinzessin wieder zu sich kam, gab der König dem Peter seine Tochter zur Frau. Darauf sagte Peter, er müsse aber erst einmal nach seinem Wirtshause. Es wurde nun gleich ein großer Wagen mit sechs prächtigen Pferden angespannt und der Peter wurde hingefahren. Da kam ihm sein Kamerad in der Tür schon entgegen, half ihm aus dem Wagen, und sie gingen miteinander oben auf ihre Stube, und dort sagte der Reisegefährte zu Peter: „Wenn du nun mit deiner Frau zu Bette gehen willst, so laß, ohne daß sie etwas davon weiß, eine große Wanne mit Wasser vor euer Bett setzen, und wenn sie diese Nacht aufspringt und fort will, so springt sie in die Wanne mit Wasser, dann tauche sie gleich unter, dann wird ein Rabe daraus kommen und fortfliegen, dann tauche sie nochmals unter, so wird eine Taube herauskommen und sich auf deine Schulter setzen, dann tauche sie nochmals unter das Wasser, dann wird die Prinzessin in ihrer vorigen Engelsschönheit und Frömmigkeit daraus heraufsteigen, dann küsse sie dreimal und sei glücklich mit ihr, du wirst dann nach dem Tode des alten Königs König werden. Nun leb' wohl, jetzt hast du mich nicht mehr nötig; ich verlasse dich jetzt und die Welt. Meine Schuld, glaube ich, habe ich dir jetzt bezahlt. Leb wohl und sei glücklich!" Danach war er verschwunden. Peter setzte sich in seinen Wagen und war sehr traurig über den Abschied von seinem Kameraden und fuhr dann zurück nach dem königlichen Palast. Hier befolgte er alles getreulich, was ihm sein Gefährte gesagt hatte, und es kam auch alles so; er wurde so glücklich mit seiner Frau wie ein König, und später ist er auch König geworden und hat sein Land gut regiert bis an sein seliges Ende.

Der Glasberg ist hier zum Palaste eines Zauberers geworden, und darin hausen nicht die Toten, sondern darin regiert der Wille zum Tod. Wir haben sonst hier das Turandot-Motiv, und somit wieder ein Beweisstück für die weitreichende west-östliche Märchenverwandtschaft. Die Prinzessin ist derart verwünscht, daß sie den Menschen und insbesondere der Ehe feindlich ist; Bewerber bringt sie ums Leben. Beim Tode (beim Geiste des Walberges) erhält sie Rat für ihre Rätselfragen, die niemand errät. Nur unser Handwerksbursche errät sie, weil er — auch Rat und Wissen vom Tode (durch einen Toten) erhält. Er muß selbst in den Dämonismus tauchen, um den Weltdämonismus zu besiegen; er muß hinter die Vorhänge des Lebens schauen, um das Leben zu befreien vom Joche des Bösen. Natürlich haben wir im Grunde auch hier ein Sonnenmärchen vor uns; die Prinzessin Sonne ist unter den Einfluß des winterlichen Zauberriesen gekommen, wird da bleich und lebensfeindlich und hält zu ihm, so lange sie in seinem Banne liegt; aber insgeheim ersehnt sie doch ihre Erlösung und findet sie und erhält ihre leuchtende Gestalt wieder. Die Schlossenwetter des Lenzes sind die Schläge mit der eisernen Rute, denen sie sich unterwerfen muß, und sie selbst macht ja in ihrer Unterhaltung mit dem Berggeiste (dem Winterriesen) auf diese Deutung aufmerksam. Der Frühling aber muß mit Fittichen hinter ihr her sein, um sie zu befreien. Unter den Flügeln verstehen wir unschwer die ziehenden Wolken des Lenzes. Indessen trägt dies Märchen in der Hauptsache „okkulten“ Charakter; das Leben ist verwünscht ohne das göttliche Verstehen, d. h. wenn man es nur in seiner unmittelbar greifbaren Hälfte, auf der körperlichen Seite erkennt. Es erscheint dann zwecklos, ungerecht, hart, rettungslos. Wir haben also da die von Philosophen oft und unter großem Wortaufwand verfochtene Lehre wieder, daß die Betrachtung des sichtbaren irdischen Lebens für sich allein zum lebensfeindlichen „Pessimismus" führen muß, weil man da viele Schäden und Ungerechtigkeiten erkennt, viele Leiden und Übel, die sich aber nicht beheben lassen, wenn man eben nur von dieser Seite des Lebens ausgeht. Da sind alle Mittel unzulänglich, wie unserer Prinzessin kein Arzt helfen konnte. Erst wenn wir auch die andere, unseren Sinnen mehr oder weniger verhehlte Seite des Lebens kennen lernen, begreifen wir Ursachen und Wirkungen, leuchtet uns die große Ausgleichsgerechtigkeit in allem Sein und dessen hohes Ziel, und wir gewinnen auch die Möglichkeit, des Unerwünschten in diesem körperhaften Leben Herr zu werden. Da hinein, in dieses „jenseitige" Leben führt aber keine Scholastik; die sinnenmäßige Forschung reicht nicht aus. Der Wanderer Peter allein kann die Prinzessin erlösen, weil ihm die Erkenntnis des jenseitigen Lebens und dessen Kräfte zu Hilfe kommen. Das aber hat er erreicht, indem er seinen ganzen Schatz (seine ganzen eigenen Daseinsinteressen) hinopferte, um einen Toten bestatten zu lassen; und eine Vorbedingung war es auch dabei ganz gewiß, daß er sein Opfer aus reinem Herzen brachte, ohne zu ahnen, daß es ihm in so gewaltiger Weise vergolten werden würde. Daß der Tote unbestattet herumliegt, verstößt gegen die Ordnung, die Heilsordnung der Welt. Und so können wir sagen, Peter hat seine ganzen Daseinsinteressen der göttlichen Weltordnung geopfert; er hatte kein höheres Ziel, als die zu begünstigen, als Helfer dem Ewigen zu sein. Zwanzig Taler hat Peter dafür hingegeben; auch das dürfte Kala sein und eine sinnbeutliche Preisbezeichnung enthalten, doch muten diese Dinge heute noch zu unglaubhaft an, als daß man darauf näher eingehen dürfte. Man weiß ja heute in der Allgemeinheit noch nicht wieder, daß auch die Zahlwerte den Alten heilig waren und bestimmte metaphysische Parallelen hatten unter den Wissenden.

Jedenfalls will das vorgetragene Märchen sagen: wer

sich ganz hingibt an die Lebensführung, an die göttliche Ordnung, der gewinnt Erkenntnis inbezug auf die jenseitige Seite des Lebens und Kraft daraus, so daß er die Schäden des uns zugekehrten, körperhaften Daseins beheben kann, ja, daß sie zum Teil ganz von selbst vor seinen Blicken verschwinden, weil er eben den Ausgleich gewahrt, und weil er Zwecke verstehen lernt, die aus der Betrachtung des rein körperhaften Daseins allein nicht zu entnehmen sind. Das Märchen zeigt den Erfolg der Intuition, des geistigen Schauens, gegenüber allem Intellektualismus und aller Denkscholastik. Wer den Geschehnissen geistig zu folgen vermag, der beherrscht sie. Da erwächst das Magiertum der Alten, und aus der Besonderheit dieser Dinge erklärt es sich, daß wir heute so manches als „Aberglauben" betrachten, was den Altvordern heilige Gewißheit gewesen ist, und daß sich einzelne Stücke von den Hilfen der Alten in unserer Zeit erst wieder mühsam die Anerkennung aus der Probe erwerben müssen, z. B. die Wünschelrute, die Hypnose, das Fernsehen, der siderische Pendel und was dergleichen Dinge mehr sind. Wir haben die inneren Gesetzmäßigkeiten dieser Dinge noch nicht wieder erkannt; die alten Magier aber waren im Besitze solcher Wissenschaft. Und daß das bei uns so schwer wird, ergibt sich aus der durchweg materiell gerichteten Forschungs= und Denkweise der Zeit. Die Volks=führung war in alten Tagen mehr an die intuitiven Erb=kräfte geknüpft als an äußere Lernfähigkeit; deshalb war dies unserer Zeit so verschlossene Reich damals den Führern des Volkes offen; heute aber betätigen sich in den Wissen=schaften zu allermeist Leute, die zwar große Lernbegabung haben und daher ganz vorzüglich Wissensprüfungen bestehen können, die aber vonhause aus nicht mit intuitiven Fähig=keiten gesegnet sind und denen selbst wenn sie solche in schwachem Ausmaße hatten, dieser Keim untergegangen ist während der Notzeit des scholastischen Lernens und Denkens.

Auf diese Weise ist es aber auch zu erklären, daß alle großen Erkenntnisse in unserer Zeit außerhalb der wissenschaftlichen Fachgehege gefunden werden, von Männern, in denen das innere Schauen, das ihnen die Zusammenhänge des Daseins erschließt, stark und unverkümmert ist. Genies sind keine Fachleute, und die große Tat auf Erden vollbringt immer das Genie. Das deutsche Märchen trägt diesem Umstand immer Rechnung, und das wollen wir in einer kleinen Sonderabteilung näher nachweisen: in den Märchen vom reinen Toren. Da erweist sich's, daß fast immer der, auf den Anverwandte und Umwelt gar nichts halten wollen, der Auserlesene des Geschickes ist, weil er das unterbewußte Erbe hat und die Fähigkeit des tiefen Blickes und des rechten, von irdischen Zielen unbeeinflußten Strebens.

Ein Märchen, das ebensogut in dieser nächsten Abteilung stehen könnte (vom reinen Toren), obwohl es vom Glasberge erzählt, sei hier wiedergegeben.

Der Ritt auf den Glasberg.
(Zaunert, Märchen seit Grimm.)

Ein Bauer hatte drei Söhne, der älteste hieß Fritz, der zweite Johann und der jüngste Krischan; der galt bei seinem Vater und seinen Brüdern für ein bischen dämlich und hieß deshalb nur der Dumme. Als nun der Bauer zu sterben kam, rief er seine Söhne an sein Bett und sagte: „Liebe Kinder, wenn ich tot bin, dann soll mein Sarg offen in der Kirche hingestellt werden, und jede Nacht soll einer von euch bei mir wachen, zuerst Fritz, dann Johann, dann Krischan.“ Wie er nun gestorben war und der erste Abend herankam, sagte Fritz zu Krischan: „Krischan, mir graut davor, bei Vatern du wachen, geh du hin und wach für mich!“ Das tat denn Krischan auch. Als die Glocke zwölf schlug, da richtete sich der Tote auf und sagte: „Fritz, mein Sohn, bist du hier?“ — „Nein, Vater“, antwortete Kri-

schan: „Fritzen graute vor dir, ich bin Krischan." — „Hier,
Krischan", sagte der Tote, „hast du 'ne schwarze Flöte.
Wenn du des Morgens hier weggehst, dann flöt' auf beiden
Enden und wart' ab, was kommt." Das tat Krischan und
blies am andern Morgen erst auf dem rechten Ende, da
stand ein schöner Rappen mit reichen Sattelzeug und präch=
tigen Kleidern auf dem Rücken, vor ihm. Die Kleider zog
er an, setzte sich auf das Pferd und ritt eine Weile herum.
Dann stieg er ab, zog seine alten Kleider wieder an und
blies auf dem andern Ende, da war der Rappen mitsamt
dem prächtigen Staat weg. Krischan aber steckte die Flöte
in die Kirchhofsmauer und ging nachhause.

Am zweiten Abend kam die Reihe an Johann; der
sagte zu Krischan: „Mir graut davor, in der Nacht bei
Vatern zu wachen; geh du hin und wach' für mich!" Und
Krischan tat so. Und es ging die Nacht, wie die erste, nur
bekam er diesmal eine braune Flöte. Und wie er am
Morgen darauf blies, stand da ein schöner Brauner, auf
dem ritt er ein wenig herum, dann blies er am andern
Ende, und der Braune war verschwunden. Er steckte auch
diese Flöte in die Mauer und ging nachhause.

Am dritten Abend kam an ihn die Reihe, und diesmal
gab ihm der Vater eine weiße Flöte und sagte, nun brauche
keiner mehr bei ihm zu wachen. Am Morgen pfiff er sich
einen Schimmel her, der war noch schöner als die beiden
andern Pferde; und nachdem er auch darauf geritten hatte,
ließ er ihn wieder verschwinden, legte die weiße Flöte zu
den andern und ging heim.

Seit seine Brüder die beiden ersten Nächte hinter sich
hatten, war er bei ihnen wieder das fünfte Rad am Wagen.
Sie wollten in der Wirtschaft allein die Herren sein und
gingen ganz niederträchtig mit ihm um, gaben ihm schlechtes
Essen und dabei so wenig, daß er nie satt wurde; aber mit
Prügeln knauserten sie nicht. In der Stube durfte er sich
kaum sehen lassen, die meiste Zeit mußte er im Stalle leben.
Und der dumme Krischan ließ alles über sich ergehen, sagte
aber seinen Brüdern kein Wort von dem, was in den drei
Nächten geschehen war.

Nicht lange danach wurde von einer schönen Prinzessin
erzählt, die auf einem hohen steilen Glasberge wohne. Der

König, ihr Vater, ließ bekannt machen, wer den Berg zu
Pferde hinaufreiten und seiner Tochter den Ring vom Finger
ziehen und ihr Taschentuch nehmen könne, der solle sie zur
Frau haben. Daran versuchten viele ihr Glück, aber keinem
gelang es. Auch Fritz und Johann wollten es wagen; als
Krischan das hörte, sagte er, sie möchten ihn doch mitnehmen.
„Ach“, sprachen die Brüder, „dazu bist du viel zu dumm;
du bleibst zu Hause“, und backten ihm die Pantoffeln an
die Strümpfe fest, damit er ihnen nicht nachkommen könnte.
Wie sie weg waren, zog Krischan die Strümpfe samt den
Pantoffeln aus, wusch sich geschwind am Brunnen, ging
barfuß nach dem Kirchhof, nahm die schwarze Flöte und
flötete, und als der Rappen vor ihm stand, zog er die
schönen Kleider an und ritt stracks nach dem Glasberg.
Als er dorthin kam, war er schon von weitem zu hören,
es klingelte und klirrte alles an ihm von Gold und Silber,
und ein Leuchten war, daß alle Leute nach ihm hinsahen.
Der Rappen kam bis an die Mitte des Berges, so weit
war noch keiner gekommen: aber da konnte er auch nicht
weiter. Krischan machte kehrt und jagte im Galopp davon,
und alle, die zusahen, zerbrachen sich den Kopf, wer der
feine Prinz gewesen sein möchte. Abends, wie die beiden
älteren Brüder nach Hause kamen, war Krischan all da
und hatte seine hölzernen Pantoffeln an. Die Brüder
sprachen ein Langes und Breits von dem schönen Herrn,
der bis zur Hälfte heraufgeritten war, und Krischan hörte
ihnen stumm zu; zuletzt aber konnte er sich nicht mehr
halten und platzte heraus: „Ihr gesehen, ich gewesen.“ Da
wurden sie fuchtig, fielen über ihn her und verprügelten
ihn, daß er grün und blau wurde.

Am andern Tage ritten die Brüder wieder hin, und
Krischan hinter ihnen, diesmal auf seinem Braunen, und
sah noch prächtiger aus als am ersten Tage. Und als er
nun gar beinahe bis an die Spitze des Glasbergs kam, da
waren alle außer sich vor Verwunderung. Abends kehrten
die Brüder nach Hause zurück und fanden Krischan schon
vor; sie erzählten wieder von dem fremden Herrn, und
Krischan saß lange dabei, ohne ein Wort zu sagen; zuletzt
aber konnte er doch den Mund nicht mehr halten, und
sprach: „Ihr gesehen, ich gewesen“ Da wurden seine

Brüder fuchswild und schlugen ihn, daß er kaum mehr gehen konnte.

Am dritten Tage ritt Krischan auf dem Schimmel in den schönsten Kleidern nach dem Glasberg und strahlte wie die Sonne am Himmel. Diesmal kam er bis auf den Gipfel, nahm der Prinzessin Ring und Taschentuch, ritt rasch wieder hinab und jagte im Galopp davon. Gar zu gern hätten nun der König und all die andern Leute gewußt, wer es eigentlich gewesen sei; aber keiner kannte den fremden Prinzen.

Als die beiden ältesten Brüder nach Hause kamen, rieten sie ebenfalls hin und her und meinten bald dies, bald das; und der dumme Krischan, der wieder seine Holzpantoffeln anhatte, hörte ihnen zu und schwieg. Zuletzt jedoch fuhr es ihm heraus: „Ihr gesehen, ich gewesen“ Da schlugen sie ihn beinahe kurz und klein, daß er liegen blieb, und hatte er es vorher schon schlimm genug bei ihnen gehabt, so bekam er's jetzt noch alle Tage schlechter. Der König aber ließ das ganze Land durchsuchen nach dem, der seiner Tochter Ring und Taschentuch hätte. Schließlich kamen die Boten auch zu den Brüdern. Als sie bei diesen vergeblich nachgesehen hatten, und schon wieder fortgehen wollte, sagte jemand: „Im Stall ist noch einer!“ — „Ih“, riefen die Brüder, „ob ihr den verrückten Kerl untersucht oder keinen! Der ist's gewiß nicht gewesen!“ Doch die Boten ruhten nicht eher, bis auch der dumme Krischan sich durchsuchen ließ; da kamen Ring und Taschentuch zum Vorschein, er hatte beides unter der Weste auf der Brust verwahrt. Sie nahmen ihn nun mit zum König und führten ihn der Prinzessin vor. „Was?“ rief die entsetzt; „der schmutzige Bettler soll mein Gemahl werden?“ Auch die Hofleute gerieten außer sich, und bald wäre es dem dummen Krischan schlecht ergangen. Aber er besann sich noch rechtzeitig auf seine Flöte und blies aus Leibeskräften; da kamen die drei Pferde herbei, mit prächtigen Kleidern auf dem Rücken. Nun wurde ein Bad zurecht gemacht, und der dumme Krischan wurde ganz rein abgewaschen; dann wurden ihm die Haare zurecht geschnitten, und zuletzt zog er sich die allerkostbarsten Kleider an. Da stand er wieder vor der Königstochter als der wunderschöne fremde Prinz, und sie nahm ihn mit Freuden zum Mann.

Es erinnert hier manches an Aschenputtel und ihre zwei Schwestern, und wer Lust hat, mag sich dies Märchen immer auf die Dreiheit: Leib, Seele und Geist deuten, wobei Krischan zum Ausdruck der Seele geworden wäre. Nur der Seele — gemeinhin der verachtetsten unter den dreien — ist es beschieden, den „Glasberg" zu erreichen und der Prinzessin Ring und Taschentuch zu nehmen; ihr allein gilt ja im Grunde alle Schulung, alle Veredelungsarbeit, die der Mensch bewußt und unbewußt an sich leistet; sie allein landet auf den Höhen der Gottheit und wird dort als gleich angenommen.

Aber wir wollen eine Deutung geben, die mehr inmitten des Menschenlebens steht und so den einzelnen angehen kann. Da sind zwei Brüder, die sind so an das Erdendasein geschmiedet mit allen Fasern ihrer Seele, daß sie es nicht über sich gewinnen können, bei ihrem toten Vater in der Kirche eine Nacht zu wachen. Vielleicht würden sie es tun, wenn es unbedingt sein müßte; vielleicht würden sie sich aber auch dann aus Grauen und Bequemlichkeit um die Forderung des Vaters zu drücken suchen. Der dumme Bruder muß nun die Leistung für sie vollbringen. Und ihm ist es keine Leistung; er wacht drei Nächte am offenen Sarge. Er schaut mit großen Augen in das Ganze des Daseins hinein, ehrfürchtig, aber ohne Furcht und Grauen. Er ist bereit, in sich aufzunehmen, was ihm an Erlebnissen, an Offenbarungen wird, oder was ihm an Gedanken innerlich aufwächst. Er hat keinen Abscheu vor dem Opfer des Todes, sondern steht ihm mit der Verwunderung entgegen, die tiefe Rätsel ahnt. Diese Rätsel sind ihm so wichtig wie die Angelegenheiten des äußeren Lebens, oder wichtiger. Denn er läßt sich von den Brüdern mißhandeln und verkürzen, ohne sich darüber zu erregen, obwohl er das ihm widerfahrene Unrecht fühlt. Und bei alledem wächst ihm innerlich ein Gefühl des Auserlesenseins, der besonderen

Aufgabe. Bei der Vaterwacht, d. h. während er sich den ewigen Rätseln des Daseins hingibt, werden ihm Mittel bewußt, die ganz außerhalb des Gesichts- und Gedanken-kreises der Brüder liegen: der Vater schenkt ihm die drei Flöten, und Krischan probiert sie. Er wird sich also der Erkenntnis, die er schöpfte, bewußt, und er birgt die Flöten in der Kirchhofsmauer und sagt seinen Brüder nichts von der Sache. Er fühlt genau, daß er unmöglich verstanden würde; es gibt Erkenntnisse, die sich der Mensch nur selbst erwerben kann, wenn er sie gewinnen will, die nicht mit-geteilt werden können, so daß sie im andern fruchtbar werden, und über die jeder doch nur spotten wird, der sie nicht in sich selbst gewonnen hat. Die Brüder haben nicht die Fähigkeit, Krischans Erlebnisse aufzunehmen; sonst hätten sie sich nicht selbst darum gebracht.

Welcher Art sind nun die Erlebnisse? Krischan bekommt ein schwarzes Pferd, ein braunes und ein weißes, jedes mit Zubehör und entsprechenden Kleidern für ihn. Schwarz ist die Farbe der Dunkelheit, des Dämoniums im Ganzen und in der einzelnen Seele; in ihr spiegelt sich die Furcht vor den waltenden Mächten, die man nicht zu erkennen vermag in ihrem Wesen. Wie schwarz jener Gegenstand vor uns erscheint, der alle auf sie einstürmenden Sonnenstrahlen aufsaugt und keinen zurückwirft, so rein passiv erscheint unsere Seele, wenn sie unfähig ist, gegenüber den sie be-stürmenden Eindrücken und Gedankenfolgen und Empfin-dungen zur Klarheit, zum Wollen, zum Entschluß zu kommen, wenn sie sich auf Gnade und Ungnade abhängig fühlt von Kräften, auf die sie keinen Einfluß hat und deren Wesen sie nicht erkennt. Das ist das Dämonium unserer Seele, und das symbolisiert unser Märchen s c h w a r z. So, wie hier geschildert, hat Krischan in der ersten Nacht vor dem Sarge seines Vaters in der Kirche Wache gehalten, und diese schwarze Stimmung vermittelte ihm die erste

Erkenntnis, die er schöpfte, nämlich daß er nichts sei in=
mitten der Kräfte, die auf das Leben Einfluß haben; er
gewann die Erkenntnis der eigenen Schwachheit, des Unter=
worfenseins, der Hilflosigkeit, des Preisgegebenseins, der
Übermacht eines uns unbegreiflichen Geschickes. Das ist
seine Lehrlingsstufe auf dem Weg zur königlichen Kunst.
Das Pferd, sei zwischenbemerkt, versinnbildet den „Ewigen
Großen Geber" in seinem Namen nach der alten Symbolik;
also vertritt das Pferd die Gottheit selbst als deren Symbol.
Gewaltig, schreckhaft, furchtbar und unbegreiflich ist die
Gottheit dem Krischan in der ersten Nacht der Wachen er=
schienen.

Die zweite Nacht bringt ihm das braune Pferd. Die
Farbe braun aber bedeutete unseren Altvordern das Opfer,
sein Leben zum Opfer anbieten, und daher ist z. B. die
Mönchskutte als das Kleid des Mannes, der auf sein Leben
im Sinne der Nachkommen und auch auf die irdischen Ge=
nüsse verzichtet und sein Leben dem Höchsten weiht, d. h.
opfert, braun in der Farbe, wie wir auch Gegenden haben,
in denen heute noch das Beichtkleid der Konfirmandinnen
braun ist. Die Eltern einer Konfirmandin in Franken
haben es nicht immer leicht, einem Töchterchen zwei neue
Kleider mit einmal anzuschaffen, nämlich das braune für
die Beichte und das schwarze für den ersten Abendmahls=
gang mit der Konfirmation am Tage darauf. Aber es ge=
schieht, als müßte es sein, und das Muß liegt eben in der
uralten symbolischen Sitte, deren Sinn freilich nur noch
ganz wenig Leute kennen. Also das braune Pferd besagt,
daß jetzt Krischan der Gottheit ganz anders gegenübersteht;
aus der Erkenntnis, daß er nichts ist und unser Leben in
der Gewalt höherer Mächte ist, kam ihm der Opfergeist;
die einzige Rettung aus jener Erkenntnis liegt darin, daß
sich die Menschenseele nun willenlos hingibt an die höheren
Mächte, die sie verspürte, daß sie ihr Leben in deren Dienst

zu stellen sucht, daß sie sich ihnen opfert. Soweit ist also Krischan nach der zweiten Nacht; da ist er Geselle geworden.

Und in der dritten Nacht bekommt er das weiße Pferd. Die Farbe weiß versinnbildet das göttliche Weistum; Krischan gewinnt also hohe Weisheit aus seiner Hingabe an die Gottheit und ihren Willen. Das ist die Weisheit, an der keine Schlacken mehr haften, die reine Weisheit! denn auch die Reinheit liegt in der weißen Farbe mit beschlossen. Er ist durch die Furcht, durch den Erkenntnisschauer gegangen und dann durch die Hingebung, das Selbstopfer. So bleibt ihm die Weisheit (das Weistum) nicht vorenthalten. Aber das ist nicht eine Weisheit, die sich überhebt; denn sie kann nicht in Worten verkündet werden, so daß sie anderen etwas böte, sondern nur durch die Tat ausgewirkt, im Wandel bezeugt. So spricht Krischan mit seinen Brüdern nicht über seine Erlebnisse, die sie doch nicht fassen könnten.

Und nun kommt die Krönung dieser Erlebnisse. Es winkt die Prinzessin vom Glasberge; das ist die Göttlichkeit selber, der die Menschenseele entgegenwachsen, zu der sie emporklimmen soll. Wenn der Weg ihrer Vervollkommnung zu Ende ist, dann kehrt sie in die Gottheit zurück und ist selbst göttlichen Wesens. Das ist der Sinn der alt-arischen Seligkeitslehre, und der hat ursprünglich auch im Christentum geherrscht, in das er übergegangen war, und die Arianer haben ihn noch auf dem Konzil zu Nicäa vertreten (man beachte: Arianer, Arianus!), aber Rom hat dann diese urgermanische Auffassungsweise verboten und unterdrückt, was wir durch viele Jahrhunderte weiter verfolgen können. Der Glasberg ist aber steil. (Daß zur Vorlage für ihn die alten Walburgen mit ihren feuerverglasten Wänden gedient haben, ist schon ausgeführt worden.) Es ist kaum einmal einem Menschenkinde möglich, ihn zu erklimmen; zu Fuße kann er es in diesem Märchen überhaupt nicht, sondern nur zu Pferde, d. h. auf dem Rücken des

„Ewigen großen Gebers", also mit Hilfe der Gottheit selbst, d. h. wenn er deren Wesen erfaßt hat. Alle anderen bemühen sich vergeblich, nur Krischan gelingt es auf seinem dritten, dem weißen Pferde. Das weiß er aber vorher selber nicht; er versucht es zuerst mit dem schwarzen; aber Furcht und Zittern trägt nicht zu Gott, sondern nur ein Stück ihm entgegen. Das Empfinden des eigenen Nichts, der eigenen Ohnmacht bringt an sich noch keine Tat; das ist der Grund. Aber auch das braune Pferd bringt ihn nicht bis zur Höhe; Opfersinn und Selbsthingabe reichen also auch noch nicht aus, um das zu erringen, was die Bibel die „Krone des ewigen Lebens" nennt. Erst die Weisheit, deren Vorstufen Furcht und Hingabe sind, trägt zum Ziele. Sie bringt den Krischan auf die Spitze des Glasberges, und er entreißt der Prinzessin den Ring und das Taschentuch, dann kehrt er wieder zu seinen Brüdern, die sich vergebens bemühten, und bleibt still.

Was wollen da wohl Ring und Taschentuch besagen? Nun, natürlich dienen diese Geräte im Märchen als Beweis, daß der Reiter wirklich bis auf die Spitze des Berges gekommen ist. Aber auch sie sind doch nur Symbole. Der Ring zeigt den ewigen Kreislauf an, die Ewigkeit. Als Krischan ihn packt, ist ihm das Geheimnis der göttlichen Ewigkeit und der Ewigkeit alles Seins klar geworden. Das Taschentuch aber vertritt das Fyrege (bei den Freimaurern: Tapis und Meisterschürze), also die Vierung und damit nach der alten Symbolik die „Führung" Heute noch nennen unsere Baumeister dieses Viereck die „Vierung", und im Geheimnis der alten armanischen Bauhütten stak auch noch die Führung mit darin. Also: Krischan ist sich der Ewigkeit bewußt geworden und der göttlichen Führung. Damit hat er das Ziel der menschlichen Seele erreicht: er wird auf den Glasberg geholt und der Gatte der Prinzessin; seine irdischen

Bettelkleider tut er ab und erscheint gereinigt, vergeistigt, der vollendete göttliche Kern seines eigenen Wesens.

Niemand anders vermag dieses Glück zu erringen. Wenn zuvor aus seiner vollen Seele heraus Krischan den Brüdern sagt: „Ihr gesehen, ich gewesen", so hat er damit eigentlich schon zu viel getan und wird jedesmal mit einer tüchtigen Tracht Prügel gelohnt. Die Brüder glauben ihm ja nicht, ihm, dem Dummen. Und wenn sie glauben müßten, so würde ihnen der Neid am Herzen fressen. Und doch ahnt die Schlechtigkeit immer etwas vom Besseren; denn der Neidfraß zeigt ihr den Wert, wo er wirklich ist. So haben die Brüder Krischans immer geheime Angst, es könnte am Ende doch wahr sein, daß der dumme Bruder der erfolgreiche Reiter gewesen ist. Sie aber werden nie hinaufreiten auf den Glasberg. Auf endlosen Wegen, die immer kreisum führen (in immerwährender Wiedergeburt und ganz langsamer Vervollkommnung unter Not und Leid) werden sie einmal auf den Berg gelangen, auf dem sie einstmals auch ankommen müssen, ehe sich der Ring des Gottestages vollendet und alles Erschaffene oder Gewordene zurückkehrt ins Ur.

Dieses Märchen lehrt also die dreistufige Vervollkommnung der Menschenseele; die alten Weisen hatten aber ein noch tieferes Wissen über diesen Vervollkommnungsgang, und davon zeugt neben manchen anderen das nachstehende von Grimm erzählte Märchen.

<hr>

Der Simeliberg.

Es waren zwei Brüder, einer war reich, der andere arm. Der Reiche aber gab dem Armen nichts, und er mußte sich vom Kornhandel kümmerlich ernähren; da ging es ihm oft so schlecht, daß er für seine Frau und Kinder kein Brot hatte. Einmal fuhr er mit seinem Karren durch den Wald, da erblickte er zur Seite einen großen, kahlen Berg, und weil er den noch nie gesehen hatte, hielt er still und betrachtete ihn mit Verwunderung. Wie er so stand, sah er zwölf wilde, große Männer daherkommen; weil er nun glaubte, das wären Räuber, schob er seinen Karren ins Gebüsch und stieg auf einen Baum und wartete, was da geschehen würde. Die zwölf Männer gingen aber vor den Berg und riefen: „Berg Semsi, Berg Semsi, tu dich auf." Alsbald tat sich der kahle Berg in der Mitte von einander, und die zwölfe gingen hinein, und wie sie drin waren, schloß er sich zu. Über eine kleine Weile aber tat er sich wieder auf, und die Männer kamen heraus und trugen schwere Säcke auf dem Rücken, und wie sie alle wieder am Tageslicht waren, sprachen sie: „Berg Semsi, Berg Semsi, tu dich zu." Da fuhr der Berg zusammen, und es war kein Eingang mehr an ihm zu sehen, und die zwölfe gingen fort. Als sie ihm nun ganz aus den Augen waren, stieg der Arme vom Baum herunter und war neu=gierig, was wohl in dem Berge Heimliches verborgen wäre. Also ging er davor und sprach: „Berg Semsi, Berg Semsi, tu dich auf", und der Berg tat sich auch vor ihm auf. Da trat er hinein, und der ganze Berg war eine Höhle voll Silber und Gold, und hinten lagen große Haufen Perlen und blitzende Edelsteine, wie Korn aufgeschüttet. Der Arme wußte gar nicht, was er anfangen sollte, und ob er sich etwas von den Schätzen nehmen dürfte; endlich füllte er sich die Taschen mit Gold, die Perlen und Edel=steine aber ließ er liegen. Als er wieder herauskam, sprach er gleichfalls: „Berg Semsi, Berg Semsi, tu dich zu!" Da schloß sich der Berg, und er fuhr mit seinem Karren nach Haus. Nun brauchte er nicht mehr zu sorgen und konnte mit seinem Golde für Frau und Kind Brot und auch Wein dazu kaufen, lebte fröhlich und redlich, gab den Armen und tat jedermann Gutes. Als aber das Geld zu Ende war, ging er zu seinem Bruder, lieh einen Scheffel und holte sich von neuem; doch rührte er von den großen Schätzen nichts an. Wie er sich zum drittenmal etwas holen wollte, borgte er bei seinem Bruder abermals den Scheffel. Der Reiche aber war schon lange neidisch über sein Vermögen, und den schönen Haushalt, den er sich eingerichtet hatte, und konnte nicht begreifen, woher der Reichtum käme und was sein Bruder mit dem Scheffel anfinge. Da dachte er eine List aus und bestrich den Boden mit Pech, und wie er das Maß zurückbekam, so war ein Goldstück darin hängen geblieben. Alsbald ging er zu seinem Bruder und fragte ihn: „Was hast du mit dem Scheffel gemessen?" „Korn und Gerste", sagte der andere. Da zeigte er ihm das Goldstück und drohte ihm, wenn er nicht die Wahrheit sage, so wollt' er ihn beim Gericht verklagen. Er erzählte ihm nun alles, wie es zugegangen wer. Der Reiche aber ließ gleich einen Wagen anspannen, fuhr hinaus, wollte die Gelegenheit besser benutzen und ganz andere Schätze mitbringen. Wie er vor den Berg kam, rief er: „Berg Semsi, Berg Semsi, tu dich auf." Der Berg tat sich auf, und er ging hinein. Da lagen die Reichtümer alle vor ihm, und er wußte lange nicht, wozu er am ersten greifen sollte, endlich lud er Edelsteine auf, soviel er tragen konnte. Er wollte seine Last hinausbringen, weil aber Herz und Sinn ganz voll von den Schätzen waren, hatte er darüber den Namen des Berges vergessen und rief: „Berg Simeli, Berg Simeli, tu dich auf." Aber das war der rechte Name nicht, und der Berg regte sich nicht und blieb verschlossen. Da ward ihm angst, aber je länger er nachsann, desto mehr verwirrten sich seine Gedanken, und halfen ihm alle Schätze nichts mehr. Am Abend tat sich der Berg auf, und die zwölf Räuber kamen herein, und als sie ihn sahen, lachten sie und riefen: „Vogel, haben wir dich endlich; meinst du, wir hätten's nicht gemerkt, daß du zweimal hereingekommen bist, aber wir konnten dich nicht fangen, zum drittenmal sollst du nicht wieder heraus!" Da rief er: „Ich war's nicht, mein Bruder war's", aber er mochte bitten um sein Leben und sagen, was er wollte, sie schlugen ihm das Haupt ab.

Eigentlich ist dies Märchen weniger bekannt als das gleiche aus „Tausend und eine Nacht", also in seiner orientalischen Ausformung: „Ali Baba und die vierzig Räuber" Das östliche tritt, wie immer, auch hier aufgeputzter, phantastischer auf. Wir lesen dort, wo von vier-

zig Räubern statt der zwölf die Rede ist, daß der Berg
„Sesam“ heißt. „Sesam, tue dich auf!“ Und der falsche,
habgierige Bruder weiß schließlich das Wort auch nicht mehr
zu finden; da er aber den Sesam als eine orientalische
Getreideart kennt, probiert er alle Getreidearten durch:
„Weizen, tue dich auf! Gerste, Hafer, Reis, tue dich auf!“
Aber es hilft ihm nichts; das Tor des Berges bleibt zu,
der habgierige Mann wird von den Räubern erwischt und
zur Abschreckung geviertelt am Toreingange aufgehängt.

Sonst kommt in beiden Formen alles ziemlich überein,
und wir haben also hier wieder einen Beweis, wie arisches
Märchengut in der grauen Vorzeit mit den Ariern nach
dem fernen Osten gewandert ist und dort eine eigene Aus=
formung fand, bei der freilich manches vom ursprünglichen
Sinne vergessen scheint. Denn richtig sind die zwölf
Räuber, nicht die vierzig. Die sind die Wächter der goldenen
Schatzkammer (des Glasberges), der Sonne. Und sie ver=
treten die zwölf Sternbilder des Tierkreises. Das ist indes
nur die astrale Deutung. Im höheren Sinne ist auch hier
die Räuberhöhle, der Berg „Semsi“ oder „Sesam“, der
Berg des Gottesweistums, der Gotteshöhe, und die zwölf
Räuber bedeuten innere Entwickelungsstufen des Menschen,
die er zurücklegen muß, wenn er den kürzesten Weg seiner
Vollendung gehen will — nicht den anderen, der über un=
endliche Wiederverkörperungen mit ihren Leiden und Nöten
führt. Diese zwölf Stufen finden sich in der Sage noch
deutlicher bezeichnet, und zwar im alten Hildebrandslied.
Doch wollen wir auf diesen Gebiet hin unsere Ausführungen
hier nicht erweitern, umsoweniger, als es sich hier um ein
Stück alten Weistums handelt, das heute noch nicht wieder
leicht begreifbar zu machen ist. Nun ist es doch auffällig,
daß der Name des Berges in unserem deutschen Märchen
wie im östlichen verwandt klingt: Semsi — Sesam. Beide
Namen scheinen aus der Verdoppelung der Sonnenrune zu

kommen und so eben auf die geistige Sonne, auf die Geist=
ursache alles Bestehenden hinzuweisen, also auf die Gottheit.
Der arme Bruder kommt durch „Zufall“ den Schätzen des
Berges nahe und nimmt sich davon, sogar einigemale; d. h.
er gewinnt auf seinem irdischen Wege einzelne göttliche
Erkenntnisse, die ihm eine gute Lebensführung ermöglichen.
Der reiche Bruder aber will nun in blinder Gier auch
davon haben, und als er in den Berg gerät, verwirrt sich
sein Sinn vor lauter Begehrlichkeit derart, daß er das
Losungswort für das Tor des Berges vergißt und nicht
wieder herauskommt. „Simeli“ redet er in seiner Ver=
legenheit den Berg an; dem Leser fällt ganz von selbst auf,
daß darin das Wort Simili, d. h. ähnlich, steckt, mit dem
wir gewöhnlich eine gefälschte, nachgemachte Sache bezeichnen.
Und so ist der Reiche nicht an das echte Wesen des Schatz=
berges hingekommen, das hat er innerlich nicht erfaßt;
Neid und Habsucht waren in ihm übermächtig, so daß er
das Wesen der Heilsstätte falsch empfindet und um all
seinen Gewinn und dazu um sein Leben kommt. Freilich
ist nun die Einkleidung auch in dieser Weise noch äußerlich,
und die Stimmung des Märchens ergibt sich ganz umge=
kehrt, wenn wir die richtigen Werte einsetzen. Dann haben
wir es mit einem Manne zu tun (in dem Armen), der
gelegentlich höhere Erkenntnisse gewinnt und sich solche dann
nach dem drängenden Bedarfe weiter zu gewinnen sucht.
Ihm genügen Erkenntnisse, wie er sie im Leben verwerten
kann, um dieses schmuck auszugestalten. Deshalb bleibt er
niemals in dem Berge; er kommt immer wieder heraus in
sein tägliches Leben. Den andern aber, den Reichen (reich
an Verlangen nach den Gottesschätzen des Wissens und
Verstehens) übermannt das, was er zu sehen bekommt; er
verliert die Verbindung ins Irdische, das ihm nun „Simili“
wird, und er wird im Berge festgehalten, der ja sein Ziel
ist. Die Räuber schlagen ihm das Haupt ab im deutschen

Märchen; aber im östlichen wird er gevierteilt, und da tritt der Sinn richtig zu tage: er erhält (Fyr tel) „Führungs=anteil" und hat so das Ziel auf dem kurzen, einmaligen Wege erreicht, dem der andere, seiner selbst unbewußt, oft und umwegvoll zusteuern muß, weil ihn nicht die lebendige starke Verlangensglut beseelt wie den „Reichen" So kann also ein Märchen auch in seiner Stimmung den äußerlichen Geschehnissen folgen und für den Verstehenden in dieser Stimmung ganz umzukehren sein.

———

IV

Vom reinen Toren.

Das Motiv spricht in gar vielen Märchen mit, daß gerade der Bruder oder Sohn zur Ehre und zum Reichtum (Weistum) gelangt, dem das am wenigsten „an der Wiege gesungen" worden ist, und den man in seiner Umgebung am wenigsten dazu berufen erachtete. „Der Dumme hat's Glück", dies Wahrwort deckt sich getreulich mit der Lehre vieler von unseren Märchen. Denn wornach beurteilt die Welt in der Regel, ob einer dumm ist? Wer sich unge=schickter anstellt inbezug auf seinen Erwerb, als die andern; wer keine Schleichwege gehen will, um sich zu bereichern, der gilt als dumm. Nach innerem Reichtum fragt niemand; alle Welt geberdet sich, als ob der Mensch kein höheres Ziel haben dürfte, als Versorgung mit Schätzen für dieses kurze irdische Leben. Und so sieht man in das Innere der anders gearteten Naturen, der heimlich gottvertrauten, gar nicht hinein, und wer selber immer nur die praktischen

Angelegenheiten des Lebens vor seinem Blicke hat, dessen Augen sind ja auch gar nicht geeignet, im anderen Seelisches zu erkennen und wertzuschätzen.

Gerade diese „Dummen" des Lebens aber, denen der Sinn mehr nach innen gerichtet steht, sind die Auserwählten des Märchens. Sie sind überhaupt die Auserwählten in jedem Gottesdenken, auch im altindischen und auch im christlichen. Oder sagte nicht Jesus in der Bergpredigt: „Selig sind, die da geistlich arm sind, denn das Himmelreich ist ihr"? Das ist der gleiche Begriff, der der „geistlichen Armut" Es sind die gemeint, die sich innerlich arm fühlen, weil sie ihre Herkunft nicht kennen und nicht ihr Ziel. Aber die lauschen in sich und in die Welt mit ihren Kräften, und da werden sie gewahr, daß die Welt und das Leben nicht ein Zufallsgebäude ist, nicht ein blindes Durcheinander und Ungefähr, sondern daß es darin Lenkung und Leitung gibt, Hilfe und Trost und Stütze und Führung, und der vertrauen sie sich dann an, wie das Kind dem Vater oder der Mutter. Da erlangen sie die innere Gewißheit, daß sie nicht allein gelassen sind, und daß sie nicht zwecklos im Leben stehen, sondern daß sie eine Bestimmung haben. Diese Bestimmung kennen sie zwar nicht, aber sie ergeben sich ihr und lassen sich willig lenken; so sehen sie gewissermaßen das Wunder, aber es ist ihnen nicht ein Wunder, wie anderen Leuten, sondern es ist ihnen eine ganz natürliche Sache, und auf dem kürzesten Wege gelangen sie an ihrer menschlichen Vollendung Ziel.

Wir haben dafür aus dem „Parsifal" den Begriff des „reinen Toren" gesetzt, und dieses Motiv ist schlechthin das der germanischen Erlösung. Es gehört dazu häufig die Eigenschaft des Helden, daß er sich vor nichts fürchtet; aber diese Furchtlosigkeit gilt nur den leiblichen, irdischen Dingen; denn zu innerer Erkenntnis gelangt niemand, der nicht durch die Furcht seiner Seele vor den Mächten gegangen

ist, denen er sich dann anvertraut. Man darf diese beiden
Arten von Furcht nicht verwechseln. Dem aber, der so mit
den Mächten des Schicksals Geschwisterkind geworden ist,
dem können schlimme Gewalten nichts mehr anhaben, und
alle guten müssen ihn fördern; ihm wachsen die Kräfte aus
ihm selber und von allen Seiten zu; er verwendet sie spie=
lend und gelangt an sein Ziel, das er selber als sein Ziel
nur in den seltensten Fällen kennt, weil es eben über
menschliches Begreifen hinausgelegen ist. Oft freilich kommt
ihm auch die „Intuition", das innere Schauen und Wissen,
sodaß er seinen Weg erkennt und wissend zu Ende geht.

Dieses Wesen des „reinen Toren" bringt es auch mit
sich, daß der Mensch wahrhaft ist und redlich. Er kann
nicht Mittel anwenden, die nicht zur Sache gehören, denn
er denkt an solche Mittel gar nicht. Er will ja auch nicht
das Schicksal zu seinen Gunsten betrügen, denn er ist mit
dem Schicksal auf bestem Fuße und hat volles Vertrauen
zu ihm. In seinem Sinne und Gemüte ist alles rein, und
so ist auch all sein Wirken rein, selbst wenn er einmal so
neben die Dinge greift, daß wir über sein Verhalten lachen
müssen. Und es schlägt ihm alles zum Guten aus. Alle
anderen aber, die der Neid erfüllt oder die Verachtung,
werden neben ihm gestraft aus ihrem eigenen Wesen. Dazu
bietet das deutsche Märchen Beispiele in reicher Zahl, und
wir können hier nur eine knappe Auslese davon bieten.

<hr>

Die zwei Brüder.

(Nach Grimm.)

Es waren einmal zwei Brüder, ein reicher und ein
armer. Der reiche war ein Goldschmied und bös von
Herzen; der arme nährte sich davon, daß er Besen band,
und war gut und redlich. Der arme hatte zwei Kinder,

das waren Zwillingsbrüder und sich so ähnlich wie ein Tropfen Wasser dem andern. Die zwei Knaben gingen in des Reichen Haus ab und zu und erhielten von dem Abfall manchmal etwas zu essen. Es trug sich zu, daß der arme Mann, als er in den Wald ging, Reisig zu holen, einen Vogel sah, der ganz golden war und so schön, wie ihm noch niemals einer vor Augen gekommen war. Da hob er ein Steinchen auf, warf nach ihm und traf ihn auch glücklich; es fiel aber nur eine goldene Feder herab, und der Vogel flog fort. Der Mann nahm die Feder und brachte sie seinem Bruder, der sah sie an und sprach: „Es ist eitel Gold," und gab ihm viel Geld dafür. Am andern Tag stieg der Mann auf einen Birkenbaum und wollte ein paar Äste abhauen: da flog derselbe Vogel heraus, und als der Mann nachsuchte, fand er ein Nest, und ein Ei lag darin, das war von Gold. Er nahm das Ei mit heim und brachte es seinem Bruder, der sprach wiederum: „Es ist eitel Gold," und gab ihm, was es wert war. Zuletzt sagte der Goldschmied: „Den Vogel selber möcht' ich wohl haben." Der Arme ging zum drittenmal in den Wald und sah den Goldvogel wieder auf dem Baum sitzen, da nahm er einen Stein und warf ihn herunter und brachte ihn seinem Bruder, der gab ihm einen großen Haufen Geld dafür. „Nun kann ich mir forthelfen," dachte er und ging zufrieden nach Haus.

Der Goldschmied war klug und listig und wußte wohl, was für ein Vogel das war. Er rief seine Frau und sprach: „Brat mir den Goldvogel und sorge, daß nichts davon wegkommt; ich habe Lust, ihn ganz allein zu essen." Der Vogel aber war kein gewöhnlicher, sondern so wunderbarer Art, daß, wer Herz und Leber von ihm aß, jeden Morgen ein Goldstück unter seinem Kopfkissen fand. Die Frau machte den Vogel zurecht, steckte ihn an einen Spieß und ließ ihn braten. Nun geschah es, daß während er am Feuer stand, und die Frau anderer Arbeiten wegen notwendig aus der Küche gehen mußte, die zwei Kinder des armen Besenbinders hereinliefen, sich vor den Spieß stellten und ihn ein paarmal herumdrehten. Und als da gerade zwei Stücklein aus dem Vogel in die Pfanne herabfielen, sprach der eine: „Die paar Bißchen wollen wir essen, ich bin so hungrig, es wird's ja niemand daran merken." Da aßen sie beide die Stückchen auf; die Frau kam aber dazu, sah, daß sie etwas aßen, und sprach: „Was habt ihr gegessen?" „Ein paar Stückchen, die aus dem Vogel herausgefallen sind," antworteten sie. „Das ist Herz und Leber gewesen," sprach die Frau ganz erschrocken, und damit ihr Mann nichts vermißte und nicht böse ward, schlachtete sie geschwind ein Hähnchen, nahm Herz und Leber heraus und legte es zu dem Goldvogel. Als es gar war, trug sie ihn dem Goldschmied auf, der ihn ganz allein verzehrte und nichts übrig ließ. Am andern Morgen aber, als er unter sein Kopfkissen griff und dachte, das Goldstück hervorzuholen, war so wenig wie sonst eins zu finden.

Die beiden Kinder aber wußten nicht, was für ein Glück ihnen zuteil geworden war. Am andern Morgen, wie sie aufstanden, fiel etwas zur Erde und klingelte, und als sie es aufhoben, waren's zwei Goldstücke. Sie brachten sie ihrem Vater; der wunderte sich und sprach: „Wie soll das zugegangen sein?" Als sie aber am andern Morgen wieder zwei fanden und so jeden Tag, da ging er zu seinem Bruder und erzählte ihm die seltsame Geschichte. Der Goldschmied merkte gleich, wie es gekommen war, und daß die Kinder Herz und Leber von dem Goldvogel gegessen hatten, und um sich zu rächen und weil er neidisch und hartherzig war, sprach er zu dem Vater: „Deine Kinder sind mit dem Bösen im Spiel, nimm das Gold nicht und dulde sie nicht länger in deinem Haus, denn er hat Macht über sie und kann dich selbst noch ins Verderben bringen." Der Vater fürchtete den Bösen, und so schwer es ihm ankam, führte er doch die Zwillinge hinaus in den Wald und verließ sie da mit traurigem Herzen.

Nun liefen die zwei Kinder im Wald umher und suchten den Weg nach Haus, konnten ihn aber nicht finden, sondern verirrten sich immer weiter. Endlich begegneten sie einem Jäger, der fragte: „Wem gehört ihr, Kinder?" „Wir sind des armen Besenbinders Jungen," antworteten sie und erzählten ihm, daß ihr Vater sie nicht länger im Hause hätte behalten wollen, weil alle Morgen ein Goldstück unter ihrem Kopfkissen läge. „Nun", meinte der Jäger, „das ist gerade nichts Schlimmes, wenn ihr nur rechtschaffen dabei bleibt und euch nicht auf die faule Haut legt." Der gute Mann, weil ihm die Kinder gefielen und er selbst keine hatte, so nahm er sie mit nach Haus und sprach: „Ich will euer Vater sein und euch großziehen." Sie lernten da bei ihm die Jägerei, und das Goldstück, das ein jeder beim Aufstehen fand, das hob er ihnen auf, wenn sie's in Zukunft nötig hätten.

Als sie herangewachsen waren, nahm sie ihr Pflegevater eines Tages mit in den Wald und sprach: „Heute sollt ihr euern Probeschuß tun, damit ich euch freisprechen und zu Jägern machen kann." Sie gingen mit ihm auf den Anstand und warteten lange, aber es kam kein Wild. Der Jäger sah über sich und sah eine Kette von Schneegänsen in der Gestalt eines Dreiecks fliegen, da sagte er zu dem einen: „Nun schieß von jeder Ecke eine herab." Der tat's und vollbrachte damit seinen Probeschuß. Bald darauf kam noch eine Kette angeflogen und hatte die Gestalt der Ziffer Zwei: da hieß der Jäger den andern gleichfalls von jeder Ecke eine herunterholen, und dem gelang sein Probeschuß auch. Nun sagte der Pflegevater: „Ich spreche euch frei, ihr seid ausgelernte Jäger." Darauf gingen die zwei Brüder zusammen in den Wald, ratschlagten mit einander und verabredeten etwas. Und als sie abends sich zum Essen niedergesetzt hatten, sagten sie zu ihrem Pflegevater: „Wir rühren die Speise nicht an und nehmen keinen Bissen, bevor Ihr uns eine Bitte gewährt habt." Sprach er: „Was ist denn eure Bitte?" Sie antworteten: „Wir haben nun ausgelernt, wir müssen uns auch in der Welt versuchen, so erlaubt, daß wir fortziehen und wandern." Da sprach der Alte mit Freuden: „Ihr redet wie brave Jäger, was ihr begehrt, ist mein eigener Wunsch gewesen; zieht aus, es wird euch wohl ergehen." Darauf aßen und tranken sie fröhlich zusammen.

Als der bestimmte Tag kam, schenkte der Pflegevater jedem eine gute Büchse und einen Hund und ließ jeden von seinen gesparten Goldstücken nehmen, soviel er wollte. Darauf begleitete er sie ein Stück Wegs, und beim Abschied gab er ihnen noch ein blankes Messer und sprach: „Wenn ihr euch einmal trennt, so stoßt dies Messer am Scheideweg in einen Baum; daran kann einer, wenn er zurückkommt, jehen, wie es seinem abwesenden Bruder ergangen ist, denn die Seite, nach welcher dieser gezogen ist, rostet, wenn er stirbt; so lange er aber lebt, bleibt sie blank." Die zwei Brüder gingen immer weiter fort und kamen in einen Wald, so groß, daß sie unmöglich in einem Tag heraus konnten. Also blieben sie die Nacht darin und aßen, was sie in die Jägertasche gesteckt hatten; sie gingen aber auch noch den zweiten Tag und kamen nicht heraus. Da sie nichts zu essen hatten, so sprach der eine: „Wir müssen uns etwas schießen, sonst leiden wir Hunger," lud seine Büchse und sah sich um. Und als ein alter Hase dahergelaufen kam, legte er an; der Hase rief aber:

<blockquote>
Lieber Jäger, laß mich leben,
ich will dir auch zwei Junge geben.
</blockquote>

Sprang auch gleich ins Gebüsch und brachte zwei Junge; die Tierlein spielten aber so munter und waren so artig, daß die Jäger es nicht über's Herz bringen konnten, sie zu töten. Sie behielten sie also bei sich, und die kleinen Hasen folgten ihnen auf dem Fuße nach. Bald darauf schlich ein Fuchs vorbei; den wollten sie niederschießen, aber der Fuchs rief:

<blockquote>
Lieber Jäger, laß mich leben,
ich will dir auch zwei Junge geben.
</blockquote>

Er brachte auch zwei Füchslein, und die Jäger mochten sie auch nicht töten, gaben sie den Hasen zur Gesellschaft, und sie folgten ihnen nach. Nicht lange, so schritt ein Wolf aus dem Dickicht, die Jäger legten auf ihn an, aber der Wolf rief:

<blockquote>
Lieber Jäger, laß mich leben,
ich will dir auch zwei Junge geben.
</blockquote>

Die zwei jungen Wölfe taten die Jäger zu den andern Tieren und sie folgten ihnen nach. Darauf kam ein Bär, der wollte gern noch länger herumtraben und rief:

<blockquote>
Lieber Jäger, laß mich leben,
ich will dir auch zwei Junge geben.
</blockquote>

Die zwei jungen Bären wurden zu den andern gesellt, und waren ihrer schon acht. Endlich, wer kam? Ein Löwe kam und schüttelte seine Mähnen. Aber die Jäger ließen

sich nicht schrecken und zielten auf ihn; der Löwe sprach
indes gleichfalls:

      Lieber Jäger, laß mich leben,
      ich will dir auch zwei Junge geben.

Er holte auch seine Jungen herbei, und nun hatten die
Jäger zwei Löwen, zwei Bären, zwei Wölfe, zwei Füchse
und zwei Hasen, die ihnen nachzogen und dienten. Indessen
war ihr Hunger damit nicht gestillt worden, da sprachen sie
zu den Füchsen: „Hört, ihr Schleicher, schafft uns etwas zu
essen, ihr seid ja listig und verschlagen." Sie antworteten:
„Nicht weit von hier liegt ein Dorf, wo wir schon manches
Huhn geholt haben; den Weg dahin wollen wir euch zeigen."
Da gingen sie ins Dorf, kauften sich etwas zu essen und
ließen auch ihren Tieren Futter geben und zogen dann
weiter. Die Füchse aber wußten guten Bescheid in der Ge=
gend, wo die Hühnerhöfe waren, und konnten die Jäger
überall zurechtweisen.

Nun zogen sie eine Weile herum, konnten aber keinen
Dienst finden, wo sie zusammengeblieben wären, da sprachen
sie: „Es geht nicht anders, wir müssen uns trennen." Sie
teilten die Tiere, sodaß jeder einen Löwen, einen Bären,
einen Wolf, einen Fuchs und einen Hasen bekam: dann
nahmen sie Abschied, versprachen sich brüderliche Liebe bis
in den Tod und stießen das Messer, das ihnen ihr Pflege=
vater mitgegeben, in einen Baum, worauf der eine nach
Osten, der andere nach Westen zog.

Der jüngste aber kam mit seinen Tieren in eine Stadt,
die war ganz mit schwarzem Flor überzogen. Er ging in
ein Wirtshaus und fragte den Wirt, ob er nicht seine Tiere
beherbergen könnte. Der Wirt gab ihnen einen Stall, wo
in der Wand ein Loch war: da kroch der Hase hinaus und
holte sich ein Kohlhaupt, und der Fuchs holte sich ein Huhn,
und als er das gefressen hatte, auch den Hahn dazu; der
Wolf aber, der Bär und der Löwe konnten, weil sie zu
groß waren, nicht hinaus. Da ließ sie der Wirt hinbringen,
wo eben eine Kuh auf dem Rasen lag, daß sie sich satt
fraßen. Und als der Jäger für seine Tiere gesorgt hatte,
fragte er erst den Wirt, warum die Stadt so mit Trauer=
flor ausgehängt wäre? Sprach der Wirt: „Weil morgen
unseres Königs einzige Tochter sterben wird." Fragte der

Jäger: „Ist sie sterbenskrank?" „Nein", antwortete der Wirt; „sie ist frisch und gesund, aber sie muß doch sterben." „Wie geht das zu?" fragte der Jäger. „Draußen vor der Stadt ist ein hoher Berg, darauf wohnt ein Drache, der muß alle Jahr eine reine Jungfrau haben, sonst verwüstet er das ganze Land. Nun sind schon alle Jungfrauen hin= gegeben, und ist niemand mehr übrig als die Königstochter, dennoch ist keine Gnade, sie muß ihm überliefert werden, und das soll morgen geschehen." Sprach der Jäger: „Warum wird der Drache nicht getötet?" „Ach", antwor= tete der Wirt, „so viele Ritter haben's versucht, aber alle= samt ihr Leben eingebüßt; der König hat dem, der den Drachen besiegt, seine Tochter zur Frau versprochen, und er soll auch nach seinem Tode das Reich erben."

Der Jäger sagte dazu weiter nichts, aber am andern Morgen nahm er seine Tiere und stieg mit ihnen auf den Drachenberg. Da stand oben eine kleine Kirche, und auf dem Altar standen drei gefüllte Becher, und dabei war die Schrift: „Wer die Becher austrinkt, wird der stärkste Mann auf Erden und wird das Schwert führen, das vor der Tür= schwelle vergraben liegt." Der Jäger trank da nicht, ging hinaus und suchte das Schwert in der Erde, vermochte aber nicht es von der Stelle zu bewegen. Da ging er hin und trank die Becher aus und war nun stark genug, das Schwert aufzunehmen, und seine Hand konnte es ganz leicht führen. Als die Stunde kam, wo die Jungfrau dem Drachen sollte ausgeliefert werden, begleitete sie der König, der Marschall und die Hofleute hinaus. Sie sah von weitem den Jäger oben auf dem Drachenberg und meinte, der Drache stände da und erwartete sie, und wollte nicht hinaufgehen, endlich aber, weil die ganze Stadt sonst wäre verloren gewesen, mußte sie den schweren Gang tun. Der König und die Hofleute kehrten voll großer Trauer heim, des Königs Mar= schall aber sollte stehen bleiben und aus der Ferne alles mit ansehen.

Als die Königstochter oben auf den Berg kam, stand da nicht der Drache, sondern der junge Jäger, der sprach ihr Trost ein und sagte, er wollte sie retten, führte sie in die Kirche und verschloß sie darin. Gar nicht lange, so kam mit großem Gebraus der siebenköpfige Drache dahergefahren.

Als er den Jäger erblickte, verwunderte er sich und sprach: „Was hast du hier auf dem Berge zu schaffen?" Der Jäger antwortete: „Ich will mit dir kämpfen." Sprach der Drache: „So mancher Rittersmann hat hier sein Leben gelassen, mit dir will ich auch fertig werden," und atmete Feuer aus sieben Rachen. Das Feuer sollte das trockene Gras anzünden, und der Jäger sollte in der Glut und dem Dampf ersticken, aber die Tiere kamen herbeigelaufen und traten das Feuer aus. Da fuhr der Drache gegen den Jäger, aber er schwang sein Schwert, daß es in der Luft sang, und schlug ihm drei Köpfe ab. Da ward der Drache erst recht wütend, erhob sich in die Luft, spie die Feuerflammen über den Jäger aus und wollte sich auf ihn stürzen, aber der Jäger zückte nochmals sein Schwert und hieb ihm wieder drei Köpfe ab. Das Untier ward matt und sank nieder und wollte doch wieder auf den Jäger los, aber er schlug ihm mit der letzten Kraft den Schweif ab, und weil er nicht mehr kämpfen konnte, rief er seine Tiere herbei, die zerrissen es in Stücke. Als der Kampf zu Ende war, schloß der Jäger die Kirche auf und fand die Königstochter auf der Erde liegen, weil ihr die Sinne vor Angst und Schrecken während des Streites vergangen waren. Er trug sie heraus, und als sie wieder zu sich selbst kam und die Augen aufschlug, zeigte er ihr den zerrissenen Drachen und sagte ihr, daß sie nun erlöst wäre. Sie freute sich und sprach: „Nun wirst du mein liebster Gemahl werden, denn mein Vater hat mich demjenigen versprochen, der den Drachen tötet." Darauf hing sie ihr Halsband von Korallen ab und verteilte es unter die Tiere, um sie zu belohnen, und der Löwe erhielt das goldene Schlößchen davon. Ihr Taschentuch aber, in dem ihr Name stand, schenkte sie dem Jäger; er ging hin und schnitt aus den sieben Drachenköpfen die Zungen aus, wickelte sie in das Tuch und verwahrte sie wohl.

Als das geschehen war, weil er von dem Feuer und dem Kampf so matt und müde war, sprach er zur Jungfrau: „Wir sind beide so matt und müde, wir wollen ein wenig schlafen." Da sagte sie „ja", und sie ließen sich auf die Erde nieder, und der Jäger sprach zu dem Löwen: „Du sollst wachen, damit uns niemand im Schlafe überfällt," und beide schliefen ein. Der Löwe legte sich neben sie, um zu wachen, aber er war vom Kampf auch müde, daß er den Bären rief und sprach: „Lege dich neben mich, ich muß ein wenig schlafen, und wenn was kommt, so wecke mich auf." Da legte sich der Bär neben ihn, aber er war auch müde und rief den Wolf und sprach: „Lege dich neben mich, ich muß ein wenig schlafen, und wenn was kommt, so wecke mich auf." Da legte sich der Wolf neben ihn, aber er war auch müde und rief den Fuchs und sprach: „Lege dich neben mich, ich muß ein wenig schlafen, und wenn was kommt, so wecke mich auf." Da legte sich der Fuchs neben ihn, aber er war auch müde, rief den Hasen und sprach: „Lege dich neben mich, ich muß ein wenig schlafen, und wenn was kommt, so wecke mich auf." Da setzte sich der Hase neben ihn, aber der arme Hase war auch müde und hatte niemand, den er zur Wache herbeirufen konnte, und schlief ein. Da schlief nun die Königstochter, der Jäger, der Löwe, der Bär, der Wolf, der Fuchs und der Has, und schliefen alle einen festen Schlaf.

Der Marschall aber, der von weitem hatte zusehen sollen, als er den Drachen nicht mit der Jungfrau fort=fliegen sah, und alles auf dem Berg ruhig ward, nahm sich ein Herz und stieg hinauf. Da lag der Drache zerstückt und zerrissen auf der Erde und nicht weit davon die Kö=nigstochter und ein Jäger mit seinen Tieren, die waren alle in tiefen Schlaf versunken. Und weil er bös und gott=los war, so nahm er sein Schwert und hieb dem Jäger das Haupt ab und faßte die Jungfrau auf den Arm und trug sie den Berg hinab. Da erwachte sie und erschrak, aber der Marschall sprach: „Du bist in meinen Händen, du sollst sagen, daß ich es gewesen bin, der den Drachen ge=tötet hat." „Das kann ich nicht," antwortete sie, „denn ein Jäger mit seinen Tieren hat's getan." Da zog er sein Schwert und drohte sie zu töten, wo sie ihm nicht ge=horchte, und zwang sie damit, daß sie es versprach. Dar=auf brachte er sie vor den König, der sich vor Freuden nicht zu lassen wußte, als er sein liebes Kind wieder lebend erblickte, das er von dem Untier zerrissen glaubte. Der Marschall sprach zu ihm: „Ich habe den Drachen getötet und die Jungfrau und das ganze Reich befreit, darum for=

dere ich sie zur Gemahlin, so wie es zugesagt ist." Der König fragte die Jungfrau: „Ist das wahr, was er spricht?" „Ach ja", antwortete sie, „es muß wohl wahr sein; aber ich halte mir aus, daß erst über Jahr und Tag die Hochzeit gefeiert wird," denn sie dachte in der Zeit etwas von ihrem lieben Jäger zu hören.

Auf dem Drachenberg aber lagen noch die Tiere neben ihrem toten Herrn und schliefen, da kam eine große Hummel und setzte sich dem Hasen auf die Nase, aber der Has wischte sie mit der Pfote ab und schlief weiter. Die Hummel kam zum zweitenmal, aber der Hase wischte sie wieder ab und schlief fort. Da kam sie zum drittenmal und stach ihn in die Nase, daß er aufwachte. Sobald der Hase wach war, weckte er den Fuchs, und der Fuchs den Wolf, und der Wolf den Bär und der Bär den Löwen. Und als der Löwe aufwachte und sah, daß die Jungfrau fort war und sein Herr tot, fing er an fürchterlich zu brüllen und rief: „Wer hat das vollbracht? Bär, warum hast du mich nicht geweckt?" Der Bär fragte den Wolf: „Warum hast du mich nicht geweckt?" und der Wolf den Fuchs: „Warum hast du mich nicht geweckt?" und der Fuchs den Hasen: „Warum hast du mich nicht geweckt?" Der arme Hase wußte allein nichts zu antworten, und die Schuld blieb auf ihm hangen. Da wollten sie über ihn herfallen, aber er bat und sprach: „Bringt mich nicht um, ich will unsern Herrn wieder lebendig machen. Ich weiß einen Berg, da wächst eine Wurzel, wer die im Mund hat, der wird von aller Krankheit und allen Wunden geheilt. Aber der Berg liegt zweihundert Stunden von hier." Sprach der Löwe: „In vierundzwanzig Stunden mußt du hin und her gelaufen sein und die Wurzel mitbringen." Da sprang der Hase fort, und in vierundzwanzig Stunden war er zurück und brachte die Wurzel mit. Der Löwe setzte dem Jäger den Kopf wieder an, und der Hase steckte ihm die Wurzel in den Mund, alsbald fügte sie alles wieder zusammen, und das Herz schlug, und das Leben kehrte zurück. Da erwachte der Jäger und erschrak, als er die Jungfrau nicht mehr sah, und dachte: „Sie ist wohl fortgegangen, während ich schlief, um mich los zu werden." Der Löwe hatte in der großen Eile seinem Herrn den Kopf verkehrt

aufgesetzt, der aber merkte es nicht bei seinen traurigen Ge=
danken an die Königstochter; erst zu Mittag, als er etwas
essen wollte, da sah er, daß ihm der Kopf nach dem Rücken
stand, konnte es nicht begreifen und fragte die Tiere, was
ihm im Schlaf widerfahren wäre. Da erzählte ihm der
Löwe, daß sie auch alle aus Müdigkeit eingeschlafen wären,
und beim Erwachen hätten sie ihn tot gefunden mit abge=
schlagenem Haupte, der Hase hätte die Lebenswurzel geholt,
er aber in der Eil den Kopf verkehrt gehalten; doch wollte
er seinen Fehler wieder gut machen. Dann riß er dem
Jäger den Kopf wieder ab, drehte ihn herum, und der
Hase heilte ihn mit der Wurzel fest.

Der Jäger aber war traurig, zog in der Welt herum
und ließ seine Tiere vor den Leuten tanzen. Es trug sich
zu, daß er gerade nach Verlauf eines Jahres wieder in die=
selbe Stadt kam, wo er die Königstochter vom Drachen er=
löst hatte, und die Stadt war diesmal ganz mit rotem
Scharlach ausgehängt. Da sprach er zum Wirt: „Was will
das sagen? Vorm Jahr war die ganze Stadt mit schwarzem
Flor überzogen; was soll heute der rote Scharlach?" Der
Wirt antwortete: „Vorm Jahr sollte unsers Königs Tochter
dem Drachen ausgeliefert werden, aber der Marschall hat
mit ihm gekämpft und ihn getötet, und da soll morgen ihre
Vermählung gefeiert werden; darum war die Stadt damals
mit schwarzem Flor zur Trauer, und ist heute mit rotem
Scharlach zur Freude ausgehängt."

Am andern Tag, als die Hochzeit sein sollte, sprach der
Jäger um Mittagszeit zum Wirt: „Glaubt Er wohl, Herr
Wirt, daß ich heut' Brot von des Königs Tisch hier bei
Ihm essen will?" „Ja", sprach der Wirt, „da wollt' ich
doch noch hundert Goldstücke dransetzen, daß das nicht wahr
ist." Der Jäger nahm die Wette an und setzte einen Beutel
mit ebensoviel Goldstücken dagegen. Dann rief er den Hasen
und sprach: „Geh hin, lieber Springer, und hol mir von
dem Brot, das der König ißt." Nun war das Häslein das
geringste und konnte es keinem andern wieder auftragen,
sondern mußte sich selbst auf die Beine machen. „Ei",
dachte es, „wenn ich so allein durch die Straßen springe,
da werden die Metzgerhunde hinter mir drein sein." Wie
es dachte, so geschah es auch, und die Hunde kamen hinter

ihm drein und wollten ihm sein gutes Fell flicken. Es
sprang aber, hast du nicht gesehen! und flüchtete sich in ein
Schilderhaus, ohne daß es der Soldat gewahr wurde. Da
kamen die Hunde und wollten es heraus haben, aber der
Soldat verstand keinen Spaß und schlug mit dem Kolben
drein, daß sie schreiend und heulend fortliefen. Als der
Hase merkte, daß die Luft rein war, sprang er zum Schloß
hinein und gerade zur Königstochter, setzte sich unter ihren
Stuhl und kratzte sie am Fuß. Da sagte sie: „Willst du
fort!" und meinte, es wäre ihr Hund. Der Hase kratzte
zum zweitenmal am Fuß, da sagte sie wieder: „Willst du
fort!" und meinte, es wäre ihr Hund. Aber der Hase ließ
sich nicht irre machen und kratzte zum drittenmal, da guckte
sie herab und erkannte den Hasen an seinem Halsband.
Nun nahm sie ihn auf ihren Schoß, trug ihn in ihre Kammer
und sprach: „Lieber Hase, was willst du?" Antwortete er:
„Mein Herr, der den Drachen getötet hat, ist hier und
schickt mich, ich soll um ein Brot bitten, wie es der König
ißt." Da war sie voll Freude und ließ den Bäcker kommen
und befahl ihm ein Brot zu bringen, wie es der König aß.
Sprach das Häslein: „Aber der Bäcker muß mir's auch
hintragen, damit mir die Metzgerhunde nichts tun." Der
Bäcker trug es ihm bis an die Türe der Wirtsstube, da
stellte sich der Hase auf die Hinterbeine, nahm alsbald das
Brot in die Vorderpfoten und brachte es seinem Herrn. Da
sprach der Jäger: „Sieht er, Herr Wirt, die hundert Gold=
stücke sind mein." Der Wirt wunderte sich, aber der Jäger
sagte weiter: „Ja, Herr Wirt, das Brot hätt' ich, aber ich
will nun auch von des Königs Braten essen." Der Wirt
sagte: „Das möcht' ich sehen", aber wetten wollte er nicht
mehr. Rief der Jäger den Fuchs und sprach: „Mein Füchs=
lein, geh hin und hol mir Braten, wie ihn der König ißt."
Der Rotfuchs wußte die Schliche besser, ging an den Ecken
und durch die Winkel, ohne daß ihn ein Hund sah, setzte
sich unter der Königstochter Stuhl und kratzte an ihrem
Fuß. Da sah sie herab und erkannte den Fuchs am Hals=
band, nahm ihn mit in ihre Kammer und sprach: „Lieber
Fuchs, was willst du?" Antwortete er: „Mein Herr, der
den Drachen getötet hat, ist hier und schickt mich, ich soll
bitten um einen Braten, wie ihn der König ißt." Da ließ

sie den Koch kommen, der mußte einen Braten, wie ihn der König aß, anrichten und dem Fuchs bis an die Türe tragen; da nahm ihm der Fuchs die Schüssel ab, wedelte mit seinem Schwanz erst die Fliegen weg, die sich auf den Braten ge= setzt hatten, und brachte ihn dann seinem Herrn. „Sieht Er, Herr Wirt," sprach der Jäger, „Brot und Fleisch ist da, nun will ich auch Zugemüs essen, wie es der König ißt." Da rief er den Wolf und sprach: „Lieber Wolf, geh hin und hol mir Zugemüs, wie es der König ißt." Da ging der Wolf geradezu ins Schloß, weil er sich vor nie= mand fürchtete, und als er in der Königstochter Zimmer kam, da zupfte er sie hinten am Kleid, daß sie sich um= schauen mußte. Sie erkannte ihn am Halsband und nahm ihn mit in ihre Kammer und sprach: „Lieber Wolf, was willst du?" Antwortete er: „Mein Herr, der den Drachen getötet hat, ist hier, ich soll bitten um ein Zugemüs, wie es der König ißt." Da ließ sie den Koch kommen, der mußte ein Zugemüs bereiten, wie es der König aß, und mußte es dem Wolf bis vor die Türe tragen, da nahm ihm der Wolf die Schüssel ab und brachte sie seinem Herrn. „Sieht Er, Herr Wirt," sprach der Jäger, „nun hab' ich Brot, Fleisch und Zugemüs, aber ich will auch Zuckerwerk essen, wie es der König ißt." Rief er den Bären und sprach: „Lieber Bär, du leckst doch gern etwas Süßes, geh hin und hol mir Zuckerwerk, wie's der König ißt." Da trabte der Bär nach dem Schlosse, und jedermann ging ihm aus dem Wege; als er aber zu der Wache kam, hielt sie die Flinten vor und wollte ihn nicht ins königliche Schloß lassen. Aber er hob sich in die Höhe und gab mit seinen Tatzen links und rechts ein paar Ohrfeigen, daß die ganze Wache zusammenfiel, und darauf ging er geradeswegs zu der Königstochter, stellte sich hinter sie und brummte ein wenig. Da schaute sie rückwärts und erkannte den Bären und hieß ihn mitgehen in ihre Kammer und sprach: „Lieber Bär, was willst du?" Antwortete er: „Mein Herr, der den Drachen getötet hat, ist hier, ich soll bitten um Zucker= werk, wie's der König ißt." Da ließ sie den Zuckerbäcker kommen, der mußte Zuckerwerk backen, wie's der König aß, und dem Bären vor die Türe tragen; da leckte der Bär erst die Zuckererbsen auf, die heruntergerollt waren, dann stellte er sich aufrecht, nahm die Schüssel und brachte sie seinem Herrn. „Sieht er, Herr Wirt," sprach der Jäger, „nun habe ich Brot, Fleisch, Zugemüs und Zuckerwerk, aber ich will auch Wein trinken, wie ihn der König trinkt." Er rief seinen Löwen herbei und sprach: „Lieber Löwe, du trinkst dir doch gerne einen Rausch, geh und hol mir Wein, wie ihn der König trinkt." Da schritt der Löwe über die Straße, und die Leute liefen vor ihm, und als er an die Wache kam, wollte sie den Weg sperren, aber er brüllte nur einmal, so sprang alles fort. Nun ging der Löwe vor das königliche Zimmer und klopfte mit seinem Schweif an die Türe. Da kam die Königstochter heraus und wäre fast über den Löwen erschrocken, aber sie erkannte ihn an dem goldenen Schloß von ihrem Halsbande und hieß ihn mit in ihre Kammer gehen und sprach: „Lieber Löwe, was willst du?" Antwortete er: „Mein Herr, der den Drachen getötet hat, ist hier, ich soll bitten um Wein, wie ihn der König trinkt." Da ließ sie den Mundschenk kommen, der sollte dem Löwen Wein geben, wie ihn der König tränke. Sprach der Löwe: „Ich will mitgehen und sehen, daß ich den rechten kriege." Da ging er mit dem Mundschenk hinab, und als sie unten hinkamen, wollte ihm dieser von dem gewöhnlichen Wein zapfen, wie ihn des Königs Diener tranken, aber der Löwe sprach: „Halt! ich will den Wein erst versuchen," zapfte sich ein halbes Maß und schluckte es auf einmal hinab. „Nein", sagte er, „das ist nicht der rechte." Der Mundschenk sah ihn schief an, ging aber und wollte ihm aus einem andern Faß geben, das für des Kö= nigs Marschall war. Sprach der Löwe: „Halt! erst will ich den Wein versuchen," zapfte sich ein halbes Maß und trank es. „Der ist besser, aber noch nicht der rechte." Da ward der Mundschenk bös und sprach: „Was so ein dum= mes Vieh vom Wein verstehen will!" Aber der Löwe gab ihm einen Schlag hinter die Ohren, daß er unsanft zur Erde fiel, und als er sich wieder aufgemacht hatte, führte er den Löwen ganz stillschweigend in einen kleinen beson= deren Keller, wo des Königs Wein lag, von dem sonst kein Mensch zu trinken bekam. Der Löwe zapfte sich erst ein halbes Maß und versuchte den Wein, dann sprach er: „Das kann von dem rechten sein" und hieß den Mundschenk sechs

Flaschen füllen. Nun stiegen sie herauf, wie der Löwe aber aus dem Keller ins Freie kam, schwankte er hin und her und war ein wenig trunken, und der Mundschenk mußte ihm den Wein bis vor die Türe tragen, da nahm der Löwe den Henkelkorb in das Maul und brachte ihn seinem Herrn. Sprach der Jäger: „Sieht Er, Herr Wirt, da hab' ich Brot, Fleisch, Zugemüs, Zuckerwerk und Wein, wie es der König hat, nun will ich mit meinen Tieren Mahlzeit halten," und setzte sich hin, aß und trank, und gab dem Hasen, dem Fuchs, dem Wolf, dem Bär, und dem Löwen auch davon zu essen und zu trinken und war guter Dinge, denn er sah, daß ihn die Königstochter noch lieb hatte. Und als er Mahlzeit gehalten hatte, sprach er: „Herr Wirt, nun hab' ich gegessen und getrunken, wie der König ißt und trinkt, jetzt will ich an des Königs Hof gehen und die Königstochter heiraten." Fragte der Wirt: „Wie soll das zugehen, da sie schon einen Bräutigam hat und heute die Vermählung ge= feiert wird?" Da zog der Jäger das Taschentuch heraus, das ihm die Königstochter auf dem Drachenberg gegeben hatte, und worin die sieben Zungen des Untiers eingewickelt waren und sprach: „Dazu soll mir helfen, was ich da in der Hand halte." Da sah der Wirt das Tuch an und sprach: „Wenn ich alles glaube, so glaube ich das nicht und will wohl Haus und Hof dransetzen." Der Jäger aber nahm einen Beutel mit tausend Goldstücken, stellte ihn auf den Tisch und sagte: „Das setze ich dagegen."

Nun sprach der König an der königlichen Tafel zu seiner Tochter: „Was haben die wilden Tiere alle gewollt, die zu dir gekommen und in mein Schloß ein= und ausgegangen sind?" Da antwortete sie: „Ich darf's nicht sagen, aber schickt hin und laßt den Herrn dieser Tiere holen, so werdet ihr wohl tun." Der König schickte einen Diener ins Wirts= haus und ließ den fremden Mann einladen, und der Diener kam gerade, wie der Jäger mit dem Wirt gewettet hatte. Da sprach er: „Sieht Er, Herr Wirt, da schickt der König einen Diener und läßt mich einladen, aber ich gehe so noch nicht." Und zu dem Diener sagte er: „Ich lasse den Herrn König bitten, daß er mir königliche Kleider schickt, einen Wagen mit sechs Pferden und Diener, die mir aufwarten." Als der König diese Antwort hörte, sprach er zu seiner

Tochter: „Was soll ich tun?“ Sagte sie: „Laßt ihn holen, wie er’s verlangt, so werdet ihr wohl tun.“ Da schickte der König königliche Kleider, einen Wagen mit sechs Pferden und Diener, die ihm aufwarten sollten. Als der Jäger sie kommen sah, sprach er: „Sieht Er, Herr Wirt, nun werde ich abgeholt, wie ich es verlangt habe“ und zog die königlichen Kleider an, nahm das Tuch mit den Drachenzungen und fuhr zum König. Als ihn der König kommen sah, sprach er zu seiner Tochter: „Wie soll ich ihn empfangen?“ Antwortete sie: „Geht ihm entgegen, so werdet Ihr wohl tun.“ Da ging ihm der König entgegen und führte ihn herauf, und seine Tiere folgten ihm nach. Der König wies ihm einen Platz an neben sich und seiner Tochter, der Marschall saß auf der andern Seite, als Bräutigam, aber der kannte ihn nicht mehr. Nun wurden gerade die sieben Häupter des Drachen zur Schau aufgetragen, und der König sprach: „Die sieben Häupter hat der Marschall dem Drachen abgeschlagen, darum geb ich ihm heute meine Tochter zur Gemahlin.“ Da stand der Jäger auf, öffnete die sieben Rachen und sprach: „Wo sind die sieben Zungen des Drachen?“ Da erschrak der Marschall, ward bleich und wußte nicht, was er antworten sollte, endlich sagte er in der Angst: „Drachen haben keine Zungen.“ Sprach der Jäger: „Die Lügner sollten keine haben, aber die Drachenzungen sind das Wahrzeichen des Siegers,“ und wickelte das Tuch auf, da lagen sie alle sieben darin, und dann steckte er jede Zunge in den Rachen, in den sie gehörte, und sie paßte genau. Darauf nahm er das Tuch, in welches der Name der Königstochter gestickt war, und zeigte es der Jungfrau und fragte sie, wem sie es gegeben hätte, da antwortete sie: „Dem, der den Drachen getötet hat.“ Und da rief er sein Getier, nahm jedem das Halsband und dem Löwen das goldene Schloß ab und zeigte es der Jungfrau und fragte, wem es angehörte. Antwortete sie: „Das Halsband und das goldene Schloß waren mein, ich habe es unter die Tiere verteilt, die den Drachen besiegen halfen.“ Da sprach der Jäger: „Als ich müde von dem Kampf geruht und geschlafen habe, da ist der Marschall gekommen und hat mir den Kopf abgehauen. Dann hat er die Königstochter fortgetragen und vorgegeben, er sei es gewesen, der den Drachen getötet habe, und daß er gelogen hat, beweise ich mit den Zungen, dem Tuch und dem Halsband." Und dann erzählte er, wie ihn seine Tiere durch eine wunderbare Wurzel geheilt hätten, und daß er ein Jahr lang mit ihnen herumgezogen und endlich wieder hierher gekommen wäre, wo er den Betrug des Marschalls durch die Erzählung des Wirtes erfahren hätte. Da fragte der König seine Tochter: „Ist es wahr, daß dieser den Drachen getötet hat?" Da antwortete sie: „Ja, es ist wahr; jetzt darf ich die Schandtat des Marschalls offenbaren, weil sie ohne mein Zutun an den Tag gekommen ist, denn er hat mir das Versprechen zu schweigen abgezwungen. Darum aber habe ich mir ausgehalten, daß erst in Jahr und Tag die Hochzeit sollte gefeiert werden." Da ließ der König zwölf Ratsherren rufen, die sollten über den Marschall Urteil sprechen, und die urteilten, daß er müßte von vier Ochsen zerrissen werden. Also ward der Marschall gerichtet, der König aber übergab seine Tochter dem Jäger und ernannte ihn zu seinem Statthalter im ganzen Reich. Die Hochzeit ward mit großen Freuden gefeiert, und der junge König ließ seinen Vater und Pflegevater holen und überhäufte sie mit Schätzen. Den Wirt vergaß er auch nicht und ließ ihn kommen und sprach zu ihm: „Sieht Er, Herr Wirt, die Königstochter habe ich geheiratet, und Sein Haus und Hof sind mein." Sprach der Wirt: „Ja, das wäre nach dem Rechten." Der junge König aber sagte: „Es soll noch Gnaden gehen: Haus und Hof soll Er behalten, und die tausend Goldstücke schenke ich Ihm noch dazu."

Nun waren der junge König und die junge Königin guter Dinge und lebten vergnügt zusammen. Er zog oft hinaus auf die Jagd, weil das seine Freude war, und die treuen Tiere mußten ihn begleiten. Es lag aber in der Nähe ein Wald, von dem es hieß, er wäre nicht geheuer, und wäre einer erst drin, so käm' er nicht leicht wieder heraus. Der junge König hatte aber große Lust, darin zu jagen, und ließ dem alten König keine Ruhe, bis er es ihm erlaubte. Nun ritt er mit einer großen Begleitung aus, und als er zu dem Wald kam, sah er eine schneeweiße Hirschkuh darin und sprach zu seinen Leuten: „Haltet hier, bis ich zurückkomme, ich will das schöne Wild jagen." Und

er ritt ihm nach in den Wald hinein, und nur seine Tiere
folgten ihm. Die Leute hielten und warteten bis Abend,
aber er kam nicht wieder; da ritten sie heim und erzählten
der jungen Königin: „Der junge König ist im Zauberwald
einer weißen Hirschkuh nachgejagt und ist nicht wiederge=
kommen." Da war sie in großer Besorgnis um ihn. Er
war aber dem schönen Wild immer nachgeritten und konnte
es niemals einholen; wenn er meinte, es wäre schußgerecht,
so sah er es gleich wieder in weiter Ferne dahinspringen,
und endlich verschwand es ganz. Nun merkte er, daß er
tief in den Wald hineingeraten war, nahm sein Horn und
blies, aber er bekam keine Antwort, denn seine Leute konn=
ten's nicht hören. Und da auch die Nacht einbrach, sah er,
daß er diesen Tag nicht heimkommen könnte, stieg ab,
machte sich bei einem Baum ein Feuer an und wollte dabei
übernachten. Als er bei dem Feuer saß und seine Tiere
sich auch neben ihn gelegt hatten, deuchte ihn, als hörte er
eine menschliche Stimme. Er schaute umher, konnte aber
nichts bemerken. Bald darauf hörte er wieder ein Ächzen
wie von oben her, da blickte er in die Höhe und sah ein
altes Weib auf dem Baum sitzen, das jammerte in einem
fort: „Hu, hu, hu, was mich friert!" Sprach er: „Steig
herab und wärme dich, wenn dich friert." Sie aber sagte:
„Nein, deine Tiere beißen mich." Antwortete er: „Sie tun
dir nichts, altes Mütterchen, komm nur herunter." Sie
war aber eine Hexe und sprach: „Ich will dir eine Rute
von dem Baum herabwerfen, wenn du sie damit auf den
Rücken schlägst, tun sie mir nichts." Da warf sie ihm ein
Rütlein herab, und er schlug sie damit, alsbald lagen sie
still und waren in Stein verwandelt. Und als die Hexe
vor den Tieren sicher war, sprang sie herunter und rührte
auch ihn mit einer Rute an und verwandelte ihn in Stein.
Darauf lachte sie und schleppte ihn und die Tiere in einen
Graben, wo schon mehr solcher Steine lagen.

Als aber der junge König gar nicht wiederkam, ward
die Angst und Sorge der Königin immer größer. Nun
trug sich's zu, daß gerade in dieser Zeit der andere Bruder,
der bei der Trennung gen Osten gewandert war, in das
Königreich kam. Er hatte einen Dienst gesucht und keinen
gefunden, war dann herumgezogen hin und her und hatte

seine Tiere tanzen lassen. Da fiel ihm ein, er wollte ein=
mal nach dem Messer sehen, das sie bei ihrer Trennung in
einen Baumstamm gestoßen hatten, um zu erfahren, wie es
seinem Bruder ginge. Wie er da hin kam, war seines
Bruders Seite halb verrostet und halb war sie noch blank.
Da erschrak er und dachte: „Meinem Bruder muß ein
großes Unglück zugestoßen sein, doch kann ich ihn vielleicht
noch retten, denn die Hälfte des Messers ist noch blank."
Er zog mit seinen Tieren gen Westen, und als er in das
Stadttor kam, trat ihm die Wache entgegen und fragte, ob
sie ihn bei seiner Gemahlin melden sollte: die junge Königin
wäre schon seit ein paar Tagen in großer Angst über sein
Ausbleiben und fürchtete, er wäre im Zauberwalde umge=
kommen. Die Wache nämlich glaubte nicht anders, als er
wäre der junge König selbst, so ähnlich sah er ihm, und
hatte auch die wilden Tiere hinter sich laufen. Da merkte
er, daß von seinem Bruder die Rede war, und dachte: „Es
ist das beste, ich gebe mich für ihn aus, so kann ich ihn
wohl leichter erretten." Also ließ er sich von der Wache
ins Schloß begleiten und ward mit großen Freuden emp=
fangen. Die junge Königin meinte nicht anders, als es
wäre ihr Gemahl, und fragte ihn, warum er so lange aus=
geblieben wäre. Er antwortete: „Ich hatte mich in einem
Walde verirrt und konnte mich nicht eher wieder heraus=
finden." Abends ward er in das königliche Bette gebracht,
aber er legte ein zweischneidiges Schwert zwischen sich und
die junge Königin; sie wußte nicht, was das heißen sollte,
getraute aber nicht zu fragen.

Da blieb er ein paar Tage und erforschte derweil alles,
wie es mit dem Zauberwald beschaffen war; endlich sprach
er: „Ich muß noch einmal dort jagen." Der König und
die junge Königin wollten es ihm ausreden, aber er bestand
darauf und zog mit großer Begleitung hinaus. Als er in
den Wald gekommen war, erging es ihm, wie seinem Bru=
der, er sah eine weiße Hirschkuh und sprach zu seinen Leuten:
„Bleibt hier und wartet, bis ich wieder komme, ich will das
schöne Wild jagen." Ritt in den Wald hinein, und seine
Tiere liefen ihm nach. Aber er konnte die Hirschkuh nicht
einholen und geriet so tief in den Wald, daß er darin über=
nachten mußte. Und als er ein Feuer angemacht hatte,

hörte er über sich ächzen: „Hu, Hu, Hu, wie mich friert!“ Da schaute er hinauf, und da saß dieselbe Hexe oben im Baum. Sprach er: „Wenn dich friert, so komm herab, altes Mütterchen, und wärme dich!“ Antwortete sie: „Nein, deine Tiere beißen mich.“ Er aber sprach: „Sie tun dir nichts.“ Da rief sie: „Ich will dir eine Rute hinabwerfen, wenn du sie damit schlägst, so tun sie mir nichts.“ Wie der Jäger das hörte, traute er der Alten nicht und sprach: „Meine Tiere schlag’ ich nicht, komm du herunter, oder ich hol dich!“ Da rief sie: „Was willst du wohl? Du tust mir noch nichts!“ Er aber antwortete: „Kommst du nicht, so schieß’ ich dich herunter!“ Sprach sie: „Schieß’ nur zu; vor deinen Kugeln fürchte ich mich nicht.“ Da legte er an und schoß nach ihr, aber die Hexe war fest gegen alle Bleikugeln, lachte, daß es gellte, und rief: „Du sollst mich noch nicht treffen!“ Der Jäger wußte Bescheid, riß sich drei silberne Knöpfe vom Rock und lud sie in die Büchse, denn dagegen war ihre Kunst umsonst, und als er losdrückte, stürzte sie gleich mit Geschrei herab. Da stellte er den Fuß auf sie und sprach: „Alte Hexe, wenn du nicht gleich gestehst, wo mein Bruder ist, so pack’ ich dich auf mit beiden Händen und werf’ dich ins Feuer!“ Sie war in großer Angst, bat um Gnade und sagte: „Er liegt mit seinen Tieren versteinert in einem Grabe.“ Da zwang er sie mit hinzugehen, drohte ihr und sprach: „Alte Meerkatze, jetzt machst du meinen Bruder und alle Geschöpfe, die hier liegen, lebendig, oder du kommst ins Feuer.“ Sie nahm eine Rute und rührte die Steine an, da wurde sein Bruder mit den Tieren wieder lebendig, und viele andere, Kaufleute, Handwerker, Hirten standen auf, dankten für ihre Befreiung und zogen heim. Die Zwillingsbrüder aber, als sie sich wiedersahen, küßten sich und freuten sich von Herzen. Dann griffen sie die Hexe, banden sie und legten sie ins Feuer, und als sie verbrannt war, da tat sich der Wald von selbst auf und war licht und hell, und man konnte das königliche Schloß auf drei Stunden Wegs sehen.

Nun gingen die zwei Brüder zusammen nach Haus und erzählten einander auf dem Weg ihre Schicksale. Und als der jüngste sagte, er wäre an des Königs Statt Herr im ganzen Lande, sprach der andere: „Das hab’ ich wohl

gemerkt, denn als ich in die Stadt kam und für dich an=
gesehen ward, da geschah mir alle königliche Ehre: die
junge Königin hielt mich für ihren Gemahl, und ich mußte
an ihrer Seite essen und in deren Bett schlafen." Wie das
der andere hörte, ward er so eifersüchtig, und zornig, daß
er sein Schwert zog und seinem Bruder den Kopf abschlug.
Als dieser aber tot dalag und er sein rotes Blut fließen
sah, reute es ihn gewaltig: „Mein Bruder hat mich erlöst",
rief er aus, „und ich habe ihn dafür getötet!" und jam=
merte laut. Da kam sein Hase und erbot sich von der Le=
benswurzel zu holen, sprang fort und brachte sie noch zu
rechter Zeit, und der Tote ward wieder ins Leben gebracht
und merkte gar nichts von der Wunde.

Darauf zogen sie weiter, und der jüngste sprach: „Du
siehst aus wie ich, hast königliche Kleider an wie ich, und
die Tiere folgen dir nach wie mir: wir wollen zu den ent=
gegengesetzten Toren eingehen und von zwei Seiten zugleich
beim alten König anlangen." Also trennten sie sich, und
bei dem alten König kam zu gleicher Zeit die Wache von
dem einen und dem andern Tore und meldete, der junge
König mit den Tieren wäre von der Jagd angelangt.
Sprach der König: „Es ist nicht möglich, die Tore liegen
eine Stunde weit auseinander." Indem aber kamen von
zwei Seiten die beiden Brüder in den Schloßhof hinein und
stiegen beide herauf. Da sprach der König zu seiner Tochter:
„Sag an, welcher ist dein Gemahl? Es sieht einer aus
wie der andere; ich kann's nicht wissen." Sie war da in
großer Angst und konnte es nicht sagen, endlich fiel ihr das
Halsband ein, das sie den Tieren gegeben hatte, suchte und
fand an dem einen Löwen ihr goldenes Schlößchen: da rief
sie vergnügt: „Der, dem dieser Löwe nachfolgt, der ist mein
rechter Gemahl." Da lachte der junge König und sagte:
„Ja, das ist der rechte," und sie setzten sich zusammen zu
Tisch, aßen und tranken und waren fröhlich. Abends, als
der junge König zu Bett ging, sprach seine Frau: „Warum
hast du die vorigen Nächte immer ein zweischneidiges
Schwert in unser Bett gelegt? Ich habe geglaubt, du
wolltest mich totschlagen." Da erkannte er, wie treu sein
Bruder gewesen war.

Dies Märchen ist eines der prächtigsten, die wir be=
sitzen. Es sind eine ganze Reihe Motive ineinander gear=
beitet, aber so, daß ein Ganzes entsteht, das auch als
Ganzes seinen Sinn hat. Die beiden Brüder sind von An=
fang an den Tücken des Schicksals preisgegeben, wie man
so sagt. Und doch fällt ihnen alles zu; denn sie sind rein
und gut und tun in jeder Lage ohne großes Besinnen und
ohne innere Kämpfe das Richtige. Als Kinder, da sie des
Goldvogels Leber und Herz essen, vergehen sie sich zwar.
Aber ihr Hunger muß das entschuldigen, und das Geschick
braucht ihre kleine Übeltat, um den Betrugsversuch des
Goldschmieds zu nichte zu machen. Die zwei älteren Brüder
sind schon durch ihr Gewerbe gekennzeichnet. Die Schmiede=
kunst stammt von den Zwergen, also aus den dämonischen
Gehegen, weshalb die Schmiede meistens Zauberer sind.
Der Besen aber ist als „Donnerbesen“ (tun recht den Bö=
sen) eine heilige Glyphe des Gottes Donar, und der Besen=
binder vertritt also das aufsteigende, theonische Prinzip.
Der Goldvogel ist die „leuchtende Zeugungskraft“ nach der
alten Geheimbedeutung der Worte, also das Beisammen
von Leben und Seele. Das dämonische Prinzip möchte sich
diese Kraft zunutze machen; das aufsteigende Prinzip aber
kennt diese Kraft gar nicht (der Besenbinder), weil eben nur
der Neid so tiefschauend ist. Und so müssen die beiden
Söhne des Armen, des Besenbinders Leben und Seele auf=
nehmen in sich, dadurch daß sie Leber und Herz des Vogels
essen. Alle Tage überkommt sie nun ein förderlich Emp=
finden, ein gesegneter Gedanke. Aber der Goldschmied
täuscht den Vater über die Ursache und die Jungen werden
verbannt in den Wald (die Waltung), also in das äußere,
irdische Leben.

Ein Jäger bildet sie heran: er fördert ihre Erkenntnis,
ihre Urteilskraft. Als er ihnen die Aufgabe stellt, die das
Probestück sein soll, fehlt keiner. Und der Pflegevater gibt

ihnen ein „Messer" (nämlich einen Messer, von messen,
ihres Geschickes), daran sie die Anzeichen des Vergehens
gewahren sollen. Damit ist gesagt: er weckt so feine Emp=
findungen in ihren Seelen, daß es der eine verspürt, wenn
es dem andern schlecht geht; er bindet die Seelen anein=
ander durch ein gegenseitiges Verstehen. Und nun gesellen
sich den Brüdern, weil sie ihren Hunger unterdrücken und
den Lebenswillen der Geschöpfe achten, allerlei Tiere —
paarweise. Fünf Arten sind es. Fünf hieß alt fem, und
Fem bedeutete das Recht, die Rechtsfindung. Also: die
Tiere verhelfen den Brüdern zur Gerechtigkeit durch ihre
Eigenschaften. Da ist zuerst der Hase als heiliges Tier der
Freya, der bringt den Heimsinn. Dann kommt der Fuchs
(Vos, fos), der Zeuger. Dann stellt sich der Wolf ein, der
bringt nach der alten Symbolik das Wissen, das aus dem
Weh geboren ist. Weiterhin kommt der Bär, dem Gotte
Donar geweiht, als Sinnbild der Kraft und Stärke, aber
auch, wie schon sein Name ergibt, der Geburt. Und endlich
findet sich auch der Löwe dazu als Sinnbild der Hoheit,
der königlichen Eignung. So begabt, trennen sich die Brü=
der. Wir hören zunächst nur mehr von einem. Der tritt
nun als St. Georg auf, als der Drachenbezwinger. Alle
Jungfrauen des Reiches sind dem Drachen geopfert worden
bis auf die königliche Prinzessin. Der Drache ist wieder
das lebensfeindliche, chaotische, negative Prinzip, das teuf=
lische Wesen in der Welt, das verneinende. Die Jungfrau
ist die junge Weiterzeugerin; der Drache will also das Leben
zum Absterben bringen. Aber der eine Bruder, gefolgt von
seinen Tieren, verfügt über alle Eigenschaften des Lebens
und überwindet den Drachen: das Leben ist Sieger. (Das
ist der Winter=Frühlings=Mythus.) Die Sonne steigt. Aber
nun erst, da sie gewendet hat, setzt der Winter richtig ein;
er spottet der Siegerkraft. Da sieht der Marschall die gün=
stige Gelegenheit und schlägt dem Drachentöter das Haupt

ab. Aber natürlich darf der nicht tot bleiben; sonst entführt der böse Wille doch wieder die erlöste Prinzessin in seinen Winterpalast. Da springt der Hase — er kennt die Lebenswurzel. Das ist ein ganz besonders von dem Hasen, daß er die kennt und holen kann: aus dem Heim, dem Gehege gewinnt er die Wurzel des Lebens. Und heilt den Drachentöter.

Der Wirt ist sozusagen der Zuschauer des Schicksals. Er glaubt an so wunderliche Dinge nicht, wie sie sich jetzt ereignen vor seinen Augen. Er meint, das Schicksal könne die Klüfte, die es — nicht zwecklos — schafft, nicht überbrücken. Er ist der Realist. So verwettet er Haus und Hof. Die Tiere aber holen königliche Nahrung für ihren Herrn: die Eigenschaften, die sie verkörpern, werden in ihm lebendig, und er gewinnt die Macht, seine Herrschaft anseiten der Prinzessin anzutreten. Er entlarvt den Marschall, den Bösewicht. Und die Prinzessin hilft dazu; unmittelbar darf sie nichts verraten, obwohl das Spiel um ihr Glück geht; sie hat dem Marschall erzwungene Schweigepflicht gelobt. Kommt das Verschwiegene ohne ihre Zunge heraus, so ist's gut. So überwindet schließlich die Frühlingssonne den Nachwinter, und wird der Erde Gemahl. So aber auch siegen Seele und Leben über den Tod und den Bann des Todes im Geistigen.

Aber auch dies Glück dauert nicht ewig; denn da ist der Zauberwald (die Gegenwaltung, die dämonische Waltung). In die gerät der furchtlose neue König hinein, als er einer schneeweißen Hirschkuh nachjagt. Die Hirschkuh verkörpert das reine, unbeeinflußte seelische Ideal, dem der König nachstrebt, ohne auf die äußeren Zwangsdinge des Lebens zu achten. Der reine Idealist stolpert leicht über eine Wurzel auf dem Boden und fällt, weil er mit Faktoren zu rechnen vergißt, die vorhanden sind und sich geltend machen. Dann verläßt ihn aber auch, wenn der Wille überstark wird, der gesunde Instinkt, die innere Erkenntnis. So geht es dem jungen Könige; er läßt sich bewegen, seine Tiere mit der von der Hexe gereichten Rute zu schlagen und sie werden alle in Steine verwandelt, schließlich auch er selbst. Seine königlichen Eigenschaften erlahmen, sein Wirken stockt. Da aber gewahrt der ferne Bruder, wie es um den Bruder steht, und er hat noch die unverkümmerte Schicksalsführung in seinem Blute, die ihn vor den Fall= stricken der Hexe bewahrt und ihn so zum Erlöser an seinem Bruder werden läßt. Vorher, bevor er dieses Erlösungs= werk vollbrachte, hat er die Stelle des königlichen Bruders eingenommen, um sich die Aufgabe zu erleichtern. Und als er nun dem Bruder einbekennt, daß er sogar in dessen Bette geschlafen hat, da packt den die Eifersucht und er schlägt seinem Erlöser den Kopf ab. Er hat eben sein inneres Gleichgewicht noch nicht wieder gefunden. Aber das ist in unserem Märchen so schlimm nicht, denn der Hase ist da, der die Lebenswurzel holen kann. Und da wird der Er= schlagene wieder lebendig, und beide Brüder ziehen zu ver= schiedenen Toren in die Stadt ein. Der Erlöste erfährt erst, wie treu ihm der Bruder gewesen ist, als ihn seine Frau, die Königin, wegen des ins Bett gelegten Schwertes fragt. Das aber ist ein Stück alten Rechtes und guter Rittersitte gewesen: wer durch Verhältnisse genötigt oder veranlaßt war, mit einem Weibe zusammen zu ruhen, das nicht das Seine war, der legte dazwischen ein entblößtes Schwert als Zeichen, daß er ihre Keuschheit achten und ihre Unverletztheit wahren wolle. So geschah das auch hier, und die Königin verstand den Sinn der Sache nicht, weil sie ja glaubte, ihren rechtmäßigen Gatten neben sich zu haben. Das Schwert ist den Alten das Sinnbild des Son= nenstrahls, des göttlichen, weshalb man auch Eide aufs Schwert abgelegt hat. Und so wirkt es auch hier wie ein vollzogener Eid. Die Hexe des Waldes aber war getötet, vom Feuer verzehrt. Das heilige Feuer bannte den Alten alle dämonischen Kräfte, wie ihr ganzes Kultleben zeigt.

So sind also die Kräfte des Aufstiegs, die hier zu einer sich gegenseitig helfenden Zweiheit (Leben und Seele) geworden sind, schließlich Sieger über alle Hindernisse, über allen Zauberspuk, über alle Kräfte dämonischer Art. Weil sie sich dem Schicksal anvertrauen, das sie führt. Sie finden ihr Ziel, das Glück, weil sie ihm nicht widerstreben, weil sie es nicht im Gegensatze zur göttlichen Schicksalsführung sich schaffen wollen, also: weil sie „reine Toren“ sind. Und so ist die Lehre dieses Märchens wie vieler anderer: dem Schicksalsvertrauten, dem hingebungsvollen „reinen Toren“ kann gar nichts widerfahren, was seinen Entwickelungsgang dauernd schädigen könnte; er muß immer Sieger sein und sein Gottesziel erreichen. Es ist nichts anderes, wenn es in der Bergpredigt heißt von denen, die reinen Herzens sind, daß sie Gott schauen, und auch das andere Bibelwort hat keinen andern Sinn: „Denen, die Gott lieben, müssen alle Dinge zum Besten dienen.“ Der reine Tor ist der Überwinder der Welt, und alles, was seinen Anstieg hemmt, muß ihm weichen oder kann ihn doch höchstens vorübergehend behindern, auf daß er seine eingeborene Tugend bewähre.

Der goldene Vogel.

(Nach Grimm.)

Es war vorzeiten ein König, der hatte einen schönen Lustgarten hinter seinem Schloß, und darin stand ein Baum, der goldene Äpfel trug. Als die Äpfel reiften, wurden sie gezählt, aber gleich den nächsten Morgen fehlte einer. Das ward dem König gemeldet, und er befahl, daß alle Nächte unter dem Baume Wache sollte gehalten werden. Der König hatte drei Söhne, davon schickte er den ältesten bei einbrechender Nacht in den Garten; wie es aber Mitternacht war, konnte er sich des Schlafes nicht erwehren, und am nächsten Morgen fehlte wieder ein Apfel. In der folgenden Nacht mußte der zweite Sohn wachen, aber dem erging es nicht besser; als es 12 Uhr geschlagen hatte, schlief er ein, und morgens fehlte ein Apfel. Jetzt kam die Reihe zu wachen an den dritten Sohn. Der war auch bereit, aber der König traute ihm nicht viel zu und meinte, er würde noch weniger ausrichten als seine Brüder; endlich aber ge= stattete er es doch. Der Jüngling legte sich also unter den Baum, wachte, und ließ den Schlaf nicht Herr werden. Als es 12 schlug, so rauschte etwas durch die Luft, und er sah im Mondschein einen Vogel daher fliegen, dessen Gefieder ganz von Gold glänzte. Der Vogel ließ sich auf dem Baume nieder und hatte eben einen Apfel abgepickt, als der Jüngling einen Pfeil nach ihm abschoß. Der Vogel entflog, aber der Pfeil hatte sein Gefieder getroffen, und eine seiner goldenen Federn fiel herab. Der Jüngling hob sie auf, brachte sie am andern Morgen dem König, und erzählte ihm, was er in der Nacht gesehen hatte. Der König ver= sammelte seinen Rat, und jedermann erklärte, eine Feder wie diese sei mehr wert als das gesamte Königreich. „Ist die Feder so kostbar," erklärte der König, „so hilft mir auch die eine nichts, sondern ich will und muß den ganzen Vogel haben."

Der älteste Sohn machte sich auf den Weg, verließ sich auf seine Klugheit und meinte, den goldenen Vogel schon zu finden. Wie er eine Strecke gegangen war, sah er am Rande eines Waldes einen Fuchs sitzen, legte seine Flinte an und zielte auf ihn. Der Fuchs rief: „Schieß mich nicht, ich will dir dafür einen guten Rat geben. Du bist auf dem Weg nach dem goldenen Vogel, und wirst heute abend in ein Dorf kommen, wo zwei Wirtshäuser einander gegen= überstehen. Eins ist hell erleuchtet und es geht darin lustig her; da kehr' aber nicht ein, sondern geh' ins andere, wenn es sich auch schlecht ansieht." „Wie kann mir wohl so ein albernes Tier einen vernünftigen Rat erteilen," dachte der Königssohn und drückte los, aber er fehlte den Fuchs, der den Schwanz streckte und schnell in den Wald lief. Darauf setzte er seinen Weg fort und kam abends in das Dorf, wo

die beiden Wirtshäuser standen; in dem einen ward ge=
sungen und gesprungen, das andere hatte ein armseliges,
betrübtes Ansehen. „Ich wär' wohl ein Narr", dachte er,
„wenn ich in das lumpige Wirtshaus ginge und das schöne
liegen ließe." Also ging er in das lustige ein, lebte da in
Saus und Braus und vergaß den Vogel, seinen Vater und
alle guten Lehren.

Als eine Zeit verstrichen und der älteste Sohn immer
und immer nicht nach Haus gekommen war, so machte sich
der zweite auf den Weg und wollte den goldenen Vogel
suchen. Wie dem ältesten, begegnete ihm der Fuchs und
gab ihm den guten Rat, den er nicht achtete. Er kam zu
den beiden Wirtshäusern, wo sein Bruder am Fenster des
einen stand, aus dem der Jubel erschallte, und ihn anrief.
Er konnte nicht widerstehen, ging hinein und lebte nur
seinen Lüsten.

Wiederum verstrich eine Zeit, da wollte der jüngste
Königssohn ausziehen und sein Heil versuchen. Der Vater
aber wollte es nicht zulassen. „Es ist vergeblich", sprach
er, „der wird den goldenen Vogel noch weniger finden als
seine Brüder, und wenn ihm ein Unglück zustößt, so weiß
er sich nicht zu helfen; es fehlt ihm am Besten." Doch
endlich, wie keine Ruhe mehr da war, ließ er ihn ziehen.
Vor dem Walde saß wieder der Fuchs, bat um sein Leben
und erteilte den guten Rat. Der Jüngling war gutmütig
und sagte: „Sei ruhig, Füchslein, ich tue dir nichts zu
Leid." „Es soll dich nicht gereuen", antwortete der Fuchs,
„und damit du schneller fortkommst, so steige hinten auf
meinen Schwanz." Und kaum hatte er sich aufgesetzt, so
fing der Fuchs an zu laufen, und da gings über Stock und
Stein, daß die Haare im Winde pfiffen. Als sie zu dem
Dorfe kamen, stieg der Jüngling ab, befolgte den guten
Rat, und kehrte, ohne sich umzusehen, in das geringe Wirts=
haus ein, wo er ruhig übernachtete. Am andern Morgen,
wie er auf das Feld kam, saß da schon der Fuchs und
sagte: „Ich will dir weiter sagen, was du zu tun hast.
Geh du immer gerade aus, endlich wirst du an ein Schloß
kommen, vor dem eine ganze Schar Soldaten liegt, aber
kümmere dich nicht darum, denn sie werden alle schlafen
und schnarchen; geh mitten durch und geradeswegs in das

Schloß hinein, und geh durch alle Stuben, zuletzt wirst du in eine Kammer kommen, wo ein goldener Vogel in einem hölzernen Käfig hängt. Nebenan steht ein leerer Goldkäfig zum Prunk, aber hüte dich, daß du den Vogel nicht aus seinem schlechten Käfig herausnimmst und in den prächtigen tust, sonst möchte es dir schlimm ergehen." Nach diesen Worten streckte der Fuchs wieder seinen Schwanz aus und der Königssohn setzte sich auf. Da gings über Stock und Stein, daß die Haare im Winde pfiffen. Als er bei dem Schloß angelangt war, fand er alles so, wie es der Fuchs gesagt hatte. Und der Königssohn kam in die Kammer, wo der goldene Vogel in dem hölzernen Käfig saß, und ein goldener stand daneben. Die drei goldenen Äpfel aber lagen in der Stube umher. Da dachte er, es wäre lächerlich, wenn er den schönen Vogel in dem gemeinen und häßlichen Käfig lassen wollte, öffnete die Türe, packte ihn und setzte ihn in den goldenen. In dem Augenblicke aber tat der Vogel einen durchdringenden Schrei, die Soldaten erwachten, stürzten herein und führten ihn ins Gefängnis. Den andern Morgen wurde er vor ein Gericht gestellt, und da er alles bekannte, zum Tode verurteilt. Doch sagte der König, er wollte ihm unter einer Bedingung das Leben schenken, wenn er ihm nämlich das goldene Pferd brächte, welches noch schneller liefe als der Wind, und dann sollte er obendrein zur Belohnung den goldenen Vogel erhalten.

Der Königssohn machte sich auf den Weg, seufzte aber und war traurig, denn wo sollte er das goldene Pferd finden? Da sah er auf einmal seinen alten Freund, den Fuchs, am Wege sitzen. „Siehst du", sprach der Fuchs, „so ist es gekommen, weil du nicht auf mich gehört hast. Doch sei gutes Mutes, ich will mich deiner annehmen und dir sagen, wie du zu dem goldenen Pferd gelangst, du mußt geradesweges fort gehen, so wirst du zu einem Schloß kommen, wo das Pferd im Stalle steht. Vor dem Stall werden die Stallknechte liegen, aber sie werden schlafen und schnarchen, und du kannst dir ruhig das goldene Pferd herausführen, aber eins mußt du in acht nehmen, leg ihm den schlechten Sattel von Holz und Leder auf und ja nicht den goldenen, der dabei hängt, sonst wird es dir schlimm ergehen." Dann streckte der Fuchs seinen Schwanz aus, der

Königssohn setzte sich auf, und es ging fort über Stock und Stein, daß die Haare im Winde pfiffen. Alles traf so ein, wie der Fuchs gesagt hatte, er kam in den Stall, wo das goldene Pferd stand: als er ihm aber den schlechten Sattel auflegen wollte, so dachte er: „Ein solch schönes Tier wird verschändet, wenn ich ihm nicht den guten Sattel auflege, der ihm gebührt." Kaum aber berührte der goldene Sattel das Pferd, so fing es an, laut zu wiehern. Die Stall=knechte erwachten, ergriffen den Jüngling und warfen ihn ins Gefängnis. Am andern Morgen wurde er vom Ge=richte zum Tode verurteilt, doch versprach ihm der König das Leben zu schenken und dazu das goldene Pferd, wenn er die schöne Königstochter vom goldenen Schlosse herbei=schaffen könnte.

Mit schwerem Herzen machte sich der Jüngling auf den Weg, doch zu seinem Glücke fand er bald den treuen Fuchs. „Ich sollte dich nur deinem Unglück überlassen", sagte der Fuchs, „aber ich habe Mitleiden mit dir und will dir noch einmal aus deiner Not helfen. Dein Weg führt dich gerade zu dem goldenen Schlosse; abends wirst du anlangen, und nachts, wenn alles still ist, dann geht die schöne Königs=tochter ins Badehaus, um da zu baden. Und wenn sie hin=ein geht, so spring auf sie zu und gib ihr einen Kuß, dann folgt sie dir, und du kannst sie mit dir fortführen, nur dulde nicht, daß sie vorher von ihren Eltern Abschied nimmt, sonst kann es dir schlimm ergehen." Dann streckte der Fuchs seinen Schwanz, der Königssohn setzte sich auf, und so ging es über Stock und Stein, daß die Haare im Winde pfiffen. Als er beim goldenen Schloß ankam, war es so, wie der Fuchs gesagt hatte. Er wartete bis um Mitter=nacht, als alles in tiefem Schlaf lag, und die schöne Jung=frau ins Badehaus ging, da sprang er hervor und gab ihr einen Kuß. Sie sagte, sie wollte gern mit ihm gehen, bat ihn aber flehentlich und mit Tränen, er möchte ihr erlauben, vorher von ihren Eltern Abschied zu nehmen. Er wider=stand anfänglich ihren Bitten, als sie aber immer mehr weinte und ihm zu Fuß fiel, so gab er endlich nach. Kaum aber war die Jungfrau zu dem Bette ihres Vaters getreten, so wachte er und alle anderen, die im Schlosse waren, auf,

und der Jüngling ward festgehalten und ins Gefängnis
gesetzt.

Am andern Morgen sprach der König zu ihm: „Dein
Leben ist verwirkt, und du kannst bloß Gnade finden, wenn
du den Berg abträgst, der vor meinem Fenster liegt, und
über welchen ich nicht hinaussehen kann, und das mußt du
binnen acht Tagen zustande bringen. Gelingt dir das, so
sollst du meine Tochter zur Belohnung haben." Der Kö=
nigssohn fing an, grub und schaufelte, ohne abzulassen, als
er aber nach sieben Tagen sah, wie wenig er ausgerichtet
hatte und alle seine Arbeit so gut wie nichts war, so fiel
er in große Traurigkeit und gab alle Hoffnung auf. Am
Abend des siebenten Tages erschien der Fuchs und sagte:
„Du verdienst nicht, daß ich mich deiner annehme, aber gehe
nur hin und lege dich schlafen, ich will die Arbeit für dich
tun." Am andern Morgen, als er erwachte und zum
Fenster hinaus sah, so war der Berg verschwunden. Der
Jüngling eilte voll Freude zum König und meldete ihm,
daß die Bedingung erfüllt wäre, und der König mochte
wollen oder nicht, er mußte Wort halten und ihm seine
Tochter geben.

Nun zogen die beiden zusammen fort, und es währte
nicht lang, so kam der treue Fuchs zu ihnen. „Das Beste
hast du zwar," sagte er, „aber zu der Jungfrau aus dem
goldenen Schloß gehört auch das goldene Pferd." „Wie
soll ich das bekommen?" fragte der Jüngling. „Das will
ich dir sagen," antwortete der Fuchs, „zuerst bring dem
Könige, der dich nach dem goldenen Schlosse geschickt hatte,
die schöne Jungfrau. Da wird unerhörte Freude sein, sie
werden dir das goldene Pferd gerne geben und werden dir's
vorführen. Setz' dich alsbald auf und reiche allen zum Ab=
schied die Hand herab, zuletzt der schönen Jungfrau, und
wenn du sie gefaßt hast, so zieh' sie mit einem Schwung
hinauf und jage davon, und niemand ist imstande, dich ein=
zuholen, denn das Pferd läuft schneller als der Wind."

Alles wurde glücklich vollbracht, und der Königssohn
führte die schöne Jungfrau auf dem goldenen Pferde fort.
Der Fuchs blieb nicht zurück und sprach zu dem Jüngling:
„Jetzt will ich dir auch zu dem goldenen Vogel verhelfen.
Wenn du nahe beim Schlosse bist, wo sich der Vogel be=

findet, so laß' die Jungfrau absitzen, und ich will sie in meine Obhut nehmen. Dann reit mit dem goldenen Pferd in den Schloßhof; bei dem Anblick wird große Freude sein, und sie werden dir den goldenen Vogel herausbringen. Wie du den Käfig in der Hand hast, so jage zu uns zurück und hole dir die Jungfrau wieder ab." Als der Anschlag geglückt war und der Königssohn mit seinen Schätzen heimreiten wollte, so sagte der Fuchs: „Nun sollst du mich für meinen Beistand belohnen." „Was verlangst du dafür?" fragte der Jüngling. „Wenn wir dort in den Wald kommen, so schieß mich tot und hau mir Kopf und Pfoten ab." „Das wäre eine schöne Dankbarkeit", sagte der Königssohn; „das kann ich dir unmöglich gewähren" Sprach der Fuchs: „Wenn du es nicht tun willst, so muß ich dich verlassen; ehe ich aber fortgehe, will ich dir noch einen guten Rat geben. Vor zwei Stücken hüte dich, kauf kein Galgenfleisch und setze dich an keinen Brunnenrand." Damit lief er in den Wald.

Der Jüngling dachte: „Das ist ein wunderliches Tier, das seltsame Grillen hat! Wer wird Galgenfleisch kaufen! Und die Lust, mich an einen Brunnenrand zu setzen, ist mir noch niemals gekommen." Er ritt mit der schönen Jungfrau weiter, und sein Weg führte ihn wieder durch das Dorf, in welchem seine beiden Brüder geblieben waren. Da war großer Auflauf und Lärmen, und als er fragte, was da vor wäre, hieß es, es sollten zwei Leute aufgehängt werden. Als er näher hinzukam, sah er, daß es seine Brüder waren, die allerhand schlimme Streiche verübt und all ihr Gut vertan hatten. Er fragte, ob sie nicht könnten freigemacht werden. „Wenn ihr für sie bezahlen wollt", antworteten die Leute; „aber was wollt ihr an die schlechten Menschen euer Geld hängen und sie loskaufen?" Er besann sich aber nicht, zahlte für sie, und als sie freigegeben waren, so setzten sie die Reise gemeinschaftlich fort. Sie kamen in den Wald, wo ihnen der Fuchs zuerst begegnet war, und da es darinnen kühl und lieblich war und die Sonne heiß brannte, so sagten die beiden Brüder: „Laßt uns hier an dem Brunnen ein wenig ausruhen, essen und trinken." Er willigte ein, und während des Gesprächs vergaß er sich, setzte sich an den Brunnenrand und versah sich

nichts Arges. Aber die beiden Brüder warfen ihn rück=
wärts in den Brunnen, nahmen die Jungfrau, das Pferd
und den Vogel und zogen heim zu ihrem Vater. „Da
bringen wir nicht blos den goldenen Vogel," sagten sie,
„wir haben auch das goldene Pferd und die Jungfrau von
dem goldenen Schlosse erbeutet." Da war große Freude,
aber das Pferd, das fraß nicht, der Vogel, der pfiff nicht,
und die Jungfrau, die saß und weinte.

Der jüngste Bruder war aber nicht umgekommen. Der
Brunnen war zum Glück trocken, und er fiel auf weiches
Moos, ohne Schaden zu nehmen, konnte aber nicht wieder
heraus. Auch in dieser Not verließ ihn der treue Fuchs
nicht, kam zu ihm herabgesprungen und schalt ihn, daß er
seinen Rat vergessen hätte. „Ich kann's aber doch nicht
lassen, ich will dir wieder an das Tageslicht helfen." Er
sagte ihm, er sollte seinen Schwanz anpacken und sich fest
daran halten, und zog ihn dann in die Höhe. „Noch bist
du nicht aus aller Gefahr," sagte der Fuchs, „deine Brüder
waren deines Todes nicht gewiß und haben den Wald mit
Wächtern umstellt, die sollen dich töten, wenn du dich sehen
ließest." Da saß ein armer Mann am Wege, mit dem ver=
tauschte der Jüngling die Kleider und gelangte auf diese
Weise an des Königs Hof. Niemand erkannte ihn, aber
der Vogel fing an zu pfeifen, das Pferd fing an zu fressen,
und die schöne Jungfrau hörte Weinens auf. Der König
fragte verwundert: „Was hat das zu bedeuten?" Da sprach
die Jungfrau: „Ich weiß es nicht, aber ich war so traurig,
und nun bin ich fröhlich. Es ist mir, als wäre mein rechter
Bräutigam gekommen." Sie erzählte ihm alles, was ge=
schehen war, obgleich die andern Brüder ihr den Tod an=
gedroht hatten, wenn sie etwas verraten würde. Der Kö=
nig hieß alle Leute vor sich bringen, die in seinem Schlosse
waren, da kam auch der Jüngling als ein armer Mann in
seinen Lumpenkleidern, aber die Jungfrau erkannte ihn gleich
und fiel ihm um den Hals. Die gottlosen Brüder wurden
ergriffen und hingerichtet, er aber ward mit der schönen
Jungfrau vermählt und zum Erben des Königs bestimmt.

Aber wie ist es dem armen Fuchs ergangen? Lange
darnach ging der Königssohn einmal wieder in den Wald,
da begegnete ihm der Fuchs und sagte: „Du hast nun

alles, was du dir wünschen kannst, aber mit meinem Un=
glück will es kein Ende nehmen, und es steht doch in deiner
Macht, mich zu erlösen, und abermals bat er flehentlich,
er möchte ihn totschießen und ihm Kopf und Pfoten abhauen.
Also tat er's. Und kaum war es geschehen, so verwandelte
sich der Fuchs in einen Menschen und war niemand anders
als der Bruder der schönen Königstochter, der endlich von
dem Zauber, der auf ihm lag, erlöst war. Und nun fehlte
nichts mehr zu ihrem Glück, so lange sie lebten.

Wie wunderherrlich ist auch diese Erzählung, wie echt
märchenhaft im Tone durch die vielen Wiederholungen des
Gleichen im gleichen Wortlaute! Und was wäre zum In=
halte zu sagen? Zunächst haben wir wieder die drei Wesen=
haftigkeiten, wie in Aschenputtel, die wir schon oft kennen
gelernt haben, und nur eine Wesenhaftigkeit ist zu Dauer
und Glück berufen, nämlich die Seele, nicht der Geist (die
Klugheit), nicht der Leib als die stoffliche Hülle. Es ist der
Dritte, die Seele, dem der Goldvogel sichtbar wird, der sein
Kommen nicht verschläft. Obwohl die Brüder von diesem
Dritten ja gar nichts halten. Das will besagen: wenn sich
die Seele ihrer Unabhängigkeit von Stoff und Geist bewußt
geworden ist, und sich weiter bewußt ward der göttlichen
Führung, die in ihr liegt, dann kann sie sich des Schlummers
erwehren und sieht den Goldvogel, der eine leuchtende Er=
kenntnis bedeutet. Eine Feder hat der Dritte herabgeschossen
von dem Vogel, d. h. es hat ihn (die Seele) blitzartig ein
Erkennen durchzuckt von seiner Aufgabe.

Als Ratgeber meldet sich der Fuchs, als der König
seine Söhne nach der Reihe ausschickt, um den goldenen
Vogel einzufangen. Der Fuchs, in der Tierfabel Reinecke,
war das dem Gotte Loki geweihte Tier, wegen seiner List
und Verschlagenheit. Kalisch aber verweist Reinecke Vos
auf die Zeugung als den Weltentriebwillen; wir können
ihn also hier nehmen als den Lebenstrieb im All. Dieser
Fuchs gibt jedem Sohne den Rat, in das geringe Wirts=

haus einzukehren, nicht in das seine mit seiner Lust. Die
Symbolik liegt klar zutage: Wer zum goldenen Vogel ge=
langen will (d. h. wer sich um Erkenntnis müht), darf sich
nicht äußerer Lust hingeben und sich darin verlieren; er
darf nicht glauben, in solcher Lust Kraft und Lebenserhöhung
zu finden, denn sie entmannt ihn und bringt ihn um das
Gedächtnis seines hohen Zieles. Bei den beiden älteren
Brüdern (Geist, Stoff) wirkt aber der Rat des Fuchses
nicht; ja, die beiden schießen noch auf das Tier, das ihnen
nach ihrer Meinung so schlechten Rat gibt. So verlieren
sie sich in den Genüssen der Welt und gelangen nicht ans
Ziel. Erst der dritte, der Dumme, nimmt den Rat des
Fuchses in acht und verliert deshalb sein Ziel nicht aus
dem Auge, und weil er dem Fuchs nichts anzutun sucht,
also den Lebenstriebwillen der Schöpfung achtet, wird er
durch diesen seinem Ziele entgegengetragen. Aber noch sah
er erst ein bescheiden Ziel: eine erste Stufe der Erkenntnis.
Und als es gilt, diesen Gewinn zu holen, versagt er: der
Geist spielt ihm einen Streich, daß er Inneres und Äußeres
vergleicht und den Rat des Fuchses nicht beachtet. Dabei,
bei dieser Verfehlung freilich, offenbart sich ihm ein höheres,
leuchtenderes Ziel, ein Wissen höheren Grades, und nun
wird er nach diesem ausgeschickt — daß er es erringe,
davon hängt sein Leben ab. Er hat es fast schon gewonnen
und unterliegt noch einmal dem verkehrten Wägen, das von
außen herkommt, nicht aus dem Innern heraus, und er
mißachtet den Rat des Fuchses. Aber wieder offenbart sich
ihm da ein höheres Ziel: die Jungfrau vom goldenen
Schlosse. Daß er sie gewinne, davon hängt sein Leben ab.
Das ist die höchste erlangbare Erkenntnisstufe, aber weil
er wieder gegen den Rat des Fuchses fehlt — es ist hier
Schicksal, daß er fehlen muß, denn eine Spaltung in den
seelischen Trieben selber nimmt ihm die Kraft für den ihm
angeratenen Weg — gewinnt er diesen Höchstgewinn noch

nicht: er muß sein Können nun erst in magischer Arbeit erproben. Und weil er da seine Unfähigkeit zur Erfüllung der Aufgabe erkennt, führt sie der treue Fuchs aus: der Lebenstriebwille selbst nimmt ihm die Last ab, und nun kann die Seele die ihr zugedachten Güter ernten, an der sie bisher nur vorübergeführt war. Das Wegverschulden war nicht groß, nicht schwer, und es war Notwendigkeit. So lehrt dies Märchen die eigenen Fehler nützen als Hand=haben zum Höherklimmen: Nütze dein Schicksal, statt ihm zu widerstreben, und es wird dich höher führen, als du zuvor geahnt!

Das goldene Roß oder Pferd und die schöne Jungfrau bedeuten also höhere Stufen magischer Erkenntnis, und daß der Dritte den Berg abtragen muß, so daß der König des goldenen Schlosses freien Ausblick erhält, ist in gleicher Weise sinndeutlich; der Berg hat die letzten Erkenntnisse „geborgen"; der König kann nun aufgehen in die Gottheit, er ist am Ziel. Dagegen der dritte Sohn muß sich erst seine Weggewinste zu nutze machen; gewonnene Erkenntnisse sind noch nicht genützte. Der Erfolg der Seele nun reißt auch Geist und Körper mit sich (der Dritte befreit die beiden Brüder vom Galgen) empor, aber ihr Urwesen, ihre eigene Art können sie nicht verlieren, und die will den Erfolg für sich, als ein von ihr aus verwertbares Gut, obgleich sie nicht fähig ist, ihn zu gewinnen. Wiederum hat der Dritte den Fuchsrat verschmäht, und daß er ihn verschmähen mußte, ist Schicksalsschluß. Er konnte seine Brüder nicht im Stiche lassen, so sehr sie ihm gegenüber unterwertig sind. Sie bringen aber den Dritten ums Leben (wie sie meinen) und setzen sich so in den Genuß der durch ihn errungenen Güter. Aber der Fuchs — der Weltlebenswille — überwindet den Tod im Brunn der Urd, und der Dritte ersteht wieder. Wie er wiederkehrt (erneut ins Leben tritt), ist er sofort zu erkennen: obwohl er in Lumpen kommt (d. h. jetzt mit un=

zureichendem Bewußtsein seiner selbst und seiner Vergangen=
heit ausgerüstet ist), singt ihm der Goldvogel, nährt sich
das Goldpferd, und die Jungfrau stellt ihr Weinen ein.
Nun erst lebt er ein Leben, in dem er sich den Vorgewinn
nutzbar macht, und da erreicht er nun das höchste Ziel, das
hier durch das irdisch glückliche Leben angedeutet wird.

Die Brüder aber kommen nicht um ihr Geschick herum;
die Wahrheit wird bekannt, und beide werden hingerichtet,
d. h. sie sind nicht mehr vorhanden und erstehen auch nicht
wieder. Sie sind gewesen. Der Dritte aber, der Dumme,
die Seele ist wieder erstanden: die Seele an sich ist eben,
wie erwähnt, wenn sie ins Ahnen gekommen ist, der „reine
Tor“, dem das Höchste beschieden ist, weil er es sich —
selbst unter Fehlungen und Irrungen — in reinem, sauberem
Wollen selber erringt und immer weiter emporgelangt über
Ahnen und Erkenntnis.

Märchen von solchem innerem Gehalte ließen sich noch
viele anführen, aber wir wollen nun zu den naiveren
Märchen vom reinen Toren übergehen und davon noch
zwei erwähnen, ohne weitere Erklärung: „Die seltsame
Heirat“ und den „Gestiefelten Kater“, der auch als „Feder=
könig“ und unter anderen Überschriften erscheint. Geradezu
bizarr, ironisch aber wird die gleiche Lehre im Doktor All=
wissend und ähnlichen Märchen, und das bieten wir hier
in einem Wortlaute nach Zaunert (Märchen seit Grimm).

Wie der Bauer ein Doktor ward.

Es war einmal ein Bauer, der ritt auf seinem Braunen
zur Mühle, und damit er es dem guten Tier nicht zu
schwer machte, nahm er selbst den Roggensack auf den
Buckel. Kam ein Handwerksbursch des Wegs daher und

sagte: „He, Bauer, der Sack ist ohnehin schwer genug. Er könnte hübsch nebenher laufen, dann hätte der Gaul es leichter."

„Du sprichst wie du es verstehst", antwortete der Bauer, das Korn trägt nicht mein Brauner, das trage ich." Da merkte der Handwerksbursch, wieviel die Glocke geschlagen habe; und nachdem er sich erkundigt hatte, wo des Bauern Hof läge, machte er, daß er in das Dorf kam. Als er auf den Hof trat, stand die Bäurin gerade vor der Tür und fütterte die Hühner.

„Mutter", sagte der Handwerksbursch, „dein Mann läßt dich schön grüßen, und ihm wäre es über, noch länger den Bauern zu spielen und mit Knechten und Mägden sich herumzuärgern. Er will in die weite Welt hinaus und sein Glück versuchen. Damit du aber nicht ledig bleibst und der Hof einen Herrn hat, soll ich dein Mann werden."

Die Frau sah den Handwerksburschen an, der jung an Jahren und schön von Gestalt war; dann dachte sie an den alten, griesgrämigen Bauern, und sie besann sich nicht lange, reichte dem Burschen die Hand und führte ihn in die Stube.

„Mutter", sagte da der schlaue Fuchs, als sie drinnen waren, „ich will dich nehmen, da ich's dem Bauer nun einmal versprochen habe; aber so, wie er jetzt ist, heirate ich nicht auf den Hof hinein. Die beiden großen Lindenbäume zur Rechten und zur Linken des Tores müssen umgehauen werden, und das noch heute."

„Das habe ich längst gerne gewollt", antwortete die Bäurin; denn sie fürchtete, dem Handwerksburschen möchte am Ende die Sache wieder leid werden, wenn sie nein sagte. Da schickte der Handwerksbursch die Knechte hinaus, daß sie die Bäume umschlügen; und es dauerte gar nicht lange, so war die Arbeit getan.

Inzwischen hatte der Müller das Korn gemahlen, und der Bauer nahm den Sack wieder auf den Nacken, setzte sich auf seinen Braunen und ritt nach Hause. Es war schon dunkel geworden, als er das Dorf erreichte; aber soviel sah er doch, daß der Gaul in einen falschen Hof einbog, denn vor seinem Tore standen zwei große Lindenbäume. Er warf also das Pferd herum und sprach zu ihm: „Heda, Brauner, aufgepaßt! Du kennst wohl deinen eigenen Stall nicht mehr?" Der Braune sah noch einmal sehnsüchtig nach dem Stall hinüber, dann mußte er dem Zügel folgen und seinen Herrn die Dorfstraße heruntertragen. Der schaute rechts und links, da waren Bauernhöfe genug, aber einer mit zwei Lindenbäumen vor dem Tore war nirgends zu erblicken. Er wandte um, ritt die Dorfstraße noch einmal entlang, und endlich gar ein drittes mal; als er aber auch da seinen Hof nicht entdecken konnte, sprach er bei sich: „Es ist ein Dorf wie unsers, und doch ist's nicht unsers. Ich bin in die Irre gegangen, ich weiß nicht wie." Und dann machte er, daß er das Dorf hinter sich bekam.

Er ritt und ritt die ganze Nacht hindurch; und als der Morgen anbrach, langte er in einem Dorfe an, das er noch gar nicht kannte. Dort kehrte er in dem Kruge ein, brachte den Braunen in den Stall und ließ sich von dem Wirt Speise und Trank vorsetzen. Und nachdem er satt= gegessen und getrunken hatten, hing er seinen Gedanken nach, wie es gekommen sei, daß er seinen Hof nicht habe wiederfinden können.

Indem er so vor sich hinsah und grübelte, trat ein Mann in den Krug und sprach zu dem Krüger: „Gevatter, weißt du mir nicht Rat und Hilfe? Mein junger Fuchs= wallach liegt im Stalle und hat alle viere von sich gestreckt."

„Was versteh' ich von Pferden?" antwortete der Krüger. „Ich habe das Doktern nicht gelernt; aber der alte Mann da am Tische, der sieht so aus, als wenn er etwas könnte."

„Vater", sprach darauf der Mann und wandte sich zu ihm, „kommt mit mir in den Stall und helft meinem Pferde!"

Der Bauer ließ sich das nicht zweimal sagen und folgte ihm nach. Als sie in dem Stalle waren, ergriff er den Wallach beim Ohre und raunte hinein: „Wenn du nicht Lust hast, zu leben, so sind Hunde genug, dich zu fressen; hast du aber Lust zu leben, so wächst auch wohl Gras für dich, daß du satt wirst." Das Fohlen war aber nur faul= krank; und als es vernahm, daß es geschlachtet und sein Fleisch den Hunden gegeben werden sollte, sprang es ge= schwind auf und war gesund und munter, wie zuvor. Sein Herr jedoch sperrte Mund und Nase auf und rief: „Was ist das für ein Mann, daß er Pferde allein durch Reden heilen kann!" Und weil ihm das Fohlen so lieb und wert war, gab er dem Bauern zwanzig harte, blanke Taler zur Belohnung. Damit ging dieser in den Krug zurück und ließ dort etwas draufgehen.

Es dauerte gar nicht lange, so wurde dem Edelmann von dem Doktor erzählt, der allein durch Reden einen halbtoten Fuchswallach wieder gesund gemacht habe. Nun waren ihm ein paar Tage vorher zwei schöne Kutschpferde gestohlen, und niemand wußte, wer der Dieb war. Als der Herr von dem Wundermanne erfuhr, schickte er darum gleich zu ihm herab und ließ ihn zu sich holen.

„Würdet ihr mir wohl meine Pferde wieder schaffen können?“ fragte er höflich, als der Bauer vor ihm stand.

„Warum nicht?“ antwortete der Bauer.

Da war der Edelmann sehr froh und ließ ihn auf das Beste bewirten mit Speise und Trank. Der Bauer aber war das gute Leben nicht gewöhnt. So kams’, daß er in der Nacht oft herausmußte. Und als er vor Tagesanbruch noch einmal den Gang machte, da standen die beiden Pferde vor der Türe; denn sie waren den Dieben entlaufen und hatten den Weg nach Hause allein gefunden. Als der Bauer sie sah, schlug er einen gewaltigen Lärm, daß der Edelmann aus dem Bette sprang, das Fenster aufriß und in der Schlafmütze heraussah.

„Was ist euch denn?“ rief er verwundert.

„Hier sind die Pferde!“ rief der Bauer. „Ich bin so oft vergeblich draußen gewesen, aber kommen mußten sie, das stand fest. Sie sind spät gekommen, denn der Weg war weit.“

Der Edelmann fiel vor Erstaunen fast auf den Rücken und hielt den Bauern hoch in Ehren als einen Wunderdoktor, und gab ihm hundert Taler aus der Kiste, weil er seine Sache so gut gemacht hatte. Das Gerücht von dem Bauern erscholl nun im ganzen Lande, und auch der König hörte davon. Der konnte aber gerade einen Wunderdoktor gebrauchen, denn seine Frau lag schwer krank darnieder. Sie sollte ihm einen Leibeserben schenken, der nach seinem Tode im Lande die Krone trüge; aber ihre Stunde wollte und wollte nicht kommen, und die Ärzte verzweifelten an ihrem Leben. Er sandte darum einen Boten aus, der mußte den Bauer zu ihm bringen.

Als derselbe vor ihm stand, fragte er ihn: „Wer bift du?"

„Ich bin der Doktor Allwiffend", antwortete der Bauer, „ich kann alle Krankheiten heilen, und nichts ift mir verborgen."

Das freute den König, daß er so zuverfichtlich sprach, und er sagte zu ihm: „Herr Doktor, wenn ihr alle Krankheiten heilen könnt, so könnt ihr auch meine Frau wieder gesund machen; und wenn ihr es nicht tun wollt, so habt ihr zum letztenmal gedoktert, und ich laffe euch das Haupt abschlagen."

Als der Bauer diese Worte vernahm, war ihm nicht wohl zumute; aber was half's, er hatte sich die Suppe eingebrockt und mußte sie jetzt auseffen. Der König führte ihn an das Bett der Königin und ließ ihn allein, daß er die Kur beginne. Da saß er nun in seiner Angst und brummte immer vor sich hin:

„Kommft du nicht, dann komm ich; kommft du nicht, dann komm ich!" Der kranken Königin kam die Sache lächerlich vor, und sie lachte und lachte und schenkte unter Lachen einem kleinen Prinzen das Leben. Das war einmal große Freude im ganzen Land, und der Wunderdoktor wurde geehrt, als wenn er ein reicher Fürst wäre, und wohnte im Schloffe und aß an der Königstafel.

Einmal ging er in dem Garten vor dem Schloffe auf und ab. und da es ein heißer, schwüler Tag war und ein Gewitter am Himmel stand, so summten die kleinen Mücken und Stechfliegen in Maffe herum und setzten sich ihm auf Nase und Stirn, und er hatte zu tun, daß er sie mit der Hand abwehrte. Das sah der König, der nicht weit davon in der Laube saß; und da er glaubte, der Doktor Allwiffend wolle ihm einen guten Rat geben und winke ihn zu sich heran, so stand er auf und ging aus der Laube heraus.

Indem fuhr ein Blitz vom Himmel herab gerade auf den Stuhl nieder, auf dem der König soeben gesessen hatte und zerschmetterte ihn in tausend Stücke.

„Habt ihr mir darum gewinkt, ihr guter Herr?" rief der König erfreut und erschrocken zugleich.

„Warum denn sonst?" antwortete der Bauer. „Ich konnte euch doch unmöglich vom Wetter erschlagen laffen!"

Da wurde der Ruhm des Wunderdoktors erst recht groß, und der König hielt ihn wie seinen Vater und räumte ihm das halbe Schloß ein, daß er darin wohnen könne. Da hat er noch viele Jahre in Glück und Frieden gelebt; und wenn er noch nicht gestorben ist, so lebt er heute noch.

V

Kalandermärchen.

Wir haben gesehen, daß die Bestandteile der meisten deutschen Märchen so alt sind, daß sie weit hinter die christliche Zeit zurückreichen. Einzelne natürlich sind jüngeren Alters und haben christliche Elemente in sich aufgenommen. Nun ist uns aber heute bekannt, daß das Christentum seinerzeit von den Deutschen keineswegs mit offenen Armen aufgenommen worden ist, sondern daß erbitterte Kämpfe darum ausgefochten worden sind. Diese Kämpfe finden ihren Ausdruck nicht nur in Schlacht und Krieg (Karl der Große gegen die Sachsen unter Witukind, gegen die Bayern unter Thassilo, Kreuzzug gegen die Stedinger usw.), sondern sie spielten auch im Innern, im scheinbaren Frieden, unter der Oberfläche. Aus den Reihen derer, denen an der Erhaltung der alten religiösen Weistümer gelegen war, bildeten sich nach dem Siege des Christentums sogenannte Kalandsgilden und Kalandsbrüderschaften; die setzten sich die Aufgabe, die alten Heiligtumsstätten vor Entweihung und Verwüstung zu bewahren, die alten Lehren so viel als immer möglich in die neue Lehre hineinzuretten, das altgermanische Kult= jahr aufrecht zu erhalten in christlicher Umdeutung und viel anderes mehr. Wenn diese Körperschaften wirken wollten, so mußten sie natürlich auch Fühlung haben mit den Kirchen= behörden, und so kamen Bischöfe und Priester mit in die Kalandsgesellschaften hinein. Allmählich gewannen die dar= innen das Übergewicht, und dann war es natürlich mit der Wirksamkeit der Gilden oder Brüderschaften größtenteils zu Ende.

Ihren Namen hatten die Kalander von der Kala (der verhehlten Überlieferung) und vom Begriffe anders, ändern. Sie waren also die verhehlt Ändernden, und es macht gar nichts aus, daß sie die Bezeichnung für die Öffentlichkeit anders deuteten; sie hatten ihre guten Gründe dazu, und der Hauptgrund war ja wohl der drohende Scheiterhaufen, auf den die Kirche all die Leute zu bringen wußte, die sie im Verdachte der „Ketzerei" hatte, d. h. die erkennen ließen, daß sie noch am alten Glauben festhielten. So deuteten die Kalander ihren Namen aus dem griechischen Worte calaenden (Monatsanfang) und es entstand die Meinung, daß sie immer am Monatsersten ihre Zusammenkünfte hätten. Das ist jedoch falsch; die Kalander hielten ihre Zusammen= künfte (2—4 im Jahre) an den Tagen, an denen die „großen ungebotenen Thinge" der alten Germanen stattgefunden haben. Wir können das heute urkundlich beweisen. Natür= lich bestanden die Kalander, besonders im Anfang, haupt= sächlich aus solchen, auf welche das alte Glaubenswissen gekommen war. Und die vermochten es nun auch, durch das System der „Kala", Mitteilungen über ihren Kampf in die Volksüberlieferung zu bringen, ohne daß die Kirche diese Dinge verstanden hätte; denn die Kala kannte ja die Kirche nicht. Die kannten nur die „Armanen", die Sonnen= heilsmänner unserer Alten, und die, denen sie ihr Wissen nach der Durchsetzung des Christentums noch auf geheimem Wege übermittelten. Unsere Zunftgelehrsamkeit weiß ja von diesen „Armanen', (auch Salmannen, d. h. Heilsmännern) noch nichts, weil sie die „Hermionen" oder „Irmionen" des Tacitus noch immer als einen Stamm auffaßt, während die in Wirklichkeit ein Stand von Wissenden, ein waltender Stand, die Führer des Volkes und sozusagen der Adel gewesen sind. Die Bezeichnungen Arman, Armon, Yrmin, Irmin, Armin, Hermann bedeuten also das nämliche: einen Angehörigen dieses Wissensstandes, auf den sowohl die „Irminsul" wie die noch vorhandenen „Armansberge" hinweisen. Und dieser Stand hat also nach Durchsetzung des Christentums das Bestreben, dieses zu germanisieren, das alte Wissen in neuen Formen auch in den neuen Glauben zu gießen, was in einem ganz erstaunlichen Grade gelungen ist. Das Märchen gibt mannigfach davon Kunde, so z. B. gibt das von Grimm erzählte kleine Stück „Des Herrn und des Teufels Getier" davon Kunde, daß Gott der Herr, nachdem er die Tiere erschaffen hatte, sich die Wölfe zu seinen Hunden erwählte. Da ist natürlich eigentlich an Wuotan gedacht mit seinen Hunden Geri und Frecki. Und die Geiß (der Geißbock war das Zugtier des alten Donnergottes Donar) wurde das Tier des Teufels; der stach einmal allen Geißen die Augen aus und setzte ihnen die eigenen ein, im Zorn, so daß nun alle Geißen Teufelsaugen haben. Derartige Dinge (auch z. B. über die Entstehung der Affen), die in der altgermanischen Überlieferung verhangen sind und diese christlich umdeuten und umbauen, haben wir gar viel. Wir wollen hier aber nur ein Beispiel bieten zum eigentlichen Kampfe zwischen Kirche und Armanentum; das findet sich in dem ebenfalls von Grimm erzählten Märchen „Der alte Hildebrand", und der Verfasser dieses Buches ist durch Herrn Wilh. Scheuermann in Berlin-Lichterfelde auf dieses klassische Stück der Kala aufmerksam gemacht worden. Es sei nachstehend wiedergegeben.

Der alte Hildebrand.

Es war amahl a Baur und a Bäurin, und dö Bäurin dö hat der Pfarra im Dorf gern gese'gn, und da hat er alleweil g'wunschen, wann er nur amahl an ganzen Tag mit der Bäurin allan recht vergnügt zubringa kunnt, und der Bäurin, der war's halt an recht gwesn. No, da hat er amahl zu der Bäurin gesagt: „Hanz, mei liebi Bäurin, hietzt hab i was ausstudiert, wie wir halt amahl an ganzen Tag recht vergnügt mitanander zubringa kunnten. Wißts was, ös legts eng (ihr legt euch) aufm Mittwoch ins Bett und sagts engern Mon, ös seids krang (ihr seids krang (ihr seid krank) und lamentierts und übelts nur recht, und das treibts fort bis aufm Sunta (Sonntag), wann i die Predi halt, und da wir (werde) i predigen, daß wer z'haus a krangs Kind, an krangen Mon, a krangs Weib, an krangen Vader, a krange Muader, a krange Schwester, Bruader, oda wer's sunst nacha ist, hat, und der tut a Wollfart aufm Göckerliberg in Wälischland, wo ma um an Kreuzer an Metzen (Scheffel) Lorberbladeln kriegt, dem wird's krange Kind, der krange Mon, 's krange Weib, der krange Vader, d' krange Muader, d' krange Schwester, Bruader oda wer's sunst nacha is, auf der Stell gesund."

„Dös wir i schon machen", hat die Bäurin drauf gsagt. No, drauf, aufm Mittwoch hat si halt d' Bäurin ins Bett glegt und hat g'lamatiert und g'übelt als wie, und ihr Mon hat ihr alles braucht, was er nur gwißt hat, 's hat aber hat nix gholfn. Wie denn der Sunta kuma is, hat d' Bäurin gsagt: „Mir is zwar miserabel, als ob i glei verschaden (verscheiden) sollt, aber ans möcht i do no vor mein End, i möcht halt in Herrn Pfarra sei Predi hörn, dö er heund halten wird." „A, mei Kind", sagt der Baur drauf, „tu du dös nit, du kunnst schlechter wern, wannst aufstundst. Schau, es wir (werde) i in b' Predi gehn und wir recht acht gebe und wir dir alles wieder derzöhln, was der Herr

Pfarra gsagt hat." „No", hat d' Bäurin gsagt, „so geh halt und gib recht acht und derzöhl mir alles, was d' ghört hast." No und da is der Baur halt in d' Predi ganga, und da hat der Herr Pfarra also angfangt zun predigen und hat halt gsagt, wann ans an krangs Kind, an krangen Mon, a krangs Weib, an krangen Vader, an krange Muader, a krange Schwester, Bruader, oda wer's sunst nacha war, z' Haus hät, und der wollt a Wollfart machen aufm Göckeliberg in Wälischland, wo der Metzen Lorberbladln an Kreuzer kost, dem wird's krange Kind, der krange Mon, 's krange Weib, der krange Vader, d' krange Muader, d' krange Schwester, Bruader oda wer's sunst nacha war, auf der Stell gesund wern, und wer also dö Ras (Reise) unternehma wollt, der soll nach der Meß zu ihm kuma, da wird er ihm den Lorbersack gebn und den Kreuzer. Da war niembd fröher als der Baur, und nach der Meß is er gleich zum Pfarra ganga, und der hat ihm also den Lorbersack gebn und den Kreuzer. Drauf is er nach Haus kuma und hat schon bei der Haustür eini gschrien: „Juchheja, liebs Weib, jietzt is soviel, als obst gsund warst. Der Herr Pfarra hat heunt predigt, daß wer a krangs Kind, an krangen Mon, a krangs Weib, an krangen Vader, a krange Muader, a krange Schwester, Bruader oda wer's sunst nacha war, z' Haus hat, und der macht a Wollfart aufm Göckeliberg in Wälischland, wo der Metzen Lorberbladeln an Kreuzer kost, dem wird's krange Kind, der krange Mon, 's krange Weib, der krange Vader, d' krange Muader, d' krange Schwester, Bruader, oda wer's sunst nacha war, auf der Stell gsund; und hietzt hab i mir schon den Lorbersack gholt vom Herru Pfarra und den Kreuzer und wir glei mei Wanderschaft antreten, daß d' desto ehender gsund wirst"; und drauf is er fortganga. Er war aber kam (kaum) fort, so is die Bäurin schon auf gwesen, und der Pfarra war a glei do. Hietzt lassen wir aber dö zwa indessen auf der Seiten und gänga wir mit'n Baur. Der is halt alleweil drauf los ganga, damit er desto ehender aufm Göckeliberg kummt, und wie's halt so geht, begegnet ihm sein Gvatter. Sein Gvatter dös war an Armon (Eiermann), und der is just von Mark (vom Markt) kuma, wo er seine Ar (Eier) verkauft hat. „Globt seist", sagt sein Gvatter, „wo gehst denn

so trabi hin, Gvatter?" „In Ewigkeit, Gvatter", sagt der
Baur, „mein Weib is krank worn, und da hab i heund in
Herrn Pfarra sein Predi ghört, und da hat er predigt, daß
wann auer z' Haus a krangs Kind, an krangen Mon, a
krangs Weib, an krangen Vader, a krange Muader, a krange
Schwester, Bruader, oda wer's sunst nacha war, hat, und
er macht a Wollfart aufm Göckerlberg in Wälischland, wo
der Metzen Lorberbladeln an Kreuzer kost, dem wird's krange
Kind, der krange Mon, 's krange Weib, der krange Vader,
d' krange Muader, d' krange Schwester, Bruader, oda wer's
sunst nacha war, auf der Stell gsund, und da hab i mir
von Herrn Pfarra den Lorbersack und den Kreuzer gholt,
und hietz trit i halt mein Wanderschaft an." „Aber hanz
Gvatter", hat der Gvatter zum Baur gsagt, „seids denn
gar so dalket (einfältig), daß 's so was glauben könts?
Wißt's, was is? Der Pfarra möcht gern mit engern (eurem)
Weib an ganzen Tag allan recht vergnügt zubringa, drum
haben's eng (euch) den Bärn anbunden, daß ihr'n aus'n
Füßen kumt's!" „Mein", hat der Baur gsagt, „so möcht
i doch wissen, ob das wahr is. „No", hat der Gvatter
gsagt, „wast (weißt du) was, setz di in mein Arkorb eini,
so will i di nach Haus tragn, und da wirst es selber segn."
No, das is also gschegn, und den Baur hat sein Gvatter
in sein Arkorb eini gsetzt, und hat 'n nach Haus tragen.
Wie's nach Haus kuma san, holla, da is schon lusti zuganga.
Da hat die Bäurin schon fast alles, was nur in ihren Hof
war, abgstochen ghabt, und Krapfen hats backen, und der
Pfarra war a schon da und hat a sein Geige mitbracht
ghabt. Und da hat halt der Gvatter anklopft, und d' Bäurin
hat gfragt, wer draußen war. „J bin's Gvatterin", hat
der Gvatter gsagt, „mei, gebt's mir heund nacht a Herberg,
i hab meini Ar aufm Mark nit verkauft, und hietzt muß i's
wieder nach Haus trage, und sö san gar z' schwar, i bring's
nit fort, es is a schon finster." „Ja, mein Gvatter", sagt
d' Bäurin drauf, „ös kumts mir recht zur unglegna Zeit.
No, weil's hat aber nit anders ist, so kumts eina und setzts
eng dort auf d' Ofenbank." No hat si der Gvatter also mit
sein Buckelkorb auf d' Ofenbank gsetzt. Der Pfarra aber
und d' Bäurin, dö warn halt recht lusti. Endli fangt der
Pfarra an und sagt: „Hanz mei liebi Bäurin, ös könts ja

so schön singa, singts mir do aus." „A", sagt die Bäurin,
„hießt kann i nix mehr singa, ja in mein junge Jahren, da
hab i's wohl könna, aber hießt is schon vorbei." „Ei", sagt
wieder der Pfarra, „singts do, nur a bissl." No, da fangt
die Bäurin an und singt:

    „I hab mein Mon wohl ausgesandt
    aufm Göckeliberg in Wälischland."
Drauf singt der Pfarra:
    „I wollt, er blieb da a ganzes Jahr,
    was fragt i nach dem Lorbersack. Halleluja!"

Hießt fangt der Gvatter hinten an und singt (da muß
i aber derzöhln, daß der Baur Hildebrand ghassen hat),
singt also der Gvatter:
    „Ei du, mein lieber Hildebrand,
    was machst du auf der Ofenbank? Halleluja!"
Und hießt singt der Baur in Korn drinna:
    „Hießt kann i da Singa nimmermehr leiden,
    hießt muß i aus mein Buckelkorb steigen",
und steigt aus'n Korn und prügelt den Pfaffen beim Haus
hinaus.

Das Märchen ist in oberdeutscher Mundart erzählt
und hat seine Heimat also in Süddeutschland, wohl in
Schwaben und Allemannien. Es braucht auch die Mundart,
sonst hätten es wohl schon die Brüder Grimm hochdeutsch
erzählt. Denn der Armane (der Wissende des alten
Glaubens) muß hier in einen Armon (besser: Darmon),
d. i. Eiermann verkleidet werden. Er ist der Gevatter des
Bauern Hildebrand, d. h. der Pate seiner Kinder, und ehe=
dem war's wenigstens im deutschen Süden so, daß der
Gevatter einen gewissen Einfluß in dem Hause hatte, in
dem er Mitwächter über dem Kinde war, das er aus der
Taufe gehoben hatte. So will gesagt sein: die Armanen
wachten über dem Deutschtum. Im Deutschtum aber hatte
sich die römische Kirche eingenistet, und der Pfarrer buhlte
mit der deutschen Seele, wollte die für sich gewinnen und
das Armanentum betrügen, die Vertreter der germanischen
Gedankenwelt. So schickt der Pfaff in raffinierter Weise

den Bauern Hildebrand (das bedeutet: Heißer Kampf) wall=
fahrten auf den Göckeliberg in Wälschland. Dort kostet
die Metzen (ein Hohlmaß) Lorbeerblätter einen Kreuzer;
d. h.: dort ist die Ehre billig. Denn die Lorbeerblätter
sind ein Sinnbild der Ehre. Hildebrand wird also hinge=
schickt, wo die Ehre billig ist. Das Göckerli aber ist in
Süddeutschland ein Hahn, ein junger Gockel. Wir können
also ebensogut lesen: der Pfaff schickt den Hildebrand auf
den Hahnrei=Berg, und auf dem ist die Ehre freilich
billig. Der Bauer, der Deutsche, soll zum Hahnrei werden,
dadurch, daß der Pfaff die Seele des Deutschtums für sich
gewinnt.

Aber das verhindert der „Armon", der Gevatter (der
Schützer), der Armane. Der wacht über den Dingen und
klärt den Deutschen, den Hildebrand, über den Pfaffenbetrug
auf, und bringt den Betrogenen heimlich (verhehlt) in seinem
Korbe wieder nachhause, so daß der auf der Ofenbank, un=
gesehen, das ganze Spektakel mit erlebt und sein Haus von
dem Pfaffen rein fegen kann. Da ist uns im Grunde die
Entstehungsgeschichte des Kalandertums erzählt. Das alte
Wissen hehlt sich, setzt sich in den Korb des Armans (sammelt
sich in den Kalandsgilden und Bauhütten und Orden) und
gelangt so wieder nachhause, ungesehen und unerkannt,
während der buhlerische Pfaffe diesen deutschen Geist auf
dem Göckeliberg im Wälschland wähnt, wohin er wallfahrtet,
d. h. wo er sich duckt und sich selbst verleugnet. Und dieser
Göckeliberg ist natürlich der Vatikan, wo der Papst seine
Behausung hat. So gibt das Märchen zu erkennen, daß
das Deutschtum nicht dem römischen Priestertum und seinen
Absichten zum Opfer gefallen sei, sondern immer noch selber
herrsche in seinem Hause, daß trotz des äußeren Sieges des
römischen Christentums innerlich der armanische Geist Herr
geblieben sei und das Leben bestimme. Der Korb aber, in
dem der Hildebrand nachhause getragen wird, ist ebenfalls

finndeutlich; er ist das Sinnbild des Sicheinschließens und
der Abweisung. Darum sagen wir heute noch vom abge=
wiesenen Freier, er habe einen Korb bekommen.

Ganz auffällig ist es, wie systematisch unser Märchen
immer wieder die Verwandtschaftsverhältnisse anführt: Kind,
Mann, Weib, Vater, Mutter, Schwester, Bruder. Das er=
gibt die heilige Siebenzahl der Sippe; sie mißbraucht der
Pfaffe, um sein Ziel unverdächtig zu erreichen. Aber es
mißlingt ihm trotzdem, weil er den achten vergessen hat
(die hohe heilige heimliche Acht), den Armanen, die Armanen=
schaft, die das deutsche Leben in ihre Obhut genommen hat.

Auf die Dauer ist es ja dann in der Geschichte der
Armanenschaft doch nicht gelungen, das deutsche Leben
deutsch zu erhalten und die Fremdeinflüsse und Fremd=
gedanken abzuwehren, so oft auch noch der Bauer Hilde=
brand heimlich in sein Haus gekommen ist und ein Techtel=
mechtel störte. Der oft geprügelte Buhle fand sich immer
wieder ein, und die Prügel Hildebrands haben niemals auf
alle Zeit und durchgreifend geholfen. Vielleicht helfen sie
aber doch noch einmal, und dann wird erst die Zeit richtig
beginnen, in der unsere deutschen Volksmärchen zu neuem
Leben auferstehen, weil sie neues Verständnis finden, und
in der unser Volk voll Sehnsucht den Quellen des Wissens
und Weltverstehens entgegenstrebt, aus denen der Geist des
alten Märchens rann. Und vielleicht finden sich auch noch
Eiermänner, die über dem Hildebrand und der Ehre seines
Hauses wachen, und ihn aufklären, wenn er etwa durch
Lug und Trug auf dem Wege nach dem Göckeliberge in
Wälschland ist, wo die Metzen (dieser Ausdruck ist übrigens
auch sinndeutlich für: feiles Weib!) Lorbeerblabeln nur einen
Kreuzer kostet. Es sei noch verwiesen auf den sprachlichen
Zusammenhang dieser Münze, des Kreuzers, mit dem Kreuz;
unser spöttisches Märchen kann sehr wohl meinen, man be=
komme am Göckeliberge die Lorbeerblätter metzenweise nur

für das Kreuzelmachen (für die im Sichbekreuzigen Ausdruck findende fromme Heuchelei), obgleich ja der Kreuzer als Münze ehedem wirklich in den süddeutschen Landen Geltung hatte.

So verabschiedet sich für diesmal der Verfasser vom geneigten Leser oder der freundlichen Leserin mit dem Bemerken, daß hier nur eine schlichte Anregung, nicht aber etwa eine vollständige Aufarbeitung des geistigen Inhalts unserer Märchen gegeben werden konnte. Es finden sich darin auch geistige Beziehungen, die weit schwerer klarzumachen sind, als das Vorgetragene, und das vorliegende Buch soll doch erst einmal den Beweis erbringen, daß überhaupt die nötige Anteilnahme am Sinn des deutschen Volksmärchens vorhanden ist für eine eingehendere Hebung dieser verschütteten Schätze. So lange das Märchen weiter nichts ist für unsere Zeit als bestenfalls philologisches Arbeitsmaterial, so lange kann es nicht zu seinem eigentlichen Leben erwachen. Im Volksgemüt will es wieder Wurzel schlagen, und zwar verstanden und getränkt wie die Topfblume auf unserem Altan. Dann wird ein wunderbarer deutscher Lebenswert daraus erwachsen. Hag-sal, deutsche Märchenwelt!